Josua Buchmüller

Wegzeichen und Aussichten

Josua Buchmüller

Wegzeichen und Aussichten

Ein Wanderweg durch die Bibel

Paulusverlag Freiburg Schweiz

Bibliografische Information der Deutschen Nationalbibliothek
Die Deutsche Nationalbibliothek verzeichnet diese Publikation in der
Deutschen Nationalbibliografie; detaillierte bibliografische Daten
sind im Internet über http://dnb.d-nb.de abrufbar.

© 2012 Paulusverlag Freiburg Schweiz
Umschlagfoto: Josua Buchmüller
Umschlaggestaltung: Maurice Greder
ISBN 978-3-7228-0824-6

Für Elisabeth
in herzlicher Dankbarkeit
für fünfzig Jahre Weggemeinschaft
und
als gemeinsamer Lobpreis für Gott
nach Römer 15,6

Das Umschlagbild stammt von einer Jurawanderung im Laufental. Oberhalb von Liesberg steckte ich die Schlüsselblumen, die ich für meine Frau gepflückt hatte, bei einem Wegkreuz spontan dem Kruzifixus zwischen die Füsse.

Hinweise zur Anordnung der Texte

Die Auslegungen der Bibeltexte
sind nach der Abfolge der biblischen Bücher im Alten und Neuen
Testament angeordnet. Die Textzitate stammen aus der Luther-
und der Zürcher Bibel oder aus der Einheits-Übersetzung, einige
auch aus „Gute Nachricht Bibel".

Gedichte und Gedanken zu Kunstwerken
sind ebenfalls auf Bibeltexte bezogen und an den entsprechenden
Stellen eingefügt. Sie sind hier mit der Angabe der Seitenzahl
aufgelistet:

Bewandert sein im Wort Gottes

Das Wandern ist mir zum Gleichnis für den Umgang mit der Bibel geworden. Bewandert sein im Wort Gottes heisst: Immer wieder in der Bibel unterwegs sein. Auf häufig begangenen Wegen sich an Schönem und Vertrautem freuen. In den verschiedenen Jahreszeiten des Lebens auch an wohlbekannten Orten Neues entdecken. Auch karge Gebiete durchwandern, sogar in literarischen Trockengebieten die spröde Schönheit des Bibelwortes würdigen und vielleicht Überraschendes erleben wie Mose mit dem Dornbusch.

Wenn ich im Wort Gottes bewandert bin, werden die weissen Flecken auf der Landkarte meiner Bibelkenntnis immer kleiner. Ich scheue die Mühe nicht und gehe über Berg und Tal, nicht nur durch die schönen Geschichten, sondern auch durch wüste und böse, bei denen ich mich verwundere, dass sie in der Bibel stehen. Ich schaue nach den Blumen und suche die besonderen Aussichtspunkte auf. Ich kann nicht jedes Mal mit der gleichen Fernsicht rechnen, aber ich werde die schönen Aussichten nie schauen, wenn ich das Wandern bleiben lasse.

In den vergangenen Jahren habe ich viele Predigttexte und andere Bibelabschnitte auswendig gelernt. Um sie zu behalten, muss ich sie regelmässig memorieren. Das sind immer längere, kostbare Wanderungen. Manchmal kann ich in einem Gespräch auch mein Gegenüber spontan auf eine biblische Wegmarke hinweisen oder ihm eine schöne Aussicht zeigen.

Von den biblischen Besinnungen waren viele an der Telebibel Basel-Bern zu hören (061-2621155). Die persönliche Anrede habe ich an manchen Stellen beibehalten. Die Auslegungen sind aufgelockert durch Gedanken zu Kunstwerken und durch Gedichte, die bei Predigtvorbereitungen oder auf Wanderungen entstanden sind.

Manche von diesen Gedanken haben Menschen berührt und bewegt. Möge Gott auch Ihnen auf diesem Wanderweg durch die Bibel begegnen.

Gott schuf den Menschen nach seinem Bilde; zum Bilde Gottes schuf er ihn. Genesis 1,27

Die Bibel erzählt mit grosser Feierlichkeit, wie Gott den Himmel und die Erde erschuf und dann die Vielfalt von Lebewesen auf der Erde: die Pflanzen und die Tiere, „ein jedes nach seiner Art". Jeder Frühling lässt uns das Werk der Schöpfung neu erleben. Die Rose ist immer eine Rose, der Apfelbaum ein Apfelbaum, die Katze eine Katze und die Maus eine Maus, „jedes nach seiner Art". Nur beim Menschen ist es anders. Der Mensch ist nicht immer ein Mensch.

„Nach seinem Bilde" hat Gott uns geschaffen. Wir sind nicht nur durch ein Programm von Genen und Instinkten gesteuert. Mit uns hat Gott es sich anders gedacht. Wir sollen Gottes Ebenbild und Gegenüber sein: Das Geschöpf, mit dem Gott spricht und das ihm antworten kann. Ein Spiegel, in dem Gott seine eigenen Züge, etwas von seinem Wesen wiedererkennen möchte.

Unser Wesen kann immer nur ein trüber Spiegel sein. Gottes Bild ist in unserem Leben auch im besten Fall nur undeutlich erkennbar. Und ganz sicher nur dann, wenn wir uns Gott zuwenden und uns in das Licht stellen, das von ihm ausgeht. Wie könnte mein Leben etwas von Gottes Wesen widerspiegeln, wenn ich ihm den Rücken zukehre? Auch den Menschen hat Gott „nach seiner Art" geschaffen. Zu unserer Art gehört es, dass wir uns Gott zuwenden, damit sein Wesen sich in uns spiegeln kann. Das ist es, was uns menschlich macht. Ein kleines Lied sagt: „Im Anschauen seines Bildes, da werden wir verwandelt in sein Bild."

Wo müssen wir da hinschauen? Nicht nur ins Bilderbuch der Schöpfung, sondern auf Jesus Christus. In ihm hat Gott uns sein Gesicht am klarsten gezeigt. Als seine Jünger ihn baten: „Herr, zeige uns den Vater!", hat Jesus gesagt: „Wer mich sieht, der sieht den Vater" (Joh 14,9). Und Paulus erklärt: „In Christus sehen wir die Herrlichkeit Gottes wie in einem Spiegel. Dabei werden wir selbst in das Spiegelbild verwandelt" (2 Kor 3,18).

Soll ich meines Bruders Hüter sein? Genesis 4,9

Für sich genommen klingt die Frage harmlos, fast respektvoll: Warum sollte ich der Aufpasser meines Bruders sein? Ich will doch nicht ständig hinter meinen Mitmenschen her sein, sie überwachen und korrigieren. Jeder muss doch selbst wissen, was er tut. Wer lässt sich schon gerne bevormunden? Aber es ist Kain, der diese Gegenfrage stellt, als Gott ihn zur Rechenschaft zieht für den Mord an seinem Bruder: „Wo ist dein Bruder Abel?" Scheinheilig und frech fragt Kain zurück: „Bin ich vielleicht sein Hüter?" Kain ist es nicht darum gegangen, Abels Freiheit zu respektieren. Totgeschlagen hat er ihn. Kain ist ein Unmensch geworden.

Gott weiss, was geschehen ist, und Kain weiss es auch. Gott gibt ihm mit der Frage nach dem Bruder die Gelegenheit, sich zu seiner Tat zu stellen und seine Schuld zu bekennen. Aber Kain behauptet, er wisse von nichts. Der Mörder verspottet sein Opfer und meint, er könne der Frage Gottes mit einem respektlosen Witz ausweichen: Seit wann braucht der Viehhirte einen, der ihn hütet?

So respektlos gegen Gott ist Kain nicht erst jetzt, sonst wäre es nicht so weit gekommen. An der Frage, wie wir zu Gott stehen, entscheidet sich, wie wir zu unsern Mitmenschen stehen. Davon, wie Sie zu Gott stehen, hängt es ab, wie Sie Ihren Mitmenschen begegnen: Ihrem Lebenspartner oder ihrer Partnerin, Ihren Eltern, Ihren Kindern, der Schwester, dem Bruder, dem Nächsten. Daran entscheidet es sich, wie Sie Abel begegnen, dem Schwachen, dem Armen.

Gott ist in Jesus Christus selbst schwach und arm geworden. Er wird uns einmal danach fragen, wie wir mit Abel umgegangen sind. „Was ihr einem dieser Geringsten getan habt" – oder ihm eben nicht getan oder ihm angetan habt – „das habt ihr mir getan" (Mt 25,40.45). Das wird Christus einst auch zu uns sagen. Seine Antwort auf unsere Frage: „Soll ich meines Bruders Hüter sein?" lautet schlicht und einfach: Ja!

Aber Noah fand Gnade vor dem Herrn. Noah wandelte mit Gott.

Genesis 6,8f

Warum hat Noah Gnade vor Gott gefunden? Warum wurde er mit den Seinen in der grossen Flut gerettet, die als Gottes Strafgericht über seine Zeitgenossen kam? Etwas hat Noah von ihnen unterschieden: „Er wandelte mit Gott." Ich verstehe darunter, dass Noah auf Gott hörte; Gott konnte mit ihm reden. Gott hätte mit allen Menschen reden wollen, aber sie achteten nicht darauf.

Noah wandelte mit Gott und Gott hat mit ihm reden können. Darum soll die so enttäuschend verlaufene Menschheitsgeschichte mit ihm noch einmal neu beginnen. Noah wird nicht nur vor dem göttlichen Gericht verschont, er bekommt einen Auftrag: Er soll eine Arche bauen, in der Menschen und Tiere mit ihm zusammen vor dem Verderben gerettet werden. Noah hat Gnade gefunden vor dem Herrn, damit auch andere durch ihn an Gottes Gnade teilhaben. So ist das immer, wenn Menschen Gnade finden vor Gott. Sie sollen Gefässe und Werkzeuge werden, durch die Gottes Gnade auch andere erreicht.

Neben Noah gibt es in der Bibel viele Beispiele dafür. Ich will aus dem Neuen Testament nur an das Beispiel von Maria, der Mutter Jesu, erinnern. „Du hast Gnade bei Gott gefunden", sagte der Engel Gabriel zu Maria, als er ihr die Geburt Jesu ankündigte (Lk 1,30). Nicht nur eine hohe Auszeichnung war das, sondern eine schwere Aufgabe.

Durch Noah, der Gnade bei Gott gefunden hatte, wurden einige wenige Menschen gerettet. Durch Maria, die Gnade bei Gott gefunden hatte, kam Jesus, der Gottessohn, in die Welt: die Gnade Gottes in Person, die Gnade für alle Menschen, die Gnade, die allen gilt und alle sucht. In Jesus Christus ist Gottes Gnade auf der Suche nach jedem Menschen. Wir sollen uns von ihr finden lassen. Wir sollen sie annehmen und uns in ihren Dienst stellen, damit sie durch uns auch andere erreichen kann.

Gegen Abend kam die Taube zu Noah zurück, und siehe da: In ihrem Schnabel hatte sie einen frischen Olivenzweig.

Genesis 8,11

Schwer vorstellbar, wie das für Noah und die Seinen in der Arche gewesen sein muss. Ringsum nichts als Wasser, Wasser von oben, Wasser von unten, wochenlang, monatelang. Und als der Regen endlich aufhört und die Arche auf einem Berg auf Grund läuft: immer noch Wasser, so weit das Auge reicht.

Aber Noah schaut nicht nur immer wieder durchs Fenster auf das Wasser, so weit sein Auge reicht. Er lässt zuerst einen Raben und dann eine Taube ausfliegen. Die sollen sich nach besseren Aussichten umsehen, wo Noahs Auge nicht hinreicht. Die Taube fliegt aus und kommt zurück – einmal, zweimal. Beim zweiten Mal bringt sie einen frischen Olivenzweig mit, ein Zeichen neuen Lebens. Ein Zeichen der Hoffnung für Noah, dessen Auge so weit noch nicht reicht. Aber nun kann er glauben, was seine Augen noch nicht schauen. Glauben an Gottes Treue. Glauben an Gottes gute Absicht mit ihm und den Seinen, auch wenn die Aussicht noch schlecht und das Chaos beängstigend ist. Noah kann glauben, dass Gottes Ziel mit ihm, mit den Seinen und mit der Welt nicht der Untergang ist, sondern Rettung und neues Leben. Und indem er das glaubt, hat das neue Leben ihn schon ergriffen – noch in der engen Arche und mitten im Chaos.

Uns bringt keine Taube den Olivenzweig der Hoffnung. Aber Jesus Christus spricht uns im Evangelium Worte des Lebens zu und sendet seinen Geist in unser Herz. Darum wissen und glauben wir: „Gott will, dass alle Menschen gerettet werden und zur Erkenntnis der Wahrheit kommen" (1 Tim 2,4). Mögen wir uns doch daran erinnern, wenn wir nichts als Chaos sehen, so weit das Auge reicht. Der Glaube sieht weiter. Er ist die „feste Zuversicht auf das, was man hofft, und ein Nichtzweifeln an dem, was man nicht sieht" (Hebr 11,1). Gottes Absicht ist unsere Rettung. Was für eine schöne Aussicht!

Bei Gott sind alle Dinge möglich

Ich bin doch zu alt und Abraham auch,
dachte Sara und lachte,
als Gott ihnen einen Sohn verhiess.
Aber der Herr sprach:
Sollte dem Herrn etwas unmöglich sein?

Das ist doch sinnlos, dachte Jeremia,
als Gott ihm befahl, einen Acker zu kaufen
vor der Stadt, obwohl sie belagert wurde.
Aber der Herr sprach:
Sollte mir etwas unmöglich sein?

Das kann doch nicht sein, sagte Maria zum Engel,
der ihr die Geburt des Gottessohnes ankündigte.
Aber der Engel sprach:
Bei Gott ist kein Ding unmöglich.

Wer kann dann gerettet werden, fragten die Leute,
wenn eher ein Kamel durchs Nadelöhr geht,
als ein Reicher ins Reich Gottes.
Aber Jesus sprach:
Was bei den Menschen unmöglich ist,
das ist bei Gott möglich.

Wo du sagst:
Jetzt ist es zu spät, es macht keinen Sinn,
das kann gar nicht sein, das schaffe ich nie,
sagt Jesus zu dir:
Alle Dinge sind möglich dem,
der glaubt.

Genesis 18,13f; Jeremia 32,24–27;
Lukas 1,30–38; 18,24–27; Markus 9,23

Der Herr wird seinen Engel mit dir schicken und deine Reise gelingen lassen. Genesis 24,40

Abrahams Knecht Elieser erzählt seinen Gastgebern, wie ihn sein Herr mit diesem Zuspruch auf eine weite Reise verabschiedet hat. Eine Frau sollte er suchen gehen – eine Braut für Abrahams Sohn Isaak, und zwar in jenem fernen Land im Osten, aus dem Abraham einst auf Gottes Ruf hin ausgewandert war. Elieser hatte verständlicherweise grosse Bedenken, sowohl im Blick auf die weite Reise wie auf den heiklen Auftrag. Aber er hat dann erlebt, dass Gott wirklich mit ihm gewesen ist. Er hat zwar keinen Engel gesehen, aber er hat Führung und Bewahrung auf dem Weg erlebt und Gelingen in seiner schwierigen Mission. Eine hübsche Geschichte, wie Elieser tatsächlich die Braut für Isaak gefunden hat.

Auch Sie sind auf Ihre Weise unterwegs, mit andern Zielen und Aufträgen, und Sie müssen mit andern Schwierigkeiten fertig werden. Aber im Blick auf das, was Ihnen Bedenken macht, gibt es doch keinen besseren Zuspruch, als dass der Herr seinen Engel mit Ihnen sende und Ihre Reise gelingen lasse. Möglicherweise befinden Sie sich gerade auf einer gefährlichen oder mühsamen Etappe. Wie gut, dass Sie damit rechnen können: Gottes Engel ist mit mir, auch und gerade jetzt! Sie müssen sich also nicht den Kopf zerbrechen, ob Gott Sie vielleicht für irgendetwas bestraft, was Sie falsch gemacht haben. Nein, Sie dürfen damit rechnen, dass Gott Ihnen seine Gnade zuwenden will – gerade jetzt, auf dieser schwierigen Etappe Ihrer Lebensreise.

Vielleicht sehen Sie den Engel nicht, den Gott mit Ihnen schickt. Aber Sie können Gott bitten, dass sein Engel Sie bewahre. Sie können Gott sagen, dass Sie seine Gnade zur Reise brauchen und sich heute von ihm leiten lassen wollen. Wir alle brauchen seine Gnade, wenn unsere Lebensreise gelingen soll: Gnade für jeden Tag, aber besonders einmal auch für den letzten. Auch Sie werden das Ziel erreichen – im Vertrauen auf Gottes Gnade.

Jakob träumte, und siehe, eine Leiter stand auf Erden, die rührte mit der Spitze an den Himmel, und siehe, die Engel Gottes stiegen daran auf und nieder. Genesis 28,12

Wer sagt, die schlafende Gestalt in Stein sei Jakob? Ich bin nicht selbst darauf gekommen. Die Bildhauerin Caroline Bachmann hatte ihrer Skulptur den simplen Namen ‚Sitzende' gegeben. Als ein Bild davon mit einem Zeitungsartikel abgedruckt werden sollte, meinte jemand, die sitzende Gestalt müsse einen Namen haben und fand ‚Jakob' dafür passend. So ist aus der ‚Sitzenden' ein Mann geworden, ein Träumender. Jakob schläft unter freiem Himmel und sieht im Traum eine Leiter, die bis zum Himmel reicht. Darauf steigen die Engel Gottes auf und nieder.

Jakob ist auf der Flucht vor seinem Bruder Esau, den er betrogen hat. Eigentlich müsste er Albträume haben, aber er träumt von der Himmelsleiter und den Engeln. Und dann redet Gott mit ihm. Das Thema ist nicht das Ungute, das Jakob getan hat, sondern das Gute, das Gott für ihn und seine Nachkommen tun will. Als Jakob aus dem Traum erwacht, stellt er erschrocken fest: Was für ein heiliger Ort! Hier ist ja das Haus Gottes, hier ist das Tor zum Himmel! Er richtet den Stein, auf dem sein Kopf geruht hat, als Erinnerungszeichen auf. – Viele Jahre später, als er sich mit seinem Bruder versöhnt hat, baut er an dieser Stelle einen Altar, der für das Volk Israel zu einem wichtigen Ort der Begegnung mit Gott wird: Bethel – das heisst: Haus Gottes.

Wen oder was sehen Sie in dieser Figur? Was Sie sehen, hat viel mit Ihnen selbst, mit Ihrer Lebenssituation und mit Ihrem Lebensgefühl zu tun. Sie möchten vielleicht auch so in sich selbst ruhen und träumen können. Nicht umgetrieben sein von der Angst und Ungewissheit im Blick auf das, was auf Sie zukommt. Nicht verfolgt von Schuldgefühlen oder mit Groll erfüllt wegen einer gestörten Beziehung oder ungelösten Konflikten in der Familie. Gutes von der Zukunft erwarten wie Jakob und einander wieder gut sein können.

Caroline Bachmann: Jakob, Bethesda-Park Basel

Auch wo Sie sind, steht das Tor zum Himmel offen. Da sind nicht nur Engel auf der Himmelsleiter. Gott selbst ist in Jesus Christus zu uns gekommen. Bis ganz hinunter in unser Tief oder in unsere Wüste ist er gekommen. Sein Wort sagt uns, dass Christus alles Ungute für uns gut gemacht hat. Und was immer kommen mag – es kommt gut, wenn wir ihm vertrauen.

Ich lasse dich nicht, du segnest mich denn!   Genesis 32,27

So hat Jakob an einem schwierigen Übergang auf seinem Lebensweg gebetet. Nach Jahren in der Fremde kehrt er in die Heimat zurück. Es steht ihm die Begegnung mit seinem Bruder Esau bevor, den er einst um den besonderen Segen des Erstgeborenen betrogen hatte. Jakob fürchtet sich vor dieser Begegnung.

In der Nacht vor dem Zusammentreffen mit Esau tritt ihm eine geheimnisvolle Gestalt in den Weg. Es kommt zu einem Ringkampf und Jakob weiss, dass er mit Gott kämpft. Bevor sich die Kämpfenden im Morgengrauen trennen, sagt Jakob zu Gott: „Ich lasse dich nicht, du segnest mich denn!"

Jakobs Hartnäckigkeit im Ringen mit Gott ist erstaunlich. Noch erstaunlicher ist, dass Gott darauf eingeht und sich den Segen abringen lässt. Es gibt andere biblische Beispiele für solche Hartnäckigkeit. Etwa Abraham in seiner Fürbitte für Sodom. Oder die heidnische Frau, deren Bitte für ihr krankes Kind Jesus zuerst abgewiesen hatte. Solche Hartnäckigkeit nimmt Gott nicht übel. Offenbar gefällt sie ihm besser als Gleichgültigkeit und fromme Resignation.

Ein altes Kirchenlied (Ludwig Helmbold, 1532–1598) beginnt mit den Worten: „Von Gott will ich nicht lassen, denn er lässt nicht von mir." Da wird deutlich, dass es nicht nur daran liegt, wie hartnäckig ich an Gott festhalte, sondern ebenso oder noch viel mehr an der Treue, mit der Gott mich festhält: „Denn er lässt nicht von mir."

Auf den Segen Gottes sind wir alle angewiesen. Jesus hat uns in der Bergpredigt zum zuversichtlichen Bitten ermutigt: „Bittet, so wird euch gegeben; suchet, so werdet ihr finden; klopfet an, so wird euch aufgetan!" (Mt 7,7). Vielleicht sind auch Sie heute auf einem schwierigen Weg oder haben Angst vor einer problematischen Begegnung. Dann klopfen Sie bei Gott an und bitten Sie ihn zuversichtlich und hartnäckig wie Jakob: „Ich lasse dich nicht, du segnest mich denn!"

Tritt nicht herzu, zieh deine Schuhe von deinen Füssen; denn der Ort, darauf du stehst, ist heiliges Land! Exodus 3,5

Wunderschön hat Marc Chagall diese Gottesbegegnung des Mose gemalt: Da ist der Dornbusch; er blüht und glüht, aber er verbrennt nicht. Über dem Busch die strahlende Sonne mit einem weissen Kreis in der Mitte. Darin eingezeichnet der heilige Gottesname mit den vier hebräischen Buchstaben: „Ich bin, der ich bin" – der Gott deiner Väter; der HERR, dein Gott!

Neben dem brennenden Busch Mose, am Boden kniend mit nackten Füssen, die rechte Hand am Herzen, die Augen weit aufgerissen, den Kopf zum Hören geneigt: ganz Auge und Ohr für den heiligen Gott, der ihm begegnet.

Gottes Lichtglanz fällt auf Mose, und das göttliche Feuer verbrennt ihn nicht. Auch das ein Wunder; denn Mose ist ja kein Heiliger, sondern ein politischer Flüchtling, der im Affekt einen Ägypter totgeschlagen hat. Aber Gott hält ihm nicht seine Vergangenheit vor. Er spricht mit ihm über die Errettung seines Volkes Israel aus der Sklaverei und schenkt ihm selbst eine neue Zukunft durch den Auftrag, den er bekommt: Mose soll Israel in die Freiheit führen.

So ist das, wenn Gott uns Menschen begegnet. Es kann geschehen, wo wir es nicht erwarten: In einer scheinbar gottverlassenen Wüste. Auf der Suche nach einem Ausweg, wenn alles schiefgegangen ist und hoffnungslos scheint. Auf der Flucht vor uns selbst. Wo wir mit Gott nicht gerechnet und ihn nicht gesucht haben, da sucht und findet er uns.

Wie Mose im brennenden Busch, so überrascht uns Gott in Jesus Christus mit seiner brennenden Liebe. Er hilft uns heraus aus der Einsamkeit, macht uns frei von Schuld und Angst. Wie Mose sendet er uns zu den versklavten Menschen, die Gott nicht mehr kennen, damit wir ihnen sagen: Gott liebt euch und will, dass ihr frei werdet. Gott will, dass auch eure Wüste zum heiligen Land wird.

Biblische Wolkenbilder

Aus dem Wolkendunkel
die Zehn Worte zum Leben
wie es Gott gefällt
Höre Israel!

Aus der lichten Wolke
das Ja des Vaters
zum geliebten Sohn
Hört auf ihn!

Weit wie die Wolken
reicht seine Güte
himmelweit für alle
Kommt her zu mir!

In die Wolke von Sünden
das lösende Wort
und alles wird klar
Dir ist vergeben!

Eine Wolke von Zeugen
Wegweiser zu Jesus
dem Anfänger und Vollender
Sieh auf zu ihm!

In den Wolken sein Bogen
Gott bleibt treu
Alles wird gut
Ich mache alles neu!

Ex 19,16; Dtn 6,4; Mt 17,5;
Ps 36,6; Jes 44,22; Hebr 12,1f;
Gen 9,13; Offb 21,5

Ihr sollt euch keine andern Götter neben mir machen, weder silberne noch goldene. Exodus 20,23

Mose hat dem Volk Israel feierlich die Zehn Gebote Gottes verkündet. Das erste und das zweite Gebot sind mit diesem Satz nochmals unterstrichen. Aber nur wenige Kapitel später steht die Geschichte vom Tanz um das goldene Kalb. Mose ist entsetzt, und doch macht er sich vor Gott zum Fürsprecher für die Israeliten: „Sie haben sich einen Gott von Gold gemacht; vergib ihnen doch ihre Sünde!" (Ex 32,31f).

Der „Tanz um das goldene Kalb" ist sprichwörtlich geworden. Man versteht darunter die unheimliche Macht des Geldes, um das sich bei vielen Menschen alles dreht. Das Geld kann zu einer dämonischen Macht werden. Wer diesem Götzen hörig geworden ist, kann reich und immer reicher werden und hat doch nie genug. Je mehr einer hat, desto mehr hat er *zu wenig*. Was für ein Selbstverständnis muss ein Mensch haben, wenn sein Selbstwertgefühl abhängt vom Geld, das er scheffelt! Wenn das, was ich *besitze*, meinen Wert ausmacht, und nicht mehr das, was ich *bin* – was bleibt dann, wenn mir der vergängliche Reichtum abhanden kommt? Einmal wird uns allen alles aus der Hand genommen. Wir werden die Welt verlassen, wie wir in die Welt herein gekommen sind: nackt, arm, mit ganz leeren Händen.

Wer das Geld oder andere materielle Dinge zum Inhalt seines Lebens macht, ist auch als Reicher immer schon arm. Er hat sich einem Götzen hingegeben, der nur täuschen und enttäuschen kann. Das Geld kann zwar zur bestimmenden Macht in unserem Leben werden, aber am Schluss bleibt nur eine schreckliche Leere.

Nicht Schätze sammeln, nicht dem Mammon dienen sollen wir, sagt uns Jesus. Wir sollen Gott die Mitte unseres Denkens sein lassen und unsere Hoffnung auf ihn setzen. Dann sind wir reich vor Gott – und bleiben es, auch über dieses Leben hinaus, für immer.

Gott redete mit Mose von Angesicht zu Angesicht, wie ein Mann mit seinem Freund redet. Exodus 33,11

So hat Gott damals nur mit Mose geredet: wie ein Mann mit seinem Freund, wie eine Frau mit ihrer Freundin, wie von Mensch zu Mensch. Das Volk Israel hat Gottes Stimme nur indirekt vernommen durch das, was Mose den Israeliten im Auftrag Gottes weitergesagt hat.

Das besondere Verhältnis, das Gott diesem einen Menschen Mose gewährte, weist als Vorausbild auf Jesus hin. Jesus hat nicht nur ab und zu etwas von Gott gehört und weitergesagt. „Alles, was ich von meinem Vater gehört habe, das habe ich euch kundgetan", hat er seinen Jüngern erklärt und hat sie seine Freunde genannt (Joh 15,14f). In Jesus ist Gott selbst als der Menschenfreund in die Welt gekommen. Wer ihn gesehen hat, hat Gott gesehen. Wer ihn gehört hat, hat Gott gehört.

Jesus sagt uns, dass Gott der Freund aller Menschen ist, und wir dürfen durch den Glauben an Jesus Christus Gottes Freunde sein. Durch Jesus redet Gott menschlich, freundlich, liebevoll und persönlich mit uns allen – „wie ein Mann mit seinem Freund", wie eine Frau mit ihrer Freundin, wie von Mensch zu Mensch.

Ich hoffe, dass Sie wissen, wie es ist, mit einer wahren Freundin oder einem wahren Freund zu reden. Da braucht es nicht viele Worte. Da darf ich alles sagen und werde verstanden. Da höre ich zu und kann auch schweigen. Ich weiss mich angenommen und ernst genommen, auch mit meinen Schwächen und Fehlern.

Solche Freundschaft bietet uns Jesus an. Die Freundschaft mit ihm ist Freundschaft mit Gott. „Ihr seid meine Freunde", sagt er auch zu uns. Er sagt es auch zu Ihnen: Du darfst mein Freund, meine Freundin sein! Die Freundschaft mit ihm ist Freundschaft fürs Leben. Nicht nur bis der Tod uns scheidet, sondern über den Tod hinaus. Freundschaft für immer. Welch ein Freund ist unser Jesus!

Der Mensch lebt nicht vom Brot allein, sondern von jedem Wort, das aus Gottes Mund kommt. Deuteronomium 8,3

Vom Brot allein können wir Menschen nicht leben, auch nicht von dem Vielen, das wir uns über das Lebensnotwendige hinaus leisten können. Viele merken lange nicht, dass sie an Mangelerscheinungen leiden, die eine Folge ungenügender oder falscher geistlicher Ernährung sind. Das ist gefährlich. Gottes Wort erinnert uns daran: Vom Brot allein können wir eben nicht leben, auch wenn wir noch so gut leben!

Was brauchen wir denn zum Leben noch? Wir brauchen ein Ziel, das unserem Leben Sinn gibt. Und wir brauchen Gemeinschaft; nicht nur Gemeinschaft mit andern Menschen, sondern Gemeinschaft mit Gott, dem Schöpfer und Herrn unseres Lebens. Wir leben davon, dass Gott mit uns redet und wir mit ihm.

Der Kontakt mit Gott, eine lebendige persönliche Beziehung zu ihm, ist nicht nur so etwas wie ein Brotaufstrich, den der eine mag und der andere nicht, auf den man ohne Schaden verzichten oder den man ebenso gut durch etwas anderes ersetzen kann. Der Kontakt mit Gott ist ein so elementares Lebensbedürfnis, dass man ihn nur mit dem Bedarf nach Brot vergleichen kann.

Es ist schwierig, Menschen, die sich falsch ernähren, darüber aufzuklären und sie zu einer gesünderen Lebensweise zu bekehren. Aber wenn das dem Arzt oder der Ernährungsberaterin nicht gelingt, haben sie dann nicht trotzdem Recht?

Gott möchte, dass wir leben, wirklich leben, ewig leben. Er hält auch für Sie das Lebensbrot bereit, sein lebendiges Wort. Nehmen Sie es täglich auf. Das kann in einem Augenblick der Stille geschehen, im Nachdenken und Beten über einem Bibelwort am Anfang oder am Ende des Tages. Pflegen Sie den regelmässigen Kontakt mit Gott. Sie brauchen ihn so nötig wie das tägliche Brot.

Der Herr erhörte unser Schreien und sah unser Elend, unsere Angst und Not. Deuteronomium 26,7

Der Zusammenhang, aus dem diese Worte stammen, überrascht: Sie gehören zu einer Erntedank-Liturgie. Da beten also nicht Menschen aus einer lebensbedrohenden Notlage heraus. Hier kommen Menschen vor Gott, denen es gut geht. Sie haben ihre Ernte eingebracht und danken Gott dafür. Aber sie erinnern sich mit dieser Erntedank-Liturgie daran, dass sie Gott viel mehr verdanken als das momentane Wohlergehen. Sie sollen nie vergessen, wie Gott das Volk Israel einst aus der Knechtschaft in Ägypten gerettet hat. Damals hat Gott das Schreien erhört, das Elend gesehen und sein Volk aus Angst und Not gerettet. Dafür sollen sie Gott in guten Tagen danken, und darauf dürfen sie sich in bösen Tagen in ihrem Schreien zu Gott berufen: Dass Gott ihr Retter ist und bleibt, wie er es damals war.

So wie das Volk Israel auf jene grundlegende Erfahrung mit Gott zurückgeschaut hat, so dürfen wir uns daran erinnern, wie Gott in Jesus Christus der Retter für alle Menschen geworden ist. Danken wir ihm dafür, wenn es uns gut geht. Und erinnern wir uns daran, wenn es uns nicht gut geht: Gott hat das Elend der Menschen nicht nur *gesehen;* er hat in Jesus Christus alle Angst und Not selbst erlitten. Darum können wir uns die Worte aus jener alten Erntedank-Liturgie zu eigen machen – sei es im dankbaren Rückblick auf erfahrene Hilfe durch Gott, sei es als Hilferuf in einer akuten Notlage oder im Blick auf etwas Angstmachendes, das auf uns zukommt.

Auch wir dürfen beten: Du, Gott, siehst mein Elend. Du hörst mein Schreien. Du bist bei mir in der Angst. Du bist durch Jesus Christus mein Retter geworden. Du bist und bleibst es in jeder Not, einst auch in meiner letzten. Du bist bei mir an schönen und an schwarzen Tagen – alle Tage, bis ans Ende meines Lebens und bis an das Ende der Welt. Ich vertraue dir. Du wirst mich nie verlassen.

hinüber hinauf hinein

Hinüberschauen
über den tiefen Fluss
in das verheissene Land
voll Milch und Honig
In Staub und Nebel
schon Bürger sein
wo der Tod nicht mehr wohnt

Hinaufziehen
mit ihm auf dem Kreuzweg
in Schweiss und Tränen
dem Hirten folgen
Nicht müde werden
auf dem schmalen Weg
der zum Leben führt

Hineingehen
zum Fest beim Vater
wo alles bereit ist
für seine Töchter und Söhne
Nicht draussen bleiben
zu Tisch sitzen mit Abraham
im geschenkten Kleid

*Hinüber: Dtn 34,1–5; Offb 21,1–5; Ex 3,8;
Ps 103,14; Phil 3,20; Hebr 11,13–16*

*Hinauf: Mt 8,34; 20,17–19; Joh 10,27; 2 Kor 4,16;
Gal 6,9; Hebr 12,3; Mt 7,13f; Joh 14,6*

*Hinein: Lk 15,20–32; Mt 22,4.11; Gal 3,26f;
Mt 8,11; Eph 4,24; Offb 3,5*

Lass dir nicht grauen und fürchte dich nicht; denn der Herr, dein Gott, ist mit dir auf allen deinen Wegen. Josua 1,9

Das ist ein Zuspruch für Menschen, die andere zu führen haben. Auch sie brauchen Ermutigung. Wer Anordnungen zu geben und Entscheide zu treffen hat, gerät leicht ins Schussfeld der Kritik und muss manches einstecken können. Das gehört eben dazu, sagt man, und vergisst oft, dass nicht alle, die an einer exponierten Stelle stehen, sei es in der Wirtschaft oder in der Politik, diese Aufgabe und Verantwortung auch gesucht haben. Manche haben eine schwierige und undankbare Aufgabe übernommen, weil sich andere, besser Qualifizierte, davor gedrückt haben.

Hätte Josua, der Nachfolger von Mose, sich im Bewusstsein seiner angeborenen Führungsqualitäten, im Vertrauen auf seine Erfahrung und auf seine breiten Schultern an die grosse Aufgabe gewagt, dann hätte er wohl gemeint, er brauche den Zuspruch Gottes nicht. Aber dann hätte ihn gewiss auch Gott nicht brauchen können.

Im Garten eines Künstlers sah ich den Entwurf für das Grabmal eines Priesters. Die Skulptur beeindruckte mich: ein Hirte mit auffallend breiten Schultern. Beim Betrachten dieses Hirten kam mir der Gedanke: So breite Schultern müsste man haben!

Aber vielleicht hat der Bildhauer das Denkmal für den Priester gar nicht so gemeint. Wenn er es richtig verstanden hat, dann sind diese breiten Schultern die Schultern des guten Hirten Jesus Christus. Er hat auch den Priester mit seinen Schwächen und mit der Last seines Dienstes getragen. Und er hat dem menschlichen Hirten Kraft gegeben, die Lasten anderer mitzutragen.

Breite Schultern müsste man haben? Nicht unbedingt. Aber unbedingtes Vertrauen in den göttlichen Hirten und seinen Zuspruch: „Fürchte dich nicht!"

Wir wollen dem Herrn dienen, denn er allein ist unser Gott!

Josua 24,18

Die Israeliten haben so geantwortet, als Josua sie am Ende seines Lebens zu einer klaren Stellungnahme herausgefordert hat: entweder für die vielen Götter der Heiden oder für den einen lebendigen Gott. Die Antwort ist eindeutig: „Wie kämen wir dazu, den Herrn zu verlassen und andern Göttern zu dienen" – nach all den wunderbaren Erfahrungen, die wir mit Gott gemacht haben, seit er uns aus der Sklaverei in Ägypten befreit hat. „Wir wollen dem Herrn dienen, denn er allein ist unser Gott!" Gott verlassen – nein, das kommt für uns nicht in Frage.

Gott verlassen – das verstehen wir meistens anders herum: Wir fühlen uns von Gott verlassen. Aber oft ist es eben gerade umgekehrt: Wir haben *Gott* verlassen. Das braucht keine offene Absage an Gott zu sein, kein erklärter Atheismus, aber ein praktischer: Wir hören nicht auf Gott, wir rechnen nicht mit ihm, wir leben ohne ihn. Aber wenn dann etwas schiefgeht, wenn wir an unsere Grenzen stossen, dann fragen wir, warum Gott das zulässt, warum er uns verlassen hat. Und es ist doch gerade umgekehrt: Wir haben Gott verlassen.

Aber das muss ja nicht so bleiben. Wenn Gott *mich* verlassen hätte, dann könnte ich daran nichts ändern; wenn ich *Gott* verlassen habe, dann schon. Ich kann mich so wie jene Menschen im Alten Testament neu entscheiden: „Ich will dem Herrn dienen, denn er allein ist mein Gott!" Ich will mein Verhältnis zu Gott überdenken und die Beziehung zu ihm wieder aufnehmen und pflegen. Ich will neu mit Gott rechnen und Gott soll auch mit mir rechnen können. Ich will Gott nicht verlassen. Ich verlasse mich auf das, was er mir durch Jesus Christus versprochen hat: „Ich bin bei euch alle Tage bis an das Ende der Welt."

Tut von euch die fremden Götter, die unter euch sind, und neigt euer Herz dem Herrn zu. Josua 24,23

Mit dieser Ermahnung verabschiedet sich Josua, Moses Nachfolger, vom Volk Israel. Er erinnert die Israeliten an die grossen Taten Gottes in ihrer bisherigen Geschichte: die Erwählung des Stammvaters Abraham, die Befreiung aus der Sklaverei in Ägypten, die Bewahrung auf der langen Wanderung durch die Wüste und jetzt der Einzug in das von Gott verheissene Land.

Aber Josua erinnert auch an Gottes Gebote. „Tut von euch die fremden Götter" – das ist die Erinnerung an das erste der Zehn Gebote. Israel soll sich neu für Gott entscheiden und nichts zu tun haben mit den vielen Göttern und Götzen, die in seiner Umgebung verehrt werden. Denn Rettung und Segen wird es auch in Zukunft allein von dem einen lebendigen Gott erfahren.

Das Ja zu Gott muss ein klares Nein zu andern Göttern zur Folge haben. Heute sehen das gerade unter den religiös interessierten Menschen viele nicht so. Der Trend geht in die umgekehrte Richtung: Viele halten sich für Kräfte offen und lassen sich mit Mächten ein, vor denen die Bibel ausdrücklich warnt.

Auch Jesus fordert uns zur klaren Entscheidung heraus. Er hat besonders vor dem Streben nach Geld und Besitz gewarnt – vor dem Götzen Mammon, dem heute viele Menschen alles zu opfern bereit sind: ihre Gesundheit, ihre Familie, manche auch den letzten Rest von Anstand. Wie zeitgemäss die Warnung gerade vor diesem Götzen ist, haben die Wirtschaftskrisen gezeigt.

Von der Macht dieses und aller anderen Götzen werden und bleiben wir nur frei, wenn wir uns klar für den einen lebendigen Gott entscheiden. Wenn nicht jetzt, wann dann? Hören Sie auf seine Stimme und vertrauen Sie ihm allein. Dann wird sein Segen mit Ihnen sein.

Ihr habt zwar all dieses Unrecht getan, aber ich will nicht aufhören, für euch zu beten. 1 Samuel 12,20.23

Der alte Samuel hält vor seinem Tod eine Abschiedsrede an das Volk Israel. Er erinnert an Gottes rettendes Handeln für sein Volk, aber auch an ein grosses Unrecht von Seiten Israels. Mit dem Unrecht meint Samuel den Wunsch der Israeliten, auch einen König zu haben wie alle andern Völker. Sie wollten sich nicht mehr durch einen Gottesmann wie Samuel regieren lassen.

Samuel hätte das als Undank gegenüber seinem Lebenswerk übel nehmen können. Aber schlimmer ist ja, dass sich die Israeliten nicht mehr der unmittelbaren Führung durch Gott unterstellen wollen. Samuel weiss, dass es mit dem künftigen König nicht gut kommen wird, aber er kann das alles nicht verhindern. Jetzt zeigt sich die wahre Grösse des grossen alten Mannes. Samuel zieht sich nicht beleidigt und enttäuscht zurück. Er sagt: „Ihr habt zwar all dieses Unrecht getan, aber ich will nicht aufhören, für euch zu beten."

Was machen *wir*, wenn Menschen, für die wir uns eingesetzt haben, uns enttäuschen? Wie reagieren wir, wenn andere meinen, alles besser zu wissen? Kann man etwas anderes tun, als sich grollend zurückzuziehen? Ja! Samuel hat gesagt: Ich will für euch beten. Damit höre ich nicht auf. Daran könnt ihr mich nicht hindern.

Beten – auch und gerade für die Menschen, von denen wir enttäuscht worden sind? Ja. Was wären denn die Alternativen? Auf Rache sinnen? Uns selbst bemitleiden, zurückziehen, vereinsamen, bitter werden? Für sie beten heisst ja nicht, ihr Verhalten gutheissen, sondern sie Gott und seiner Gnade anbefehlen. Sie lassen sich vielleicht von uns nichts mehr sagen. Aber sie können nicht verhindern, dass wir für sie beten. Gott kann an ihnen etwas bewirken, was wir nicht können. Was unser Gebet auf jeden Fall bewirkt: Es wird uns vor dem Bitterwerden bewahren.

Es ist dem Herrn nicht schwer, durch viel oder wenig zu helfen.

1 Samuel 14,6

Die Philister machten den Israeliten unter König Saul durch ständige kriegerische Übergriffe das Leben schwer. Einmal besiegten in einer riskanten Aktion zwei israelitische Kämpfer eine Übermacht von zwanzig feindlichen Soldaten. Es waren Sauls Sohn Jonathan und sein Waffenträger. Jonathan hatte sich selbst und seinen Waffenträger mit diesen Worten ermutigt: „Es ist dem Herrn nicht schwer, durch viel oder wenig zu helfen."

Das galt nicht nur damals im Kampf der Israeliten gegen die Philister. Es gilt auch für uns und unsere Kämpfe. Wenn der Widerstand übermächtig scheint, die Aufgabe zu gross, die Last zu schwer, unsere Kraft zu klein, die Anfechtung zu tief: „Es ist dem Herrn nicht schwer, durch viel oder wenig zu helfen."

Es gilt auch, wenn wir entmutigt feststellen, dass wir wenig oder nichts erreichen im Kampf gegen das Unrecht in der Welt oder die Not eines einzelnen Menschen: „Es ist dem Herrn nicht schwer, durch viel oder wenig zu helfen."

Bei Jesus war das auch so. Mit fünf Broten und zwei Fischen hat er Tausende satt gemacht. Und auch bei Paulus war es so. Christus hat zu ihm gesagt: „Lass dir an meiner Gnade genügen, denn meine Kraft erweist sich in Schwachheit" (2 Kor 12,9).

Auf das Wirksamwerden *seiner* Kraft in unserer Schwachheit kommt es an. Auf seine Gnade in unserem Leben kommt es an. Auf seinen Segen zu dem Wenigen, was Sie haben und tun können, kommt es an. Denn: „Es ist dem Herrn nicht schwer, durch viel oder wenig zu helfen."

Ich habe den Satz so oft wiederholt, damit er sich hoffentlich einprägt und uns begleitet: „Es ist dem Herrn nicht schwer, durch viel oder wenig zu helfen."

Jonathan ging zu David und stärkte sein Vertrauen auf Gott.

1 Samuel 23,16

Jonathan und David waren Freunde. Ungleiche Freunde: Jonathan war der Sohn des Königs Saul. David war der von Gott erwählte künftige König, aber zu dieser Zeit noch von Saul bekämpft und verfolgt. Jonathan riskiert viel, wenn er unter diesen Umständen Davids Freund bleibt.

In der Not zeigt sich, wer die echten Freunde sind. Es kann ernüchternd und schmerzlich sein zu erfahren, wie wenige aus dem Kollegen- oder Bekanntenkreis einem auf einer schwierigen Wegstrecke, etwa in einer langen Krankheitszeit, die Treue halten. Danken wir Gott für jeden guten Freund, für jede gute Freundin.

Durch einen heimlichen Besuch lässt Jonathan den bedrängten David wissen, dass er nicht nur Feinde hat, sondern auch einen Freund, der zu ihm hält, unter allen Umständen. Aber der Besuch ist mehr als nur ein Freundschaftszeichen. „Jonathan ging zu David und stärkte sein Vertrauen auf Gott." Wörtlich steht im hebräischen Grundtext: „Er stärkte seine Hand in Gott."

Sicher haben die beiden Freunde einander die Hand gedrückt. Ein Händedruck kann viel bedeuten. Wenn uns die Worte fehlen oder alle Worte fehl am Platz sind, kann eine freundliche Hand alles sagen, was nötig ist: Ich bin bei dir, ich trage deine Last mit, ich bin und bleibe dir gut.

Aber Jonathan hat David nicht nur die Freundeshand gereicht. „Er stärkte seine Hand in Gott, er stärkte sein Vertrauen auf Gott." Jonathan hat dem bedrängten Freund Mut gemacht, sich der Hand Gottes anzuvertrauen.

Das ist das Grösste und Hilfreichste, was Freunde und Freundinnen füreinander tun können: Einander im Vertrauen auf Gott bestärken. Sich gegenseitig Gott anbefehlen. Einander die Hand geben ist gut. Sich miteinander der Hand Gottes anvertrauen, das ist das Beste.

Herr, du mächtiger Gott, ich bin es nicht wert, dass du mich und die Meinen so weit gebracht hast. 2 Samuel 7,18

Der König David ist es, der mit diesen Worten Gott so demütig dankt. Er war nach einer Zeit vieler Kämpfe als Sieger hervorgegangen und hatte seine Macht erfolgreich etabliert. Aber David blieb frei von Siegerallüren und Machtgefühlen. Ihm war klar: Für all das habe ich Gott zu danken. Nicht mir, sondern ihm gebührt die Ehre für alles, was ich erreicht habe. Nicht ich habe es so weit gebracht; so weit hat Gott mich gebracht. Bei David hat sich also das Ziel, das er erreicht hat, gedeckt mit dem, was Gott durch ihn und mit ihm erreichen wollte.

Das ist nicht selbstverständlich. Mancher Kämpfer und manche Kämpferin drückt sich auf dem Weg zum Erfolg an Gott vorbei. Wie ist das wohl bei Ihnen? Können Sie Gott danken, dass er Sie dahin gebracht hat, wo Sie jetzt sind? Oder haben Sie Ihre Ziele ohne Gott zu verfolgen versucht?

Manchmal will es ja scheinen, der Gedanke an Gott sei zum Vorwärtskommen eher hinderlich als nützlich. Wir meinen, wir könnten unsere Lebensziele ungestörter erreichen, wenn wir uns nicht immer fragen müssen, ob wir wohl auf dem Weg zu dem Ziel sind, an das Gott uns führen möchte.

Aber wir sind ja nicht immer erfolgreich. Es gibt Misserfolge, Sackgassen und Abstürze. Dann fragen wir uns: Wie konnte es mit mir nur so weit kommen? Und vielleicht ist dann die Frage nach Gott doch wieder da: Warum lässt er das zu?

Es ist immer gut, wenn wir nach Gott fragen. Es ist gut, wenn Schwierigkeiten und Niederlagen uns neu nach ihm fragen lassen. Aber ebenso wichtig ist es, Gott für das zu danken, was in unserem Leben gelingt. Nicht wie weit wir es im Leben bringen, ist entscheidend, sondern wie weit Gott uns bringen kann.

Die Priester brachten die Lade des Bundes des Herrn an ihre Stätte, in den hinteren Raum des Hauses, in das Allerheiligste, unter die Flügel der Kerubim. 1 Könige 8,6

Hier wird von der Einweihung des salomonischen Tempels berichtet. Sie beginnt mit der Überführung der Bundeslade vom provisorischen Standort „in das Allerheiligste, unter die Flügel der Kerubim". Die Kerubim waren zwei grosse Engelgestalten aus goldüberzogenem Olivenholz, die ihre Flügel wie schützend über die Bundeslade hielten. Die Lade mit den Tafeln der Zehn Gebote und die beiden Kerubim mit ihren Flügeln markierten den Ort, wo man den heiligen Gott unsichtbar anwesend glaubte. Zutritt zu dem allerheiligsten Ort hatte nur der Hohepriester, und auch er nur einmal im Jahr, am grossen Versöhnungstag.

Aber in den Psalmen gibt es Hinweise dafür, dass betende Menschen sich vorgestellt haben, wie es wäre, dort in die Gegenwart Gottes zu treten. Sie haben im Gebet Gottes Gegenwart gesucht und sind ihm begegnet. Da ist es ihnen vorgekommen, als breiteten die Kerubim schützend die Flügel über ihnen aus, so dass sie es wagen durften, Gott ihr Herz auszuschütten – mit allen Ängsten und Fragen, mit allen Wünschen und aller Schuld. „Wie köstlich ist deine Güte, Gott, dass Menschenkinder unter dem Schatten deiner Flügel Zuflucht haben", dankt ein Beter. Und ein anderer weiss sich in grosser Not bei Gott geborgen und kann in seinem Schutz sogar singen: „Du bist meine Hilfe geworden und unter dem Schatten deiner Flügel frohlocke ich" (Ps 36,8; 63,8).

Etwas anders hat auch Jesus das Bild vom Schutz unter Gottes Flügeln gebraucht in seiner Trauer und Klage über Jerusalem: „Wie oft habe ich deine Kinder um mich sammeln wollen, wie eine Henne ihre Küken unter ihre Flügel sammelt, und ihr habt nicht gewollt" (Mt 23,37). Die Zuflucht „unter dem Schatten seiner Flügel" steht auch uns offen. Wer wollte denn auf dieses wunderbare Angebot verzichten!

Sieh, der Himmel, der höchste Himmel kann dich nicht fassen, wie viel weniger dann dieses Haus, das ich gebaut habe!

1 Könige 8,27

Salomo vollzieht die Einweihung des Tempels mit einem feierlichen Gebet. Er hebt die Hände zum Himmel und bittet darum, dass er und sein Volk ‚höheren Orts‘ gehört werden, wenn sie künftig an diesem Ort aus Schuld und Not zu Gott rufen. „Dann höre du es im Himmel", heisst es nach jeder Bitte. Aber noch vorher hält der königliche Vorbeter inne. Er macht sich selbst und seinem Volk bewusst, wie wenig selbstverständlich es ist, wenn Gott sich in diesem irdischen Gotteshaus finden lässt. Zwar hat er seine Gegenwart an diesem Ort verheissen, aber er ist nicht daran gebunden, auch nicht an die Symbole seiner Gegenwart, die Bundeslade und die Kerubim. Wenn alle Himmel Gott nicht fassen können, „wie viel weniger dann dieses Haus, das ich gebaut habe!"

Auch heute bauen und weihen wir Gott Häuser und Räume mit der Bitte um seine Gegenwart und in der Hoffnung, ihm da zu begegnen. Mir bleibt die Erinnerung an die Einweihung eines Jugendhauses vor Jahrzehnten unvergesslich. Es würden viele Leute dort sein, hatten wir unsern Kindern erklärt; der Platz im Haus würde lange nicht für alle reichen. Da fragte eines: „Kann man dann einfach auf dem Boden sitzen wie beim Heiland?" Hinter der Frage stand ein Bild aus der Kinderbibel, wo die Menschen um Jesus herum im Gras sassen und ihm zuhörten. Gerade so war es dann auch bei jener Einweihung.

So einfach kann es für uns alle sein. Es kommt nicht darauf an, ob wir in einem ehrwürdigen Gotteshaus auf harten Bänken sitzen oder einfach „auf dem Boden wie beim Heiland". Das ist so, weil Gott aus dem Himmel zu uns Menschen gekommen ist und durch seinen Geist in uns wohnen will. Nicht in Tempeln aus Holz oder Stahl und Stein, sondern in jedem Herzen, das ihn sucht und liebt.

Ungeteilt soll euer Herz beim Herrn, unserem Gott, sein, damit ihr nach seinen Satzungen lebt und seine Gebote haltet, wie am heutigen Tag. 1 Könige 8,61

An Festtagen wie damals bei der Tempelweihe scheint es leicht, mit ungeteiltem Herzen bei Gott zu sein. Aber es kommt der Alltag mit seinen Herausforderungen und Versuchungen. Darum hat Salomo sein Volk ermahnt und auch für sich selbst gebetet: „Der Herr, unser Gott, ziehe unser Herz zu sich hin, damit wir auf allen seinen Wegen gehen" (V. 58). Wäre doch auch Salomos Herz „ungeteilt beim Herrn" geblieben! Gott hat ihm grossen Reichtum geschenkt, aber der Luxus, durch den er mit den Grossen der damaligen Welt gewetteifert hat, passt nicht gut zu einem König nach dem Herzen Gottes. Gott hat ihn mit grosser Weisheit gesegnet, aber auch bei Salomo zeigte sich, dass Alter nicht vor Torheit schützt. Als er älter wurde, zogen seine vielen fremdländischen Frauen „sein Herz zu anderen Göttern hin, und sein Herz war nicht mehr ungeteilt beim Herrn, seinem Gott" (11,4). Seine glanzvolle vierzigjährige Herrschaft endete mit politischen Wirren, in deren Folge es zur Spaltung des Reiches kam.

Jesus nahm auf Salomo Bezug, als er von der Schönheit der Lilien sagte: „Selbst Salomo in seiner Pracht war nicht gekleidet wie eine von ihnen" (Mt 6,29). Seine Gegner, die nicht auf ihn hören wollten, warnte Jesus, die Königin von Saba werde sie in Gottes Gericht beschämen, denn sie sei von weit her gekommen, um Salomos Weisheit zu hören – „und siehe, hier ist mehr als Salomo" (Mt 12,42).

Jesus ist nicht gekommen, um seine königliche Macht und Pracht zu entfalten. Er hat mit ungeteiltem Herzen den Willen Gottes getan. Er hilft uns aus unseren Verirrungen zurück und sagt: „Folge mir nach!" Er fragt mich und dich: „Hast du mich lieb?" Hier ist mehr als Salomo. Möge unser Herz heute und allezeit ungeteilt bei ihm sein.

Als Hiskija den Brief gelesen hatte, ging er hinauf zum Haus des Herrn und breitete ihn aus vor dem Herrn.

2 Könige 19,14

Der König Hiskija hat dicke Post bekommen: einen unflätigen Drohbrief vom assyrischen Heerführer, der mit einer gewaltigen Streitmacht vor Jerusalem steht. Hiskija weiss, dass er samt seiner Stadt in einer hoffnungslosen Lage ist. Was macht er mit dem Drohbrief? Er brütet nicht darüber, er tobt nicht, er berät sich nicht mit seinen Ministern. Was tut er? „Als Hiskija den Brief gelesen hatte, ging er hinauf zum Haus des Herrn und breitete ihn aus vor dem Herrn." Er breitet den Brief vor Gott aus. Er betet. Er sagt: Grosser Gott, jetzt sieh dir das an! Indem er Gott die verzweifelte Situation darlegt, wird er ruhig. Und als er Gott um Hilfe anfleht, bekommt er die Antwort: Gott wird sein Volk retten.

So dürfen auch wir umgehen mit einer schlechten Nachricht. Wir dürfen sie Gott vorlegen, mit ihm darüber sprechen, darüber beten. Das könnte zum Beispiel so aussehen, dass ich einen bösen Brief, der mich geärgert hat, nicht einfach mit einem bösen Brief beantworte. Oder dass ich einen Brief, der mich traurig gemacht hat, nicht einfach in den Papierkorb werfe. Ich könnte meine Bibel nehmen, den bösen oder traurigen Brief hineinlegen und dann zu mir selbst sagen: Da habe ich ja die gute Nachricht, die Gott mir gesandt hat. Die Bibel ist sein Brief, und die frohe Botschaft, die er enthält, gilt mir – gilt mir gerade jetzt. Ich will Gott nicht nur Kenntnis geben von der Hiobspost, die vor mir liegt. Ich will Kenntnis nehmen von der guten Post von Gott, die im Evangelium schon immer vorliegt: dass er mich nicht im Stich lässt, auch nicht in der grössten Not.

Wenn ich die gute Post von Gott lese, kann es sein, dass ich auf einmal verstehe: Das ist ja ein Trostbrief für mich persönlich in meiner Verlegenheit, in meinem Zorn oder in meiner Trauer. Ein Liebesbrief von meinem Gott.

So gib mir nun Weisheit und Einsicht, dass ich diesem Volke gegenüber aus und ein weiss; denn wer vermöchte sonst dieses dein grosses Volk zu regieren? 2 Chronik 1,10

Das 2. Chronikbuch führt uns nochmals zurück zum Übergang des Königtums von David auf Salomo. Das ging nicht ohne Wirren ab. Aber nun hat Salomo das reiche und schwere Erbe angetreten. Er weiss sich nicht nur den Menschen verantwortlich, die ihm anvertraut sind, sondern Gott. Gottes Verheissungen sollen sich durch ihn erfüllen. Darum eröffnet Salomo seine Regierungszeit nicht mit einer Sitzung des Ministerrats oder mit dem Verlesen einer Regierungserklärung. Der erste Staatsakt ist ein Volksgottesdienst. Und das Wichtigste dabei sind nicht die Unmengen von Opfern, die dargebracht werden. Das Entscheidende geschieht in der Stille der Nacht, als Gott dem König erscheint. Salomo bekommt einen Wunsch frei: „Tue eine Bitte! Was soll ich dir geben?"

Salomo bittet um Weisheit in der Führung des Volkes. Es sind ja nicht seine Untertanen, es ist das Volk Gottes: „dieses dein grosses Volk". Er möchte diesem Volk gegenüber „aus und ein wissen", das heisst: richtig mit den Menschen umgehen und seiner Aufgabe an ihnen gerecht werden. Weil Salomo nicht die Mehrung seiner Macht, sondern das Wohl der Menschen im Sinn hat, erhört Gott sein Gebet.

Wenn uns die Verantwortung für andere Menschen anvertraut ist, wird es immer wieder Situationen geben, wo auch wir nicht aus und ein wissen, sei es in einer beruflichen Führungsfunktion, in der Erziehung unserer Kinder oder in einem politischen Amt. Wie gut, dass wir im Gebet unsere Sorgen, unsere Ratlosigkeit, unser Unvermögen und auch unser Versagen vor Gott aussprechen dürfen. Salomo hat offenbar diesen demütigen Anfang über seinen späteren Erfolgen vergessen. Seien wir darum dankbar für Stunden der Schwachheit; sie erinnern uns daran, wie nötig wir Gott und seine Hilfe haben.

Salomo begann den Tempel des Herrn zu bauen in Jerusalem auf dem Berg Morija, wo der Herr seinem Vater David erschienen war.
2 Chronik 3,1

Ein berühmter und umstrittener Fleck wie kaum ein anderer auf der Erdkugel. Schon Abraham war dort Gott begegnet. Er wäre bereit gewesen, seinen Sohn Isaak zu opfern. Aber Gott gab ihm im letzten Augenblick einen Widder als Opfer an Isaaks statt. An der gleichen Stelle hat dann (nach 1 Chr 21,28–30) auch David einen Altar errichtet, nachdem er den Platz dem Jebusiter Arauna abgekauft hatte. Zu seinem Herzenswunsch, hier einen Tempel zu bauen, hatte Gott Nein gesagt, weil David zu viel Blut an den Händen hatte. Salomos Aufgabe sollte das sein, aber David hatte diesen geschichtsträchtigen heiligen Ort bereits dafür bestimmt.

Heute stehen auf dem ehemaligen Tempelplatz zwei islamische Heiligtümer: der Felsendom und die Aqsa-Moschee. Angeblich ist Mohammed von hier aus in den Himmel gefahren. Die Abrahams-Geschichte ist im Koran völlig umgeschrieben worden: Ismael soll es gewesen sein, den Abraham opfern wollte, und Ismael selbst soll den Vater dazu ermuntert haben. Einen jüdischen Tempel habe es an dieser Stelle gar nie gegeben, wird im Islam behauptet. Im Inneren des Tempelberges wird Material abgetragen und entfernt – vermutlich um so die archäologischen Beweisstücke für die Existenz des salomonischen Tempels zu beseitigen. Dagegen träumen jüdisch-orthodoxe Extremisten davon, an dieser Stelle den dritten Tempel zu errichten.

Auf die Frage, wo der richtige Ort für die Anbetung Gottes sei, hat Jesus im Gespräch mit der Samariterin am Jakobsbrunnen geantwortet. Nicht auf den Ort komme es an, hat er ihr gesagt, sondern dass Gott im Geist und in der Wahrheit angebetet werde (Joh 4,24). Das geschieht, wenn wir im Namen Jesu vor Gott kommen und uns auf sein Opfer berufen, das er ein für allemal für uns dargebracht hat

Hilf uns, Herr, unser Gott, denn wir verlassen uns auf dich.

2 Chronik 14,10

In diesem Kapitel wird eine militärische Bedrohungslage ge-schildert. Der judäische König Asa und sein Heer werden von einem Feind angegriffen, der ihnen an Zahl und Rüstung weit überlegen ist. Sicher hat sich der judäische König mit seinen Heerführern beraten, vielleicht auch Verbündete um Hilfe gebeten. Aber erzählt wird nur, wie er Gott um Hilfe angerufen hat: „Herr, es ist dir nicht schwer, dem Schwachen gegen den Starken zu helfen. Hilf uns, Herr, unser Gott, denn wir verlassen uns auf dich."

Es ist gut, wenn wir in bedrohlichen Lebenssituationen nahe-stehende Menschen um Rat fragen oder um Hilfe bitten können; Menschen, auf deren Freundschaft wir uns verlassen können – nicht nur wenn es uns gut geht. An manchen Stellen in der Bibel wird das Lob der Freundschaft gesungen. Aber wir werden auch davor gewarnt, nur auf Menschen zu vertrauen. Auf ihre Hilfe ist vielleicht gerade dann kein Verlass, wenn wir sie am nötigsten hätten.

Es gibt eben nur *eine* Beziehung, auf die wir uns unter allen Umständen verlassen können; es gibt nur *einen* Freund für uns Menschen, der die Treue in Person ist: der Herr, unser Gott allein. Zum Vertrauen auf ihn fordern uns nicht nur Beispiele wie das im 2. Chronikbuch heraus. Das Evangelium sagt uns, dass Gott in Jesus Christus unser Freund geworden ist. Auf ihn und seinen Beistand können und sollen wir uns in der Not verlassen. Er hält zu uns auch dann, wenn Menschen, denen wir vertraut haben, uns enttäuschen, uns im Stich lassen oder nicht helfen können.

Ich hoffe, dass Sie in schwierigen Lebenssituationen echte Freunde und Freundinnen haben, und dass andere Menschen sich in der Not auf Sie und Ihre Freundschaft verlassen können. Die beste Hilfe in der Not ist das Gebet füreinander und miteinander: „Hilf uns, Herr, unser Gott, denn wir verlassen uns auf dich!"

Du, Herr, hast Himmel, Erde und Meer geschaffen. Allen Geschöpfen hast du das Leben geschenkt. Nehemia 9,6

„Himmel, Erde und Meer" – damit ist das antike dreistöckige Weltbild beschrieben. Die Erde stellte man sich als eine Scheibe vor, die auf dem Urmeer schwimmt oder auf Pfeilern in der Tiefe gegründet ist. Über der Erde wölbt sich der Himmel, an dem sich Sonne, Mond und Sterne in ihren Bahnen bewegen. Himmel, Erde, Meer: damit war die ganze Schöpfung gemeint, wie man sie damals kannte und verstand.

Wir haben heute andere Erkenntnisse und Vorstellungen. Wir wissen, dass unser Planet Erde nur ein winziges Staubkorn im All ist. Aber auch heute bekennt der Glaube: „Du, Herr, hast alles geschaffen" – die unendlichen Räume, die Galaxien in den unvorstellbaren Weiten des Universums, das sich noch immer ausdehnt. Die Materie mit den Atomen und ihren winzigsten Strukturen. Die Kräfte, die im Kleinsten und im Grössten alles zusammenhalten und bewegen. Das Leben in seiner unendlichen Vielfalt – „du, Herr, hast alles geschaffen".

Wie die Welt entstanden ist und wie sich auf der Erde das Leben entwickelt hat, darüber gibt es manche Theorien. Aber was kann die Theorie vom Urknall oder die Evolutionslehre erklären? Eigentlich sehr wenig. Wer hat den Urknall denn ausgelöst? Und dass das Leben einfach so von selbst entstanden sein sollte – ist das nicht viel schwerer zu glauben, als dass Gott es in seiner wunderbaren Vielfalt geschaffen hat?

„Allen Geschöpfen hast du das Leben geschenkt." Das ist kein naturwissenschaftlicher Lehrsatz, sondern ein Glaubensbekenntnis, das mich selbst einschliesst. Ich sage damit, wer ich bin und wie ich mich verstehen darf. Ich gehöre zu Gottes Geschöpfen. Ihm verdanke ich mein Leben vom ersten Tag an bis zu meinem letzten. Und ich bin nicht nur von Gott geschaffen, ich bin von Gott in Jesus Christus geliebt. Ich darf zu meinem Schöpfer und Erlöser gehören in Zeit und Ewigkeit.

Der Herr hat's gegeben, der Herr hat's genommen; der Name des Herrn sei gelobt! Hiob 1,21

Mehr als erstaunlich, erschütternd ist dieses Bekenntnis, wenn wir uns vergegenwärtigen, was Hiob alles genommen worden ist. Schlag auf Schlag ist unermessliches Leid über ihn hereingebrochen. Eine ‚Hiobsbotschaft' hat die andere übertroffen. Sein Haus ist eingestürzt, alle seine Kinder liegen unter den Trümmern begraben. Und da sagt er: „Der Herr hat's gegeben, der Herr hat's genommen; der Name des Herrn sei gelobt!"

Damit ist das Leid nicht weggewischt und die quälenden Fragen sind nicht beantwortet, warum all das Schreckliche und Traurige geschehen ist. Aber die Dankbarkeit muss Hiob geholfen haben, den Verlust und den Schmerz zu ertragen. Gott hat ja nicht nur genommen, er hat zuvor auch gegeben.

Jeder Mensch, mit dem uns Gott in unserem Leben zusammenführt, ist ein Geschenk von ihm. Keiner und keine gehört uns, auch nicht der Lebenspartner oder die Lebenspartnerin, auch nicht die eigenen Kinder. Sie gehören alle Gott und sind seine freundliche Leihgabe an uns. Es sind Leihgaben auf Zeit, längstens bis der Tod uns scheidet.

Es ist wichtig, dass wir uns das bewusst machen. Es ist wichtig für die Wegstrecke, die wir mit unsern Angehörigen gemeinsam zurücklegen dürfen, und es ist wichtig für das Verhältnis zueinander: immer zu wissen, dass wir einander geschenkt sind, aber einander nicht gehören.

Das zu wissen ist auch und gerade dann eine grosse Hilfe, wenn einmal der schmerzliche Augenblick des Abschieds kommt. Dann kann der Schmerz über den Verlust unseren Dank nicht ersticken – den Dank an Gott, dass er uns einander geschenkt hat, und den Dank für alle Hilfe und Freude, die wir einander haben schenken dürfen.

Sieht Gott nicht meine Wege und zählt alle meine Schritte?

Hiob 31,4

Hiob selbst sagt das, der Schwergeprüfte, der nicht verstehen kann, warum ihm alles genommen worden ist, was sein Leben reich und lebenswert gemacht hat. Er fragt sich, wie vielleicht auch wir uns fragen, womit wir ein Unglück, einen Verlust, ein Leiden verdient haben.

Hiob hat keine Antwort gefunden. Freunde haben ihn immer wieder bedrängt: Denk doch nach, Hiob, irgendwo muss es doch etwas geben, wofür Gott dich bestraft, du willst es nur nicht zugeben! Hiob will nichts verdrängen oder leugnen. Er fragt: „Sieht Gott nicht alle meine Wege und zählt alle meine Schritte?" Er meint damit: Auch wenn ich mich aufrichtig vor Gott prüfe – ich finde keine Erklärung für mein Unglück, es bleibt mir ein Rätsel.

Das Rätsel hat sich nicht dadurch gelöst, dass Hiobs Freunde ihm seine Schuld haben beweisen können oder Hiob den Freunden seine Unschuld. Geholfen hat ihm eine persönliche Begegnung mit Gott. Da hat er erfahren, dass Gott kein Aufpasser und Buchhalter über unsere Fehler ist. Gott achtet nicht darum auf alle unsere Schritte, um jeden Fehltritt zu registrieren und prompt zu bestrafen. Hiob hat die Gewissheit geschenkt bekommen, dass Gott nicht sein Richter, sondern sein Erlöser sein will: „Ich weiss, dass mein Erlöser lebt!" (19,25).

Uns ist das durch das Evangelium gesagt: Gott ist nicht nur unser Richter, er ist in Jesus Christus unser Erlöser. Er erbarmt sich über uns und unsere Not, ob wir sie uns erklären können oder nicht. Er erbarmt sich auch und gerade dann, wenn wir nicht unschuldig sind an unserem Unglück. Darum muss das kein erschreckender Gedanke sein, dass Gott alle meine Wege sieht und meine Schritte zählt. Wenn ich mit Jesus Christus als dem guten Hirten unterwegs bin, darf ich gerade auf schwierigen Wegstrecken zu ihm sagen: „Ich fürchte kein Unglück, denn du bist bei mir."

Herr, frühe wollest du meine Stimme hören, frühe will ich mich zu dir wenden und aufmerken. Psalm 5,4

Da betet nicht nur der Mund. Da strecken sich Hände aus, da wendet sich das Gesicht dem Himmel zu, da suchen Augen den Horizont ab nach dem Sonnenaufgang, da wird das Reden mit Gott unterbrochen durch sorgfältiges Hören auf Gott.

Dieses konzentrierte Reden mit Gott, das aufmerksame Hören und Ausschauen nach Gott geschieht in der Frühe: „Frühe wollest du meine Stimme hören, frühe will ich mich zu dir wenden und aufmerken." Früh, am Anfang des Tages, wenn es noch still ist um mich herum und auch noch still in mir drin. Früh will ich mit Gott reden, vor allem Reden mit den Menschen. Früh will ich mich auf Gott ausrichten, bevor ich mich auf den Weg durch den Tag mache. Früh will ich auf Gottes Tun achten, bevor ich an mein Tagwerk gehe.

Früh – das meint aber nicht nur die Tageszeit. Es kann auch bedeuten: Früh im Leben, nicht erst wenn ich dann älter bin und das Beten vielleicht nötig habe. Es könnte ja dann zum Hören und zum Betenlernen zu spät sein. Früh – das heisst: Der Kontakt mit Gott soll in jeder Lebensphase die Priorität haben. Ich will mich zuerst an Gott wenden, nicht erst, wenn ich alles selbst entschieden und selbst gemacht habe und dann einsehe, dass ich es allein doch nicht schaffe. Ich will zuerst Gott um seine Hilfe bitten, nicht erst dann, wenn alle Stricke reissen und man eben ‚nur noch beten kann'.

Es ist zwar gut, wenn wir in einer verfahrenen Situation am Ende doch noch beten und dass wir das auch dürfen. Aber viel besser ist es, das Gebet zu Gott nicht nur als letzten Ausweg zu brauchen, sondern eben: frühe, zuerst, von allem Anfang an. Nicht als Ersatz für mein eigenes Tun, aber als Vorzeichen vor allem eigenen Bemühen. Als ein Bekenntnis, dass ich in allem, spät und frühe, angewiesen bin auf Gott, auf seinen Beistand und auf seinen Segen.

Der Herr schaut vom Himmel auf die Menschenkinder, dass er sehe, ob jemand klug sei und nach Gott frage. Psalm 14,2

Gott sucht kluge Menschen. Worauf es ihm ankommt, sind nicht Intelligenz und Erfolg, gute Noten, Titel und Diplome, auch nicht theologisches Wissen und religiöse Erfahrung. Jesus hat seinem Vater im Himmel einmal dafür gedankt, dass ihn gerade die Menschen erkennen, die in der Welt nicht zu den Gescheiten und Angesehenen gehören: „Ich preise dich, Vater, Herr des Himmels und der Erde, dass du dies vor Weisen und Verständigen verborgen und es Unmündigen geoffenbart hast" (Mt 11,25f). Gescheit sein und angesehen bei den Menschen oder klug sein in Gottes Augen – das ist nicht dasselbe.

Was zeichnet die klugen Menschen aus, nach denen Gott sucht? Dass sie „nach Gott fragen". Wir müssen nicht alles über Gott wissen, aber nach Gott *fragen*. Nur das: nach Gott fragen, für Gott offen sein, mit Gott rechnen. Wenn es im Alten Testament wiederholt heisst: „Der Anfang der Weisheit ist die Furcht des Herrn" (Ps 111,10 u.a.), dann ist diese Klugheit gemeint. Das bedeutet nicht, dass wir unseres Glaubens immer unerschütterlich gewiss sind. Manchmal haben wir eben mehr Fragen als Antworten. Wichtig ist, dass wir Fragende bleiben.

Klug ist, „wer auf meine Worte hört und sie tut", sagt Jesus in der Bergpredigt. Das Gegenbild ist der tüchtige und clevere Bauer im Gleichnis, der sich auf seinen Erfolg und Reichtum verlässt, nicht an Gott denkt, aber dann an seinem Lebensende das vernichtende Urteil hört: „Du Narr!" (Lk 12,20). Er hat sein Haus auf Sand gebaut.

Wenn Gott kluge Menschen sucht – findet er einen, wenn sein Blick auf Sie fällt? Klug ist nicht, wer viel weiss und sich einbildet, auch über Gott Bescheid zu wissen. Klug ist, wer nach Gott fragt und ein Fragender bleibt. Darum sind gerade Lebenskrisen auch Chancen: Sie machen uns fragend. Auch nach Gott fragend, und also klug!

Ich sage zum Herrn: Du bist mein Herr; mein ganzes Glück bist du allein. Psalm 16,2

Glück ist im Sinne dieses Bekenntnisses nicht nur eine erwünschte Entwicklung der Dinge, eine gute Fügung, ein positiver Zufall. Glück ist das, was unserem Leben mit allen Erfahrungen, die wir machen, Sinn gibt. Nicht nur den positiven, sondern auch unseren schwierigen und negativen Lebenserfahrungen.

Hier bekennt ein Mensch, dass nur die Beziehung zu Gott sein Leben lebenswert macht. Er sagt zu Gott: „Mein ganzes Glück bist du allein." Du bist mein ein und alles. Was er gemeint hat, würde ich für mich etwa so sagen:

Ich könnte mir mein Leben ohne dich, mein Herr und Gott, gar nicht mehr vorstellen. Wem sollte ich sonst danken für alles Gute? Ich habe es doch nicht einfach verdient. Wem könnte ich sonst die Ehre geben für das, was in meinem Leben gelungen ist? Ich habe ja nicht alles richtig gemacht. Mit wem könnte ich sonst sprechen über das Ungute in meinem Leben und über das Böse in der Welt, das ich nicht verstehe? Wie sollte ich fertig werden mit dem Leid, das mich und andere trifft, wenn ich es nicht dir, mein Gott, sagen und klagen dürfte?

Wie könnte ich mich selbst ertragen, wie mit meinen Fehlern und Schwächen umgehen, wenn ich dich nicht um Vergebung bitten und aus deiner Gnade leben dürfte? Wie könnte ich die vielen offenen Fragen und ungelösten Rätsel aushalten, wenn nicht in der Hoffnung darauf, dass du die Antworten und Lösungen hast? Wie könnte ich Gefahren und Versuchungen bestehen ohne deine Bewahrung?

Mein Herr und mein Gott, du bist mir unentbehrlich. Ich danke dir auch für die bitteren Erfahrungen, durch die mir klar geworden ist: „Mein ganzes Glück bist du allein." Ich kann nicht leben ohne dich. Wie gut, dass ich dich kennen darf! Keinen Tag, keinen Augenblick muss ich ohne dich sein. Was für ein Glück! Mein Gott, ich danke dir!

Behüte mich wie einen Augapfel im Auge! Psalm 17,8

Ist diese Bitte nicht zu anspruchsvoll, ja anmassend? Wie wichtig glaubt denn der Beter, dass gerade er für Gott sei? Darf ich mich als so einzigartig und kostbar für Gott betrachten wie einen „Augapfel im Auge"? Vermutlich klingen in diesem Bild Worte aus dem Lied Moses im Deuteronomium an. Dort blickt Mose auf den Weg des Volkes Israel zurück. Er staunt darüber, dass Gott dieses kleine Volk, das unter den grossen Völkern der Welt völlig unbedeutend ist, zu seinem besonderen Eigentum erwählt hat und es so sorgfältig behütet wie seinen Augapfel (Dtn 32,10).

Das haben schon im Alten Testament gläubige Menschen auch auf sich persönlich bezogen. Als Angehörige des Gottesvolkes Israel sind sie überzeugt gewesen, dass auch sie persönlich Gott so lieb und teuer seien und also mit der Zuwendung und Bewahrung durch Gott rechnen dürfen.

In ähnlicher Weise hat auch Jesus seinen Jüngerinnen und Jüngern gesagt, welchen Wert sie für Gott haben. Er hat andere, aber nicht weniger eindrückliche Bilder dafür verwendet. Ich denke an seinen Vergleich mit den Sperlingen: Wenn die Gott nicht gleichgültig sind, wie sollten es dann die Menschen sein? Wie sollten ihm nicht alle lieb und teuer sein, die durch ihren Glauben zu Jesus gehören? Oder ich denke an das Gleichnis vom verlorenen Schaf, das für den Hirten so kostbar ist, dass er keine Ruhe hat, bis er es findet.

Vielleicht lesen Sie den ganzen Psalm 17 und achten auf den Schluss dieses Gebets. Der Mensch, der Gott bittet, ihn zu behüten wie den Augapfel im Auge, will auch seinerseits Gott im Auge behalten. Möge beides auch für Sie zusammen gehören – die Bitte: „Behüte mich wie einen Augapfel im Auge!" – und der Entschluss: „Ich will schauen dein Antlitz; ich will satt werden an deinem Bilde."

Gottes Wege sind vollkommen. Gott macht meine Wege ohne Tadel. Psalm 18,31.33

Von den Wegen, die wir Menschen gehen, kann man sicher nicht sagen, dass sie vollkommen sind. Daran ist manches krumm, vieles läuft schief. Es gibt Ermüdung auf dem Weg, es gibt Verirrungen und Versagen.

Aber „Gottes Wege sind vollkommen". Zwar überblicken wir die Wege Gottes mit uns, mit anderen Menschen und mit der Welt nicht so, dass uns ihre Vollkommenheit immer einsichtig wäre. Dass Gottes Wege vollkommen sind, ist ein Glaubensbekenntnis.

Der Satz will nicht sagen: Lieber Gott, ich habe es dir genau nachgerechnet, du hast tatsächlich alles richtig gemacht. Es ist ein Glaubenssatz, ein Ausdruck des Vertrauens: Ich vertraue Gott und seiner Liebe zu mir. Darum will ich nicht daran zweifeln, dass alles, was mir widerfährt, aus seiner Liebe kommt: das Schöne und Gute und Verständliche, aber auch das Schwierige und das, was mir unverständlich bleibt. Ich bitte Gott, dass er mein Vertrauen stärkt und mir glauben hilft, dass „denen, die Gott lieben, alles zum Besten dienen muss" (Röm 8,28).

So wird auch der andere Satz verständlich: „Gott macht meine Wege ohne Tadel." Das bedeutet nicht menschliche Unfehlbarkeit, einen perfekten Lebenswandel, an dem es nichts zu tadeln gäbe. In einer anderen Bibelübersetzung heisst es an dieser Stelle: „Gott schafft mir ebene Bahn." Also: Gott macht meinen Weg gangbar und sicher, er wird mir durchhelfen und mich auf dem Weg bewahren.

Mein Verhalten wird nicht immer ohne Fehl und Tadel sein, darum bleibe ich vor berechtigter und unberechtigter Kritik nicht verschont. Aber ich werde an Stolpersteinen und Hindernissen nicht scheitern, sondern sie mit Gottes Hilfe überwinden.

**Du bereitest vor mir einen Tisch im Angesicht meiner Feinde.
Du salbst mein Haupt mit Öl und schenkst mir voll ein.**

Psalm 23,5

Für wen deckt Gott den Tisch? „Vor mir" – das heisst: extra für mich. „Im Angesicht meiner Feinde" – das heisst: ungeachtet all dessen, was dagegen sprechen könnte, dass gerade ich bei Gott einkehren darf und soll. Ungeachtet all dessen, was ich in meiner Lebenssituation als negativ und gegen mich gerichtet erfahre oder empfinde: Menschen, Umstände, Bedrohungen. Gott bereitet vor mir seinen Tisch im Angesicht all dieser ‚Feinde'. Er stellt allen denkbaren Gegenargumenten nur ein Argument entgegen: seine Einladung, wie er sie durch Jesus an alle Mühseligen und Beladenen gerichtet hat: „Kommt her zu mir, ich will euch erquicken!" (Mt 11,28).

Wenn ich hinzutrete, gibt es eine Überraschung: „Du salbst mein Haupt mit Öl" – das heisst: Gott macht mich schön. Er krönt mich „mit Gnade und Barmherzigkeit" (Ps 103,4). Ich muss nicht versuchen, mich selbst schön und gut zu machen. Ich werde schön und gut gemacht durch das, was Gott mir zuliebe tut. Durch seine Gnade und Barmherzigkeit. So darf ich Freude haben an mir selbst und kann mich auch selbst wieder riechen.

Aber das Beste kommt ja erst: „Du schenkst mir voll ein" – das heisst: Jetzt wird gefeiert wie bei der Heimkehr des verlorenen Sohnes! Ich bin dem Gastgeber ein Fest wert, und mehr als nur ein Fest. Das Evangelium sagt mir, dass ich Gott das Opfer seines eigenen Sohnes wert gewesen bin. Jesus Christus hat als der gute Hirt sein Leben auch für mich hingegeben.

Was soll ich dazu sagen? Doch nicht etwa abwehren und absagen! Die Einladung annehmen will ich, mich an Gottes Tisch niederlassen und sagen: Da gefällt es mir, da habe ich es gut, hier will ich bleiben – „bleiben im Hause des Herrn immerdar".

Gutes und Barmherzigkeit werden mir folgen mein Leben lang, und ich werde bleiben im Hause des Herrn immerdar.

Psalm 23,6

Bleiben können, wo ich bleiben möchte, das ist ein Privileg. Im Älterwerden ist das für viele Menschen eine grosse Sorge: Kann ich noch zuhause bleiben, in meiner vertrauten Umgebung, auch wenn ich auf fremde Hilfe angewiesen bin? Das letzte Ausziehen aus dem irdischen Zuhause steht uns allen irgendwann bevor. „Wir haben hier keine bleibende Stadt, sondern die zukünftige suchen wir" (Hebr 13,14). Aber die Bibel sagt uns auch, dass es eine bleibende Stadt gibt und ein Haus, in dem wir bleiben dürfen, nicht nur so lang oder so kurz unser Leben in dieser Welt währt, sondern für immer: „Ich werde bleiben im Hause des Herrn immerdar."

Dem Dichter des 23. Psalms ist dabei wohl der Tempel in Jerusalem vor Augen gestanden, wo er die Nähe Gottes immer wieder gesucht und erlebt hat. Und wenn er auch nicht dauernd dort hat bleiben können, so hat er im Gotteshaus doch die Gewissheit gefunden: Gott ist nicht nur dort, sondern überall bei mir; nicht nur wenn die Sonne scheint, sondern auch wenn die Schatten kommen: „Und ob ich schon wanderte im finstern Tal, fürchte ich kein Unglück, denn du bist bei mir."

Und wenn ich einmal alles loslassen und von allem Abschied nehmen muss – eines bleibt: „Du bist bei mir, und ich werde bleiben im Hause des Herrn immerdar." Ich darf für immer bei Gott sein, für immer daheim.

Die Türe zu Gott steht offen, weil Jesus uns sagt: Ich bin die Tür, ich bin der gute Hirt, ich nehme euch mit zu Gott. Wenn wir uns im Glauben ihm anschliessen, tun wir schon den Schritt über die Schwelle jenes ewigen Hauses, in dem wir einst für immer bleiben dürfen. Und geborgen bei Gott sind wir dann schon hier und jetzt.

Auf den Herrn hofft mein Herz und mir ist geholfen. Nun ist mein Herz fröhlich, und ich will ihm danken mit meinem Lied.

Psalm 28,7

Der Mensch, der Gott so fröhlich danken kann, ist nicht einfach ein Optimist oder ein Erfolgstyp. „Mir ist geholfen", sagt er, geholfen *worden*. An den Grenzen seiner eigenen Möglichkeiten hat er seine Hoffnung auf den Herrn gesetzt und Gott hat ihm geholfen.

„Auf den Herrn hoffen" – das heisst: sich daran erinnern, dass ich einen Herrn habe und was das für ein Herr ist. Der Psalmbeter hat ihn als Helfer erlebt. Im Evangelium hören wir, dass Gott in Jesus Christus der Helfer für alle Menschen geworden ist.

„Auf den Herrn hofft mein Herz" heisst also auch für uns: Ich vertraue mich diesem Helfer an. Ich rechne heute mit seiner Hilfe. Ich darf davon ausgehen, dass mir durch Jesus Christus schon geholfen worden ist. Zwar nicht so, dass ich nicht auch jetzt noch und immer wieder neu seine Hilfe nötig habe; aber grundsätzlich ist mir schon geholfen: Er hat mir durch seine rettende Tat am Kreuz *so* geholfen, dass ich wohl in mancher Situation noch verlegen, aber nicht mehr verloren sein kann. Ich weiss mich von ihm geliebt und angenommen – geliebt und angenommen trotz allem und mit allem Fragwürdigen in meinem Leben.

Darüber kann man froh werden, auch in schweren Zeiten und an schwarzen Tagen. Auch Sie können darüber froh werden und zu Gott sagen: „Mein Herz ist fröhlich" – nicht übermütig, nicht ausgelassen, aber getröstet und ermutigt – fröhlich trotz allem. Ich will dir danken, mein Gott, mit meinem Lied!

Vielleicht leihen Sie sich für Ihren Dank die Worte aus diesem Lied in Psalm 28. Oder Sie finden andere, eigene Worte, um Gott zu sagen, was er für Sie bedeutet. Tun Sie's auf Ihre Weise. Gott wird Sie verstehen. Gott freut sich, wenn Ihr Herz fröhlich wird über ihn und seine Hilfe und wenn Sie ihm das auch sagen.

Ich preise dich, Herr, denn du hast mich aus der Tiefe gezogen, du hast mich von den Toten heraufgeholt, du hast mich am Leben erhalten. Psalm 30,2.4

So dankt ein Mensch Gott dafür, dass ihm das Leben noch einmal geschenkt worden ist. Er blickt auf eine tiefe Lebenskrise zurück, ohne dass wir darüber Genaueres erfahren: „Du hast mich aus der Tiefe gezogen, von den Toten heraufgeholt" – von weit unten herauf. Ganz down war er gewesen, körperlich und seelisch am Ende, an einem Tiefpunkt seiner Lebensgeschichte.

Auch seine zwischenmenschlichen Beziehungen waren gestört. Er hatte Feinde, die es ihm gönnten, dass es ihm so schlecht ging. Sie wünschten ihm alles Böse – jedenfalls hatte er dieses Gefühl –, und darum dankt er Gott dafür, dass sie keinen Anlass zur Schadenfreude bekommen haben. Seine Rettung und Heilung hat er wie eine Auferweckung aus dem Tod erlebt, wie ein Neugeborenwerden. Wir spüren es: Das ist nicht nur ein Zuschlag zur Lebenszeit, sondern eine neue Lebensqualität.

So können auch wir durch Gottes Gnade eine Lebenskrise als Durchbruch zu einer neuen Qualität von Leben erfahren. Dass Gott mich in der Not nicht im Stich gelassen hat, dass er mir seine bedingungslose Liebe schenkt, die Erfahrung des Angenommen-Seins durch ihn – und dann als meine Antwort darauf eine neue Hingabe an Gott: das ist eine grundlegende Neuorientierung des Lebens.

Diesen Neubeginn nennt die Bibel Wiedergeburt, ein von neuem Geborenwerden. Das ist mehr als das Zurückgewinnen der physischen und seelischen Kräfte. Es ist das Auferwecktwerden zum wahren Leben, zum unvergänglichen Leben mit Gott.

Gott will auch Ihnen in diesem Sinn ein neues Leben schenken, vielleicht als kostbare Entdeckung ausgerechnet an einem Tiefpunkt Ihrer Lebensgeschichte.

Ihr alle, die ihr zum Herrn gehört, preist ihn mit euren Liedern, dankt ihm und denkt daran, dass er heilig ist! Nur einen Augenblick trifft uns sein Zorn, doch lebenslang umgibt uns seine Güte. **Am Abend mögen Tränen fliessen – am Morgen jubeln wir vor Freude.** Psalm 30,5f

Da kommt Freude zum Ausdruck – Freude über Gott und über die durch ihn erfahrene Güte. Die Freude muss sich mitteilen, sie will andere zum Gotteslob anstiften: „Preist ihn mit euren Liedern!" Und warum? Weil die vorübergehende Erfahrung von Gottes Zorn in keinem Verhältnis steht zu seiner lebenslangen Güte.

Im Rückblick auf die überstandene Lebenskrise kommt dem Psalmbeter diese Zeit als kurz vor. Er hatte gemeint, Gott habe ihn verlassen. Aber jetzt weiss er wieder: Dass Gott sich von mir abwendet, ist nicht der Normalfall. Das ist nicht Gottes Grundhaltung uns Menschen gegenüber. Zwischen Gottes Zorn und Gottes Güte besteht kein Gleichgewicht, sondern ein unendliches Übergewicht der Güte.

Allerdings können uns solche „Augenblicke des Zorns" unendlich vorkommen. Wenn „am Abend die Tränen fliessen", kann die Nacht lang werden, bis endlich der Morgen kommt und wir „jubeln vor Freude".

Aber auch im Neuen Testament bezeugen Menschen das Ungleichgewicht zwischen ihren Leidenserfahrungen und der Güte Gottes. Paulus schreibt im Römerbrief (8,18): „Ich bin überzeugt, dass die Leiden der jetzigen Zeit nichts bedeuten im Vergleich zu der Herrlichkeit, die an uns geoffenbart werden soll."

Im 1. Petrusbrief (5,10) steht der ermutigende Zuspruch: „Der Gott aller Gnade, der euch in der Gemeinschaft mit Christus zu seiner ewigen Herrlichkeit berufen hat, wird euch, die ihr kurze Zeit leiden müsst, aufrichten, stärken, kräftigen, auf festen Grund stellen. Sein ist die Macht in Ewigkeit. Amen."

Als ich mich sicher fühlte, dachte ich: „Was kann mir schon geschehen?" Durch deine Güte, Herr, stand ich fester als die Berge. Doch dann verbargst du dich vor mir und stürztest mich in Angst und Schrecken. Ich schrie zu dir um Hilfe: Herr, hab Erbarmen, höre mich, sei du mein Helfer, Herr!

Psalm 30,7–9.11

Ein Sprichwort sagt: „Nichts ist schwerer zu ertragen als eine Reihe von guten Tagen." Das ist paradox: Die guten Tage sind doch die erträglichen, die erfreulichen Zeiten des Lebens. Aber in einem gewissen Sinn sind sie uns nicht zuträglich: Wir gewöhnen uns an sie und meinen, das ganze Leben müsste so sein, als ob wir das zugute hätten. Und so werden wir gerade in den guten Zeiten des Lebens gedankenlos, anspruchsvoll und undankbar. Da kann dann einer klagen: „Ich bin mein Leben lang gesund gewesen, und jetzt muss ausgerechnet mich diese Krankheit treffen!"

Wir alle erschrecken, wenn es plötzlich uns trifft und die Reihe von guten Tagen unterbrochen oder gar beendet wird von Tagen, die uns Verzicht, Einschränkungen, Geduld und Leidensbereitschaft abfordern. Wir könnten uns aber schon in den guten Tagen ein wenig darauf vorbereiten, indem wir Gott für das Gute danken und uns selbst dadurch immer wieder in Erinnerung rufen: Es ist nicht selbstverständlich, dass es mir noch so gut geht.

Der Psalmbeter spricht aber nicht nur davon, wie ihn das Ende einer Reihe von guten Tagen in Angst und Schrecken gestürzt hat. Er hat dadurch auch etwas Wichtiges gelernt: Die Not hat ihn beten gelehrt. Er hat zu Gott geschrien, und Gott hat seinen Hilferuf erhört.

Mögen auch Sie in bösen Tagen nicht nur jammern oder gar fluchen, sondern beten lernen. Und dann getrost werden mitten in der Angst, Gottes Hilfe erfahren und ihm danken können.

Ich will dich unterweisen und dir den Weg zeigen, den du gehen sollst; ich will dich mit meinen Augen leiten.

Psalm 32,8

Das Bild vom Leiten mit den Augen gefällt mir. Unter Menschen, die einander gut kennen, kann ein Augenzwinkern eine deutliche und verständliche Botschaft sein. Gott möchte, dass wir mit ihm so gut bekannt sind, so vertraut mit seinen Gedanken und mit seinem Willen, so aufmerksam ihm zugewendet, dass die Verständigung zwischen ihm und uns so einfach und direkt ist.

Ich wünschte mir, dass Gott es in der Kommunikation mit mir so leicht hätte. Ich bin dankbar, dass er den Kontakt nicht abbricht, wenn ich es ihm schwerer mache.

Dieses Psalmwort ist keine Ermahnung oder Kritik, sondern eine Zusage, ein Versprechen. Gott will auch uns seine freundliche Weisung geben, nicht nur indem er sie uns schwarz auf weiss unter die Augen legt, sondern indem er sein freundliches Auge auf uns wirft und seinen Blick auf uns ruhen lässt. Wir sind eingeladen, seinen Blick zu erwidern und aufmerksam auf das zu achten, worauf er uns hinweist.

Ich wünsche Ihnen beim Aufblicken zu Gott die Erfahrung, dass sich eine Frage klärt, ein nötiger Schritt erkennbar wird, ein Problem sich lösen lässt – oder sich verflüchtigt, weil es sich als selbstgemacht herausstellt, und dass Sie Zuversicht und Kraft gewinnen, um die Lasten und Verantwortungen zu tragen, die Gott Ihnen zumutet.

Wenn Sie so unter seinem liebenden Blick durch diesen Tag gehen, wird Gott Sie mit seinen Augen zu den Menschen leiten, die darauf warten, dass jemand sie wahrnimmt und lieb hat. So werden Sie Ihre Mitmenschen erfreuen, weil auch Sie einen Blick haben für das, was anderen wohl tut und weiterhilft.

Das Wort des Herrn ist verlässlich; er beweist es durch seine Taten. Psalm 33,4

Auf das, was Gott sagt, können wir uns unbedingt verlassen. Wenn wir Menschen an Dinge erinnern, die sie einmal gesagt oder versprochen haben, können wir sie in Verlegenheit bringen. Gott bringen wir nicht in Verlegenheit, wenn wir ihn beim Wort nehmen; wir beleidigen ihn, wenn wir es nicht tun. Gottes Verheissungen sind nicht ungedeckte Schecks. Gott meint, was er sagt, und er kann auch halten und tun, was er versprochen hat.

Natürlich ist es leicht, Gottes Zuverlässigkeit in Zweifel zu ziehen. Vielleicht denken Sie jetzt an eine dringende Bitte, die Sie ihm vorgetragen haben, die aber nicht in Erfüllung gegangen ist. Aber dann verwechseln Sie ja etwas: Ihre eigenen Worte mit dem Wort Gottes, Ihre Wünsche mit Gottes Verheissungen. Von dem, was Gott *uns* sagt, ist hier die Rede, nicht von dem, was wir Gott sagen. Von seinen Verheissungen, nicht von unseren Bitten und Wünschen. Von Dietrich Bonhoeffer stammt der Satz: „Nicht alle unsere Wünsche, aber alle seine Verheissungen erfüllt Gott." Wenn wir glauben, die Erfahrung gemacht zu haben, Gott habe nicht gehalten, was er versprochen hat, müssten wir uns ehrlich prüfen, ob es nicht so war: Gott hat nicht gehalten, was *ich* mir von ihm versprochen habe.

Was hat er uns denn versprochen? Ich will es in nur drei Sätze zu fassen versuchen: Gott hat uns versprochen, dass er unser Vater sein will, dem wir uns kindlich anvertrauen dürfen, jederzeit und mit allem. Durch seinen Sohn Jesus Christus hat Gott uns seine Gnade angeboten, die Vergebung der Schuld und die Erlösung von der Macht des Bösen. Gott hat uns den Beistand seines Geistes verheissen und das ewige Leben in seinem kommenden Reich.

Das hat uns Gott versprochen, und darauf können wir uns verlassen. Felsenfest.

Die Erde ist erfüllt von der Güte des Herrn. Psalm 33,5

Gehört hinter diesen Satz nicht ein grosses Fragezeichen? Unsere Erde ist doch voll von ganz anderem: voll von Ungutem, Unverständlichem, Traurigem, Ärgerlichem, voll von Bösem. Das war in der Entstehungszeit der biblischen Psalmen nicht anders. In manchen Psalmen wird fast nur über Ungerechtigkeit und Elend geklagt. Aber im Psalm 33 ist gleichsam die Optik anders eingestellt. Wir bekommen eine Anleitung, eine Sehschule, damit auch unser Auge die Güte Gottes wahrnehmen lernt. „Die Erde ist erfüllt von der Güte des Herrn." Wir können ihr auf Schritt und Tritt begegnen, wenn wir ein Auge dafür haben. Wo denn ist sie zu sehen?

Wir können die Güte Gottes erkennen in der Schöpfung. Wie viel Wunderbares hat doch Gott durch sein schöpferisches Wort erschaffen und bis heute erhalten! Wir erkennen es, wenn wir mit offenen Augen durch die Natur gehen und die grossen und kleinen Wunder in ihr wahrnehmen und uns daran freuen.

Wir können die Güte Gottes erkennen in seinem Walten in der Weltgeschichte. Da machen zwar die Mächtigen dieser Welt ihre Machtpolitik und haben schon oft die ganze Welt beherrschen wollen. Aber immer sind ihre Weltreiche zusammengestürzt und es hat sich bewahrheitet: Die Herren dieser Welt kommen und gehen, aber unser Herr kommt.

Wir können die Güte Gottes erkennen in unserer persönlichen Lebensgeschichte. „Vergiss nicht, was er dir Gutes getan hat", werden wir im Psalm 103 ermahnt. Wenn ich auf meine Lebensgeschichte zurückschaue – wie viele Menschen haben da für mich die Güte Gottes verkörpert, und viele tun es heute!

Am allerdeutlichsten ist die Güte Gottes erkennbar in Jesus Christus. Er ist die Güte Gottes in Person. Wenn wir auf ihn schauen, sehen wir es: Die Güte Gottes gilt mir, sie gilt allen, sie gilt der ganzen Welt.

Wir hoffen auf den Herrn, ja, an ihm freut sich unser Herz, wir vertrauen auf seinen heiligen Namen. Psalm 33,20f

Aus der schweizerischen Wirtschaftswelt sind manche grossen Namen verschwunden. Traditionsreiche Firmen, die einst als sichere Arbeitgeber galten – es gibt sie nicht mehr. Auch grosse Namen bieten keine Gewähr dafür, dass es sie morgen noch geben wird.

Was für ein Glück, dass es *einen* Namen gibt, mit dem das anders ist. Der Psalm 33 und viele andere Stellen in der Bibel preisen Gott dafür, dass wir Menschen uns auf seinen heiligen Namen verlassen können. Heilig bedeutet in diesem Zusammenhang: Gott ändert seinen Namen und sein Wesen nicht. Gott ist und bleibt in Ewigkeit derselbe. Er bleibt sich selbst und uns Menschen treu. Darum sagen die, die seinen Namen kennen: „An ihm freut sich unser Herz, wir vertrauen auf seinen heiligen Namen."

„Ich bin, der ich bin." Diesen Namen hat Gott dem Mose genannt, als er zu ihm aus dem brennenden Dornbusch geredet hat. Gott bleibt der, der er ist – gestern, heute und in Ewigkeit derselbe. Gott ist und bleibt die rettende Adresse für alle, die ihn anrufen. „Es ist uns Menschen kein anderer Name unter dem Himmel gegeben, durch den wir gerettet werden", hat Petrus in seiner Verteidigungsrede vor den Autoritäten in Jerusalem gesagt (Apg 4,12), kein anderer Name als der Name Jesu, durch den Gott selbst als Retter in die Welt gekommen ist. Jesus – das ist der heilige, der rettende Name, durch den Gott für uns Menschen erreichbar ist. Wir werden ihn nie vergeblich anrufen. Diesen Namen wird es auch dann noch geben, wenn die allergrössten Namen dieser Welt vergangen sein werden wie Schall und Rauch.

Gott bleibt, wer er ist, und er bleibt für uns erreichbar unter seinem heiligen Namen. Er bleibt auch für Sie erreichbar im rettenden Namen Jesu. Rufen Sie ihn vertrauensvoll an, und Ihr Herz wird sich freuen.

Preist mit mir den Herrn, lasst uns gemeinsam seinen Namen rühmen! Psalm 34,4

Da hat einer ein grosses Mitteilungsbedürfnis. Er kann nicht schweigen, er muss erzählen, was er mit Gott Wunderbares erlebt hat. Bei manchen Menschen wird das Mitteilungsbedürfnis durch schlechte Erfahrungen mit ihren Mitmenschen ausgelöst. Sie möchten wenigstens jemandem sagen können, was ihnen angetan worden ist, was sie wütend oder traurig macht.

Auch in der Bibel gibt es Beispiele dafür, wie Menschen sich ihre Enttäuschung und ihren Ärger von der Seele reden. Es ist eine Wohltat, wenn wir das vor Gott und auch vor verständnisvollen Mitmenschen tun können. In der Bibel haben aber viele das Bedürfnis, von dem zu reden, was Gott Gutes für sie getan und wie er ihnen geholfen hat. Auch der Beter von Psalm 34 muss es einfach sagen: Gott ist so gut zu mir! Als ich ihn suchte, liess er sich von mir finden. Als ich zu ihm schrie, erhörte er mich. Aus allen meinen Ängsten hat er mich errettet. Das müssen doch alle wissen: So gut ist Gott! So gut ist er zu allen, die nach ihm fragen.

Wir begegnen diesem Mitteilungsbedürfnis auch im Neuen Testament, zum Beispiel in der Apostelgeschichte. Als man Petrus und Johannes verbieten wollte, von Christus und seinen Wohltaten zu reden, da haben sie gesagt: „Wir können es ja nicht lassen, von dem zu reden, was wir gehört und gesehen haben!" (Apg 4,20). Alle Menschen müssen doch wissen, dass Gott ihnen im Namen Jesu Rettung und Heil schenkt.

Das muss auch heute allen Menschen gesagt werden. Alle sollen erfahren, wie gut er ihnen um Jesu willen ist. Und wenn Sie selbst seine Güte erfahren haben, dann möge doch das Mitteilungsbedürfnis auch Sie erfassen. Ihre Mitmenschen sollen es durch Sie erfahren, wie gut Gott um Jesu willen auch ihnen ist. Das müssen doch alle wissen! Vielleicht können Sie es noch heute jemandem sagen.

Schmeckt und seht, wie gütig der Herr ist; wohl dem, der ihm vertraut!   Psalm 34,9

Als ich noch berufstätig war, konnte es mir beim Essen mit Gästen passieren, dass ich zwischen Weinkenner und Feinschmecker geriet, denen ich nicht das Wasser reichen konnte. Aus mir wird nie ein Weinkenner und Gourmet werden; dazu fehlt mir nicht nur die Übung, sondern schon die Absicht. Aber „schmecken und sehen, wie gütig der Herr ist", das möchte ich, darin will ich mich üben, und zu dieser Erfahrung möchte ich auch anderen Menschen verhelfen.

Wir werden hier eingeladen, das Gute, das Gott für uns bereithält, wahrzunehmen und anzunehmen. Wir sollen in allem Guten, das wir erleben, Gottes Güte erkennen, es dankbar geniessen und es uns schmecken lassen. Es geht dabei nicht um geistliches Feinschmeckertum, das immer noch bessere und raffiniertere Feinkost erwartet und schliesslich mit dem gewöhnlichen täglichen Brot nicht mehr zufrieden ist, besonders wenn das Brot, das Gott uns zumutet, hartes Brot ist. „Wohl dem, der ihm vertraut!", fügt der Psalmbeter der Einladung zum Schmecken und Sehen bei. Was Gott mir beschert, ist nicht immer nach meinem Geschmack. Aber wenn ich ihm vertraue, kann ich ihm auch hartes Brot abnehmen als die Ernährung oder die Diät, die ich offenbar gerade jetzt nötig habe.

Vielleicht ist die Reihenfolge „schmecken und sehen" nicht zufällig. Wir möchten lieber zuerst sehen und dann schmecken. Ich möchte schauen, bevor ich glaube, verstehen, bevor ich vertraue, Garantien haben, bevor ich gehorche. Am liebsten würde ich das Menü selbst zusammenstellen nach meinem Geschmack. Aber die Reihenfolge heisst „schmecken und sehen". Mich einlassen auf das, was Gott mir schickt. Glauben, auch wenn ich noch nicht schaue. Kosten auch vom Unbekannten, Ungewohnten, das mir bitter scheint und gar nicht schmecken will. Glauben, dass es gut ist für mich. Darauf vertrauen, dass der Herr freundlich ist.

Wie köstlich ist deine Güte, Gott! Die Menschen bergen sich im Schatten deiner Flügel. Psalm 36,8

Es gibt Orte, wo wir Menschen vor Gefahren Schutz und Zuflucht suchen. Vor der Hitze des Hochsommers oder bei einem plötzlichen Regenguss fliehen wir unter das Dach grosser Bäume. Als Zuflucht für alle Fälle gibt es Schutzräume fast in jedem Haus. Aber Schutzräume aus Beton und Stahl gewähren keine Zuflucht, wenn unser Leben einst von uns gefordert wird im Tod.

Doch es *gibt* einen sicheren Ort der Zuflucht, und es gibt ihn schon hier und jetzt, in der Hitze und in den Stürmen des Lebens. Und er steht uns auch dann offen, wenn wir alles hinter uns lassen müssen, was uns in diesem Leben Geborgenheit gegeben hat. Der sichere Zufluchtsort – so sagt es ein dankbarer Mensch zu Gott – ist „im Schatten deiner Flügel".

Wie ist er zu diesem Bild von den Flügeln gekommen? Wenn er an Gott dachte, stellte er sich wohl jenen Ort vor, wo Gott dem Volk Israel seine Gegenwart verheissen hatte, im Tempel von Jerusalem. Dort stand im heiligsten Bereich die Bundeslade, und zwei Engelgestalten mit ausgebreiteten Flügeln bezeichneten die Stelle, wo man sich den unsichtbaren Gott Israels als anwesend dachte. Obwohl der Beter zu diesem heiligen Ort keinen Zutritt hatte, stellte er sich wohl immer wieder vor, wie es in Gottes Gegenwart sein müsste. Er hat im Gebet die Nähe Gottes gesucht und dabei ist es ihm vorgekommen, als breiteten Gottes Engel schützend ihre Flügel über ihn, so dass er es wagen durfte, in Gottes Gegenwart zu treten. Eine köstliche Erfahrung, für die er Gott dankt.

Der Zufluchtsort bei Gott steht für alle Menschen offen, seit Jesus als der wahre Hohepriester uns durch das Opfer seines Lebens mit Gott versöhnt hat. Er hat den Weg zu Gott für uns freigemacht. Wir dürfen uns für Zeit und Ewigkeit an diesem wunderbaren Zufluchtsort bergen: „im Schatten seiner Flügel".

Sie werden satt von den reichen Gütern deines Hauses und du tränkst sie mit Wonne wie mit einem Strom. Denn bei dir ist die Quelle des Lebens.   Psalm 36,9f

Wenn ich mir einen Strom vorstellen soll, habe ich es in Basel leicht. Ich stehe gerne am Rheinufer und schaue, wie das Wasser vorbeiströmt: manchmal wenig, manchmal viel, braunes Hochwasser nach schweren Gewittern, starke grüne Fluten von der Schneeschmelze in den Bergen nach heissen Sommertagen.

Strom und Quelle werden dem Beter von Psalm 36 zu Bildern für Gott. Gott ist die Quelle des Lebens, von ihm fliesst Freude und Wonne in unser Leben hinein. Nicht nur als kleines Rinnsal, sondern wie ein kräftiger Strom. Er macht, dass unser Leben fruchtbar und schön wird. Er macht es durch seine Vergebung auch dort wieder schön, wo es durch unser Versagen oder unseren Ungehorsam wüst geworden ist. Er lässt es wieder aufblühen, wo wir es durch Nachlässigkeit oder Dummheit verdorben haben.

Der starke Lebensstrom von Gott trägt unser Leben, wie der Rhein die Schiffe trägt, dem Ziel entgegen. Wir müssen uns nicht sorgen, wohin die Reise zuletzt gehen wird. Wir können uns dem Strom überlassen und gewiss sein, dass er uns jenem Meer entgegenträgt, von dem es in einem Lied heisst: „Ich will, anstatt an mich zu denken, ins Meer der Liebe mich versenken."

Aber da ist auch vom Trinken und Getränktwerden die Rede: „Du tränkst sie mit Wonne wie mit einem Strom." Aus einem Strom kann man nicht gut trinken. Doch da ist noch ein anderes Bild: „Sie werden satt von den reichen Gütern deines Hauses." Wenn ich die beiden Bilder vom Strom und vom Haus verbinde, sehe ich eine Brunnenstube vor mir. Von ihr aus wird das Wasser verteilt und dort hingeleitet, wo es gebraucht wird. Zu diesem unerschöpflichen Reservoir kommen wir, wenn wir uns in Gottes Haus versammeln. Es wird uns zur Brunnenstube, aus der uns das frische Quellwasser von Gottes Wort erquickt.

Herr, was hab ich noch zu erhoffen? Ich setze meine ganze Hoffnung auf dich. Psalm 39,8

Im Psalm 39 sucht ein Mensch nach Ruhe und Frieden, nach dem festen Halt im Auf und Ab des Lebens, nach Trost und Hoffnung angesichts von Leid und Vergänglichkeit. Etwa in der Mitte des Psalms stehen diese Frage und dieses Bekenntnis. Vorher und nachher macht der Beter eine Auslegeordnung seiner vielfältigen Ängste und Nöte.

Er hat mit sich selbst Mühe gehabt, so wie wir manchmal Mühe haben mit uns selbst, mit unserer Art und unserer Unart. Er hat mit anderen Menschen Mühe gehabt, die ihm das Leben schwer gemacht haben, mit oder ohne Absicht. Er hat mit der Mutlosigkeit und dem Gefühl der Sinnlosigkeit gekämpft. Er hat sich gegen die Schwermut wehren müssen und hat seine schwarzen Gedanken aufgeschrieben: „Der Mensch ist doch nur ein Hauch, er kommt und geht wie die Bilder in einem Traum; er ist geschäftig und lärmt – für nichts; er sammelt und speichert und weiss nicht, wer's bekommt" (V. 6f).

Aber dann fragt er Gott: „Herr, was hab ich noch zu erhoffen?" Er hat erfahren, dass Ablenkung und Zerstreuung ihm nicht helfen, auch die Vertröstungen durch gutmeinende Menschen nicht. Seine Frage: „Was hab ich noch zu erhoffen?" ist das Eingeständnis der Hoffnungslosigkeit. Aber der Frage geht ja eine Anrede voraus: „Herr!" Sie macht das Eingeständnis zum Gebet: „Herr, was hab ich noch zu erhoffen?" Und das Gebet wird zum Bekenntnis: „Ich setze meine ganze Hoffnung auf dich!"

Auf was oder auf wen setzen Sie Ihre Hoffnung? Vielleicht haben auch Sie Mühe mit sich selbst oder mit anderen Menschen, sind mutlos und müssen sich gegen schwarze Gedanken wehren. Was tun? Vielleicht das, was der Beter von Psalm 39 gemacht hat. Alles aufschreiben, es dann vor Gott hinlegen und zu ihm beten: „Herr, was hab ich noch zu erhoffen? Ich setze meine ganze Hoffnung auf dich!"

Du bist doch mein Helfer und Befreier, mein Gott, lass mich nicht länger warten!

Psalm 40,18

Hier wird Alarm geschlagen. Hilfe, es eilt! Hoffentlich haben Sie die wichtigsten Notrufnummern für den Fall der Fälle neben Ihrem Telefon zur Hand. Es ist gut, wenn man weiss, wo man Hilfe herbeirufen kann. – Der Beter von Psalm 40 weiss es auch. Er ruft um Hilfe aus akuter Not. Was ihm Not macht, erfahren wir nicht, aber er ist sich vorgekommen wie einer, der im Schlamm versinkt und nirgends mehr Halt findet.

Was machen Sie, wenn es Ihnen vorkommt, als ob Sie den Boden unter den Füssen verlieren? Sie dürfen sich an die gleiche Notfall-Adresse wenden: „Du bist mein Helfer und Befreier, mein Gott, lass mich nicht länger warten!"

Ist Ihnen diese Notfall-Adresse bekannt und vertraut? Mancher erinnert sich in der Not, dass es sie gibt; aber er muss danach suchen und findet sie vielleicht lange nicht. Man müsste sie sich einprägen, bevor der Notfall eintritt. Man müsste sich vornehmen: Das ist das allererste, was ich in der Not tun will. Und man darf das Anrufen einüben. Vielleicht etwa so:

Nur keine Panik! Gott, mein Helfer, lässt mich nicht im Stich. Er kommt nicht zu spät. Ich bin ihm nicht zu wenig, auch wenn ich arm und elend bin. Er scheut keine Mühe und keine Kosten für meine Rettung. Er hat ja bewiesen, was ihm die Armen, die Elenden, die Schuldigen, die Verlorenen wert sind. Durch Jesus Christus hat er sich bis zu den Ärmsten heruntergebeugt, zu den Verlorenen durchgekämpft. So viel hat er sich auch meine Rettung kosten lassen.

Suchen Sie die Verbindung mit Gott nicht erst im Notfall. Pflegen Sie regelmässig den Kontakt mit ihm im Gebet. Danken Sie ihm, wenn es Ihnen gut geht. Gott, Ihr Helfer, wird sich darüber freuen. Und Sie beugen damit der Panik vor für den Fall, dass es einmal anders wird.

Gott wird mich erlösen aus des Todes Gewalt; denn er nimmt mich auf.
Psalm 49,16

Der Psalm 49 gehört nicht zu den oft gelesenen Psalmen. Er ist eigentlich gar kein Gebet; an keiner Stelle wird Gott direkt angesprochen. Es ist ein Nachdenken über den Tod, dem kein Mensch entgehen wird. Der Psalm beginnt mit einem Aufruf an alle Völker, an alle Erdenbewohner: Reiche und Arme – alle sollen sich Gedanken machen über den Tod, denn jeder wird einmal sterben müssen.

Im Leben gibt es grosse Unterschiede unter uns Menschen, aber im Tod sind wir alle gleich. Der Reiche soll sich darum nicht auf seinen Reichtum verlassen, denn „keiner kann sich freikaufen bei Gott, zu hoch ist der Preis für das Leben" (V. 9). Der Arme soll den Reichen nicht um seinen Reichtum beneiden, „denn nichts nimmt er mit, wenn er stirbt" (V. 18). So geht es weiter bis hin zur pessimistischen Feststellung am Schluss, dass der Mensch im Tod „davon muss wie das Vieh". Aber in dieser düsteren Betrachtung gibt es doch diesen einen hoffnungsvollen Satz: „Gott wird mich erlösen aus des Todes Gewalt; denn er nimmt mich auf."

Es gibt auch im Alten Testament schon Stellen, wo von dieser hoffnungsvollen Gewissheit im Blick auf den Tod deutlicher geredet wird. Ganz klar und deutlich spricht das Evangelium davon. Es sagt uns, dass wir durch Jesus Christus von der Gewalt des Todes erlöst worden sind. Christus hat dem Tod die Macht genommen – die Macht über alle, die sich im Leben und im Sterben ihm anvertrauen. Wenn wir einmal aus allem auswandern müssen, wird er uns bei sich aufnehmen. Auch uns gilt sein Versprechen: „Ich werde euch zu mir nehmen, damit auch ihr seid, wo ich bin. Ich lebe und auch ihr werdet leben" (Joh 14,3.19).

So hilfreich spricht Jesus mit uns über den Tod, und wir dürfen dankbar antworten: „Du, Herr, wirst mich erlösen aus des Todes Gewalt, denn du nimmst mich auf."

Nimm meine Schuld von mir! Ich weiss, ich habe Unrecht getan.

Psalm 51,4f

David gibt zu: Ich habe einen grossen Fehler gemacht. Wir alle machen Fehler, aber lange nicht immer stehen wir dazu. Stattdessen streiten wir sie ab, reden uns heraus oder schieben die Schuld von uns weg auf die Umstände oder auf andere Menschen. David aber sagt zu Gott: „Nimm meine Schuld von mir! Ich weiss, ich habe Unrecht getan."

Wenn Gott die Schuld von uns nimmt, bedeutet das nicht, dass er sie auf eine wunderbare Weise einfach ungeschehen macht. Ich werde mit meiner Geschichte, mit meinen Fehlern, mit mir selbst zu leben haben. Aber Gott rechnet mir meine Fehler nicht an, er hält sie mir nicht immer wieder vor und trägt sie mir nicht nach. Er radiert sie nicht einfach aus, aber sie zählen nicht mehr. Darum darf auch ich sie stehen lassen und weitergehen.

Vergessen werde ich sie nicht, denn ich soll ja aus meinen Fehlern lernen. Ich soll mich davor hüten, sie zu wiederholen. Aber ich soll auch die Gnade Gottes nicht vergessen, die ich erfahren habe. Ich habe durch die Fehler, die ich gemacht habe, nicht nur eine ernüchternde Erfahrung mit mir selbst gemacht. Das allein hätte mich nur erschüttert und entmutigt. Ich habe auch eine Erfahrung mit Gott gemacht. Er hat mir vergeben. Ich habe seine Barmherzigkeit erfahren, und das hilft mir weiter. Die Fehler, die ich gemacht habe, können nicht meine ganze Lebensgeschichte verderben, die Schuld kann mein Leben nicht ruinieren.

Das haben die Menschen erlebt, zu denen Jesus gesagt hat: „Dir sind deine Sünden vergeben; geh hin und sündige hinfort nicht mehr!" So erfahren auch wir es, wenn wir vor Gott zu unsern Fehlern stehen und wie David bekennen: O Gott, ich weiss, ich habe Unrecht getan. Nimm meine Schuld von mir! Ich danke dir, mein Gott, dass du mir um Jesu willen vergibst.

So können auch Sie zu Ihren Fehlern stehen – und sie dann stehen lassen und mit Gottes Hilfe weitergehen.

Was rühmst du dich der Bosheit, du Tyrann? Psalm 52,3

Wer wagt es, einen Tyrannen so zur Rede zu stellen? Tyrannen mögen keine Kritik. Vor ihnen muss man sich in Acht nehmen. Sie sind ja am längeren Hebel – die grossen Tyrannen in der Politik, in der Wirtschaft und in den Medien; die kleinen Tyrannen in der Firma, in der Familie oder sogar in der christlichen Gemeinde. Die herausfordernde Frage: „Was rühmst du dich der Bosheit?" ist der Anfang eines Liedes. Der Bedrängte, von dem das Lied stammt, kann den Tyrannen offenbar nicht direkt zur Rede stellen. Dafür ist er zu ohnmächtig. Aber mit Gott über die Bosheit des stolzen Gewalttäters sprechen, das kann er und das tut er. In seinem Lied zitiert er den Tyrannen gleichsam vor Gott.

Was hilft das? Was ändert das? Wird sich der Tyrann dadurch ändern? Wird er sich von seiner Bosheit bekehren und sich seines bösen Tuns schämen statt rühmen? Vielleicht nicht. Aber für den Bedrängten verändert sich die Situation, wenn er sich an Gott wendet. Er weiss: Gott ist nicht auf der Seite der Tyrannen. Gott selbst ist kein Tyrann. Gott ist auf der Seite der Schwachen. Gott ist auf der Seite der Menschen, die über die Bosheit, unter der sie leiden, über das Unrecht, das ihnen geschieht, vielleicht nur weinen oder ein Lied machen können. Aber Gott sieht die Tränen und er hört das Lied.

Es gibt in der Bibel Lieder von schwachen, ohnmächtigen Menschen wie zum Beispiel das Lied der Maria, der Mutter Jesu. Da können die Tyrannen das Fürchten lernen: „Gott übt Gewalt mit seinem Arm und zerstreut, die hoffärtig sind in ihres Herzens Sinn. Er stösst die Gewaltigen vom Thron und erhebt die Niedrigen" (Lk 1,51f).

Die Tyrannen sind von Jesus selbst gewarnt: „Seht zu, dass ihr nicht jemand von diesen Kleinen verachtet. Denn ich sage euch: Ihre Engel im Himmel sehen allezeit das Angesicht meines Vaters im Himmel" (Mt 18,10).

Gott ist mein Fels, meine Hilfe und mein Schutz; ich werde nicht fallen. Psalm 62,7

Mit drei Bildern drückt der Beter aus, wer Gott für ihn ist: Er ist mein Fels, er ist mein Helfer, er ist mein Schutz (wörtlich: meine Burg). Mit anderen Worten gesagt: Gott ist der Boden unter meinen Füssen, der feste Halt für meine Hand und das sichere Dach über meinem Kopf. „Ich werde nicht fallen", fügt der Psalmbeter hinzu. Fallen – das hiesse: den Boden unter den Füssen verlieren, keinen Halt mehr haben, ohne Schutz sein und umkommen. „Ich werde nicht fallen" – das sagt der Beter nicht in stolzem Selbstvertrauen. Er sagt es im Vertrauen auf Gott. Wer Gott kennt und sein Leben ihm anvertraut, der hat Boden unter den Füssen, der hat einen festen Halt, der hat ein Dach über dem Kopf.

Vermessen und selbstsicher ist es, wenn wir uns nicht auf diesen Boden stellen, den sicheren Halt nicht suchen, uns nicht unter das schützende Dach begeben – und trotzdem meinen: „Ich werde nicht fallen." Da könnten wir uns täuschen! Wie sehr wir Menschen uns täuschen können über die Tragfähigkeit des Bodens, auf dem wir stehen, und über die Sicherheit der Häuser, die wir uns bauen, hat Jesus in einem bekannten Gleichnis gesagt. Es steht am Schluss der Bergpredigt (Mt 7,24–27). Er hat von einem klugen und einem törichten Mann erzählt, die beide ein Haus bauten: der kluge auf den Fels, der törichte auf den Sand. Als ein schwerer Regensturm kam, wurde das Haus auf dem Sand vom Hochwasser mitgerissen.

Wer nicht auf Gott vertraut, baut sein Lebenshaus auf Sand. Aber es geht auch anders: Wir können unser Lebenshaus auf den Fels bauen, indem wir uns an Jesus und seinen Worten orientieren. Im Vertrauen auf ihn können auch wir sagen: „Gott ist mein Fels, meine Hilfe und mein Schutz; ich werde nicht fallen."

Schüttet euer Herz vor Gott aus; er ist unsere Zuversicht.

Psalm 62,9

Das Herz ausschütten – wie hilfreich ist es, wenn wir das vor einem Menschen tun können, dem wir vertrauen: einen Kummer mit jemand teilen, sich einen Ärger von der Seele reden, eine Not oder ein Problem ausbreiten. Verständnis und Anteilnahme finden – ja, das tut gut.

Und erst recht tut es uns gut, wenn wir das Herz vor Gott ausschütten. Vor ihm dürfen wir alles ausbreiten: jeden Kummer, unsere grossen und kleinen Sorgen, alle Ängste, alle Schmerzen, alles Leid, alle Schuld. Ja, auch alle Schuld. Auch alle jene Dinge, die wir vielleicht keinem Menschen anvertrauen würden.

Das Herz vor Gott ausschütten heisst: Wirklich alles herausgeben. Auch das, was mich beschämt, was ich ungeschehen machen möchte, wenn ich nur könnte. Alle die unguten Gefühle und bösen Gedanken, von denen ich wünschte, es gäbe sie in meinem Herzen nicht. Was für eine Wohltat, das alles herausgeben zu dürfen vor dem, der alles, wirklich alles, mit seinem barmherzigen Blick erfasst.

Es ist ja dann nicht so, dass ich doch alles wieder mit mir nehmen muss. Gott sagt mir: Die Schuld, die dich belastet, darfst du jetzt bei mir lassen. Die hat ein anderer für dich schon getragen – am Kreuz von Golgota. Die Sorge, die dich beschwert, darfst du mir übergeben; ich will für dich sorgen. Und die Lasten, die du zu tragen hast, helfe ich dir tragen.

Hab keine Angst, sagt mir Gott, wenn du manche Last und manche Sorge doch weiter mit dir tragen musst. Du findest Kraft zum Tragen, wenn du befreit bist von dem vielen, was du mir überlassen darfst. Die Kraft wird sogar reichen zum Mittragen fremder Lasten und fremder Sorgen. Du darfst ja auch fremde Lasten und Sorgen immer wieder mir anvertrauen, wenn du dein Herz ausschüttest vor mir.

Gepriesen sei der Herr Tag für Tag! Uns trägt der Gott, der unsere Hilfe ist.
Psalm 68,20

Tag für Tag soll Gott gepriesen werden. Also nicht nur am Sabbat oder am Sonntag, sondern auch am Werktag. Dazu sind wir nicht immer disponiert und oft gelingt es uns nicht. Und doch gehört es sich so. Denn wir sind ja Tag für Tag abhängig von Gottes Hilfe. Wie ungehörig, wenn wir ihm nicht auch täglich danken!

Gott trägt und erträgt uns Tag für Tag. Gottlob macht er sein Tragen und Helfen nicht abhängig von unserem Dank. Er hat Geduld mit uns und erträgt uns auch in Zeiten, in denen wir ihm unser Lob schuldig bleiben. Er erträgt unser trotziges Schweigen und unser undankbares Murren. Er erträgt uns mit allem, was in unserem Leben seinem Willen widerspricht. Nicht wir machen uns Mühe um Gott, Gott macht sich Mühe um uns. Wir machen ihm „Arbeit mit unseren Sünden", wie es bei Jesaja heisst und im Lied vom Gottesknecht beschrieben wird: „Wahrlich, unsere Krankheiten hat er getragen und unsere Schmerzen auf sich geladen. Die Strafe lag auf ihm zu unserem Heil, und durch seine Wunden sind wir genesen" (Jes 43,24; 53,4f).

Jesus Christus hat als das Lamm Gottes unsere Sünde auf sich genommen und getragen. Immer wieder macht er sich diese Mühe und Arbeit. Immer wieder erträgt er es, wenn wir nicht wissen, was sich gehört, und ihm unser Lob schuldig bleiben.

Auch dann, wenn wir Gott loben, muss er ja manche Misstöne darin aushalten: die Widersprüche zwischen unseren Worten und unseren Taten, die Differenz zwischen unserem Wollen und Vollbringen. Dass er uns mit unseren Lasten trägt, dass er uns auch heute tragen und ertragen will – dafür wollen wir ihm doch wenigstens heute unser Lob nicht schuldig bleiben. Und auch morgen und übermorgen nicht. Nehmen wir es uns doch neu vor: „Gepriesen sei der Herr Tag für Tag! Uns trägt der Gott, der unsere Hilfe ist."

Die Elenden freuen sich, und die Gott suchen, denen wird das Herz aufleben. Psalm 69,33

Manche Menschen haben Angst davor, Gott nahe zu kommen. Sie fürchten, dass sie dadurch beengt und bedrängt werden. Sie stellen sich die Verbindung mit Gott als ein Umklammertwerden, als eine Fessel vor. Wer sich aber darauf einlässt und sich der Umarmung durch Gott nicht entzieht, macht eine andere Erfahrung. Die Befürchtungen sind unbegründet, denn „die Gott suchen, denen wird das Herz aufleben".

Aufleben – wie könnte das aussehen? Vielleicht so, wie eine halb verwelkte Pflanze auflebt, wenn sie endlich wieder Wasser bekommt. Wie sich Blätter und Blüten der durstigen Pflanze aufrichten, so kann ein Mensch aufleben, wenn er die Quelle des Lebens sucht und sich auf die Verbindung mit Gott einlässt.

Man kann sich an den Anblick innerlich vertrockneter, hart gewordener, verwelkter Menschen gewöhnen, besonders wenn wir selbst welk, ausgetrocknet und hart geworden sind. Aber auch wenn das zum Dauerzustand geworden ist – der Normalzustand ist es nicht, so wenig es für eine Pflanze normal ist, dass sie sich über den Topfrand legt oder Knospen, Blüten und Blätter verliert. Wenn ein Mensch ohne Verbindung zur Quelle des Lebens, ohne Beziehung zu Gott lebt, ist das jedoch früher oder später die zwangsläufige Folge. Das ist lebensgefährlich. Ein Mensch kann so vertrocknen und verkümmern, sein Herz kann sich so verhärten und versteinern, dass er die Einladung eines Tages vielleicht nicht mehr hören kann, obwohl sie auch ihm gilt: Komm, wende dich Gott zu! Suche ihn, er wartet auf dich! Gott möchte, dass dein Herz auflebt.

Gott lädt durch Jesus Christus alle ein: „Wen da dürstet, der komme zu mir und trinke! Wer an mich glaubt, von dessen Leib werden Ströme lebendigen Wassers fliessen" (Joh 7,38).

Dennoch bleibe ich stets bei dir, denn du hältst mich bei meiner rechten Hand. Psalm 73,23

Im ersten Teil dieses Psalms nimmt der Beter kein Blatt vor den Mund. Da redet er gar nicht mit Gott, sondern führt ein Selbstgespräch. Er macht seinem Ärger darüber Luft, dass es den Gottlosen so gut geht. Die kümmern sich weder um Gott noch um seine Gebote, und das zahlt sich scheinbar aus. Sie sind reich, mächtig und populär. Im Vergleich mit ihnen kommt er sich wie betrogen vor; seine Frömmigkeit hat ihn nur behindert, gebracht hat sie ihm nichts. Beinahe hätte er die Front gewechselt und sich auf die Seite der Gottlosen geschlagen.

Zum Glück ist ihm noch gerade rechtzeitig aufgegangen, wie verkehrt er gedacht und wie dumm er geredet hat. Das ‚Dennoch‘ markiert die Wende: Dennoch, trotzdem, jetzt erst recht bleibe ich bei dir, mein Gott! Das ist nicht ein trotziges Bekenntnis, vielmehr eine staunende Feststellung: Siehe da, einer, der sich in seinen Gefühlen, in seinem Denken und Reden so verirren kann, wie es mir passiert ist, auch so einer darf in Gottes Nähe zurückkommen!

Nur so gibt es ja ein Herausfinden und Zurechtkommen: durch den Beistand und die Wegweisung Gottes. Wie wunderbar, dass Gott mit uns Geduld hat auch dann, wenn wir ganz neben den Schuhen stehen. Und wie befreiend ist das Umkehren, wie kostbar die neue Einsicht!

Aber dann geht es eben um das Bleiben bei Gott: Nun aber „bleibe ich stets bei dir, denn du hältst mich bei meiner rechten Hand". Unser Bleiben bei ihm hängt – Gott sei Dank – nicht allein von unserem Entschluss ab. Es ist *darum* gewiss, weil Gott uns bei der Hand nimmt und in seiner Hand behält.

Seine Hand hat auch Sie gehalten und geführt bis heute – manchmal auch dann, wenn Sie es vielleicht nicht wussten oder nicht wollten. Danken Sie Gott dafür und bitten Sie ihn: „Hand, die nicht lässt, halte mich fest!"

Lass den Geringen nicht beschämt davongehen! Psalm 74,21

Es liegt nahe, den Appell als an uns selbst gerichtet zu verstehen: Sei barmherzig gegenüber dem Schwachen, hilf dem Geringen, wo immer du kannst! Lass ihn nicht enttäuscht, nicht beschämt, nicht mit leeren Händen weggehen. Aber überraschenderweise gilt hier der Appell nicht uns, sondern Gott.

Hat Gott ihn nötig? Ist er nicht schon immer auf der Seite der Geringen? Dem Beter von Psalm 74 ist das zur Frage geworden. Sein Glaube ist erschüttert worden durch die Brutalität, mit der die Feinde Gottes gegen die Frommen vorgehen. Die können sich nicht wehren und warten scheinbar vergeblich auf Hilfe von Gott. Der Beter setzt sich als ihr Fürsprecher ein: O Gott, tu doch etwas für sie! Zeige ihnen, dass du sie nicht vergessen hast! „Lass den Geringen nicht beschämt davongehen, lass die Armen und Elenden rühmen deinen Namen. Mache dich auf, Gott, und führe deine Sache!"

Das ist kein überflüssiges Gebet. Indem der Beter Gott sozusagen ‚zur Sache' ruft, macht er die Not der Armen und Geringen auch zu seiner eigenen Sache. Wir können ja nicht so für andere beten, ohne uns selbst auch um sie zu kümmern. Wenn wir Gott für Geringe und Arme bitten, können wir nicht an ihnen und ihrer Not vorbeigehen, ohne für sie zu tun, was wir tun können.

Im Gleichnis vom barmherzigen Samariter, das Jesus erzählt hat, sind zwei fromme Menschen, ein Priester und ein Levit, an dem von Räubern Überfallenen vorbeigegangen. Sie haben ihm nicht geholfen und haben wohl auch nicht für ihn gebetet. Und wenn, dann hätte ihr Gebet Gott nicht gefallen.

Aber wenn wir einem Menschen in der Not helfen, wie es der barmherzige Samariter getan hat, dann dürfen wir Gott auch ungeniert bitten: „Lass den Geringen nicht beschämt davongehen! Mache dich auf, Gott, und führe deine Sache!" Tu doch, was ich nicht kann! Hilf doch, wie nur du es kannst!

Herr, du bist freundlich und bereit, Schuld zu vergeben; voll Güte begegnest du allen, die zu dir beten. Psalm 86,5

Der Beter dieses Psalms ist in grosser Bedrängnis. Wir erfahren darüber nur, dass er sich elend und arm vorkommt. Am Schluss klagt er, dass böswillige Menschen ihm nach dem Leben trachten. Im langen Hauptteil dazwischen richtet er aber den Blick nicht auf seine Not, sondern auf Gott. Mit immer neuen Worten sagt er, wer Gott für ihn ist. Er sagt es nicht nur sich selbst, er sagt es Gott.

Wir meinen vielleicht, es wäre wichtiger gewesen, Gott die Not zu klagen und ihn um Hilfe zu bitten. Der Beter aber weiss, wie hilfreich es für ihn ist, sich daran zu erinnern: Es gibt nicht nur die grosse Not, die mich bedrängt; es gibt den grossen Gott, der mir beisteht. Gott ist gross in seiner Bereitschaft, Schuld zu vergeben. Gott ist gross in seiner Güte gegen alle, die zu ihm beten.

Vielleicht versuchen Sie das auch einmal: sich in Ihren Gedanken nicht immer nur mit dem zu beschäftigen, was Ihnen Not macht. Und wenn Sie beten, nicht immer nur zu beschreiben, was Ihnen fehlt und wie Gott Ihnen helfen sollte, sondern sich daran zu erinnern, wer und wie Gott ist – nämlich so, wie es der Beter von Psalm 86 sagt: „Herr, du bist freundlich und bereit, Schuld zu vergeben; voll Güte begegnest du allen, die zu dir beten."

Und dann sagen auch Sie es Gott ganz direkt: Ja, damit rechne ich jetzt, grosser Gott, dass du auch mir um Jesu willen meine Schuld vergibst. Du wirfst mir nichts vor und trägst mir nichts nach. Darum muss ich mir auch keine Selbstvorwürfe mehr machen.

Und auch damit rechne ich jetzt, grosser Gott, dass du mir in deiner Güte hilfst. Darum bete ich zu dir. Du weisst ja, was ich in meiner Not brauche, du weisst es besser als ich selbst. Ich danke dir, dass du mir hilfst – nach deiner Weisheit und nach deiner grossen Güte.

Er hat seinen Engeln befohlen, dass sie dich behüten auf allen deinen Wegen. Psalm 91,14

Gott befiehlt seinen Engeln, nicht wir. Aber dem Beter dieses Psalms wird versprochen, Gott werde seine Engel mit ihm senden, damit sie ihn vor Not bewahren, in Gefahren beschützen, auf allen seinen Wegen behüten. Gilt das auch für mich? Auf *allen* meinen Wegen? Gewiss nicht auf einem Weg, von dem ich im Voraus wissen kann: Das ist die falsche Richtung, eine Sackgasse, ein Irrweg; das ist in Gottes Augen verkehrt.

Zu etwas ganz Verkehrtem wollte der Versucher Jesus überreden: Er solle von der Höhe der Tempelmauer in Jerusalem in die Tiefe springen, das werde ihm Publizität verschaffen und ihn mit einem Schlag berühmt machen. Ihm könne nichts passieren, es stehe ja geschrieben, dass ihn Gottes Engel behüten und auf den Händen tragen. Aber Jesus durchschaute den Trick und konterte: „Es steht auch geschrieben: Du sollst den Herrn, deinen Gott, nicht auf die Probe stellen" (Mt 4,5–7).

Für uns heisst das: Wir können nur mit der Bewahrung durch Gottes Engel rechnen, wenn es uns darum geht, Gottes Weg zu erkennen und seinen Willen zu tun. Wir können nicht eigenmächtig einen falschen Weg gehen, in bewusstem Ungehorsam und in Auflehnung gegen Gott und seine Gebote, und trotzdem meinen, Gottes Engel würden uns behüten.

Und doch stellen wir im Rückblick oft mit Dank und Staunen fest, dass Gott uns auch auf verkehrten Wegen bewahrt hat. Das ist aber kein Freibrief, es immer wieder darauf ankommen zu lassen. Gottes Güte will uns zur Busse leiten (Röm 2,4): zur Umkehr und zum Gehorsam, nicht zum Leichtsinn.

Gott befiehlt seinen Engeln – und er befiehlt auch dir. Wenn du auf dem Weg bist, den er dir gezeigt und befohlen hat, dann darfst du dich getrost darauf verlassen: Er hat auch seine Engel an deine Seite befohlen. Mag dein Tag beschwerlich oder gefährlich sein – sie werden dich begleiten und behüten.

Wenn ich denke: Jetzt wankt mein Fuss, stützt mich doch, Gott, deine Gnade.

Psalm 94,18

Es gibt im Leben viele Situationen, in denen wir den Halt und die Fassung verlieren können. Was dann, wenn ich das Gefühl habe, dass der Boden unter meinen Füssen weicht, und ich denke: „Jetzt wankt mein Fuss"? Was dann, wenn ich an einem Abgrund stehe und mir schwindlig wird? Was dann, wenn dieser Abgrund nicht eine ungewisse Zukunft, sondern meine böse Vergangenheit ist? Was dann, wenn ich in einen Abgrund von Schuld und Versagen hinabschaue und mich frage: Wie hat das gerade mir passieren können? „Wenn ich denke: Jetzt wankt mein Fuss" – was dann?

Im Psalm 94 hat einer eine wunderbare Antwort gefunden: „Wenn ich denke: Jetzt wankt mein Fuss, stützt mich doch, Gott, deine Gnade." Wenn der Boden weicht und mein Fuss wankt, dann kann ich erfahren und begreifen lernen, was Gnade ist, weil ich mich auf nichts anderes mehr verlassen kann als allein auf Gottes Gnade. Darauf, dass seine Gnade mir jetzt gilt. Wir leben zwar jeden Augenblick davon, dass Gott uns gnädig ist. Aber wir wissen es nicht oder denken nicht daran. Wenn der Boden weicht und der Fuss wankt, lernen wir fragen nach dem, woran wir uns noch halten können, wenn unsere gewohnte Welt zusammengebrochen ist.

Wie gut, wenn uns dann aufgeht: „Es stützt mich, Gott, deine Gnade." Dein Wohlwollen, o Gott, auch wenn ich nicht gewollt habe, wie du wolltest. Deine grosse Güte, o Gott, auch wenn ich dir dafür nicht gedankt habe. Deine Vergebung, o Gott, auch wenn ich sie ganz und gar nicht verdient habe. Deine starke Retterhand, o Gott, die du mir durch Jesus Christus entgegenstreckst.

Auch uns gilt das Versprechen: „Es sollen wohl Berge weichen und Hügel hinfallen; aber meine Gnade soll nicht von dir weichen und der Bund meines Friedens soll nicht hinfallen, spricht der Herr, dein Erbarmer" (Jes 54,10). Es ist Gnade, wenn uns aufgeht, dass wir nie tiefer fallen können als in Gottes Hand.

Die ihr den Herrn liebt, hasst das Arge! Psalm 97,6

Wir werden als Menschen angesprochen, die Gott lieben. Es wird also vorausgesetzt, dass wir uns an das grundlegende Gebot Gottes halten, das Jesus als das grösste bezeichnet hat: „Du sollst den Herrn, deinen Gott, lieben von ganzem Herzen, von ganzer Seele, mit deiner ganzen Kraft." Das setzt eine klare Entscheidung voraus. Mein Ja zu Gott lässt keinen Raum für andere Loyalitäten. „Niemand kann zwei Herren dienen", hat Jesus in der Bergpredigt gesagt (Mt 6,24). Er hat zur Absage an den Mammon, den Götzen des Reichtums, aufgefordert und zur Hingabe an den einen lebendigen Gott. Wir können Gott nicht wirklich dienen, wenn unser Herz geteilt ist und uns materieller Reichtum so wichtig ist wie Gott oder wichtiger als Gott. Dann ist eben das Geld, der Mammon, zu unserem Götzen geworden.

Die Entscheidung für Gott und gegen den Götzen Mammon ist aber nur ein Beispiel für dieses Entweder-Oder. Im Psalm 97 ist es grundsätzlich formuliert: „Die ihr den Herrn liebt, hasst das Arge." Das Arge, das Böse, das ist alles, was sich mit unserer Loyalität und Liebe zu Gott nicht verträgt. Es braucht nichts an und für sich Schlechtes zu sein, wie ja auch das Geld nicht an und für sich schlecht ist. Aber wenn schon hier unsere Entscheidung gefordert ist, dann erst recht gegenüber allem, was nun wirklich und in jedem Fall böse ist: der Hass, die Ungerechtigkeit, die Überheblichkeit, die Lüge, eben das Arge in allen seinen vielen Formen. Wenn wir Ja zu Gott sagen, können wir zum Bösen nur Nein sagen. Gott lieben heisst: das Böse hassen.

Jesus hat uns beten gelehrt: „Erlöse uns von dem Bösen!" Das Böse hassen und es überwinden, das schaffen wir nicht aus eigener Kraft. Das schafft nur die Macht der Liebe, die Gott uns in Jesus schenkt. Gott lieben können wir nur, weil er uns zuerst geliebt hat. Seine Liebe bewahrt uns vor dem Bösen und sie gibt uns auch die Kraft, dem Bösen zu widerstehen.

Singet dem Herrn ein neues Lied, denn er tut Wunder! Er schafft Heil mit seiner Rechten und mit seinem heiligen Arm.

Psalm 98,1

Wenn Gott handelt, dann geschieht nicht nur das zu Erwartende, das Wahrscheinliche, das Menschenmögliche. Wenn Gott handelt, geschehen Wunder. Die Bibel versteht darunter nicht verblüffende Tricks oder Kunststücke. Im Alten Testament erinnert sich das Volk Israel immer wieder an die rettenden Taten Gottes in seiner Geschichte. Dass Gott dieses kleine Volk zu seinem besonderen Eigentum erwählt und aus dem Sklavendasein in Ägypten befreit hat, das ist das grundlegende Wunder.

Das Neue Testament berichtet von dem Wunder aller Wunder, das Gott in Jesus Christus für alle Menschen getan hat. Er ist in Jesus selbst ein Mensch geworden. Jesus hat am Kreuz die Sünde der ganzen Welt hinweggetragen und hat in seiner Auferstehung dem Tod die Macht genommen. Dieses Wunder hat Gott allein getan – „mit seiner Rechten und mit seinem heiligen Arm". Niemand hat ihm dabei geholfen. Es hat aber auch niemand diese seine Wundertat verhindern können. Wir Menschen können Gott dafür nur danken.

Haben Sie ihm heute schon gedankt? Sind Sie dabei, wenn im Gottesdienst das Gotteslob angestimmt wird, mit neuen oder mit alten Liedern – so oder so: „mit Herzen, Mund und Händen"? Warum sollten Sie es nicht gerade jetzt anstimmen, vielleicht mit diesen Worten aus Psalm 98: „Singet dem Herrn ein neues Lied, denn er tut Wunder!"

Preisen Sie Gott für das Wunder seiner Liebe – und vertrauen Sie darauf, dass bei ihm kein Ding unmöglich ist. Wer an Gott glaubt, darf Wunder erwarten. Wer keine Wunder erwartet, glaubt nicht an Gott.

So hoch der Himmel über der Erde ist, lässt er seine Gnade walten über denen, die ihn fürchten. Psalm 103,11

Himmelhoch über uns – was ist da? Ein allmächtiger, verborgener, unberechenbarer Gott? Nein, da ist Gottes Gnade über uns. Unter einem freien und hohen Himmel dürfen wir unterwegs sein, wenn wir unsern Weg mit Gott gehen. Auf der Erde bei uns Menschen gibt es viel Beängstigendes, Unschönes und Ungutes. Da gibt es Berge von Sorgen und Abgründe von Schuld, schreiendes Unrecht und gnadenlose Gewalt. Da gibt es böse Irrtümer und stolzen Hochmut. Da gibt es offenes Elend und geheime Not. Aber über all dem wölbt sich der Himmel der göttlichen Gnade.

Wenn es heisst: „über denen, die ihn fürchten", so ist das keine Einschränkung der Gnade Gottes, sozusagen nur auf die schön aufgeräumten Stellen unter diesem Himmel. Wo wäre da bei uns schon alles aufgeräumt und ausgeebnet? „Die ihn fürchten", das sind die Menschen, die nach dem Himmel der Gnade über aller menschlichen Unordnung Ausschau halten. Die mit Gottes Gnade rechnen, ohne die wir mit unseren Bergen und Abgründen nicht fertig werden. Gott fürchten ist kein ungläubiges Zittern und ängstliches Sich-Verkriechen vor Gott. Es meint unseren Respekt vor Gott und das Vertrauen auf seine Gnade, die er in seinem Sohn Jesus Christus allen Menschen schenken will.

Für Ihr Unterwegssein heute und morgen, über Höhen und Tiefen, an hellen und an schwarzen Tagen, wünsche ich Ihnen, was ein Lied von Manfred Siebald im Refrain sagt:

Geh unter der Gnade, geh mit Gottes Segen,
geh in seinem Frieden, was immer du tust.
Geh unter der Gnade, hör auf Gottes Worte,
bleib in seiner Nähe, ob du wachst oder ruhst.

Ein Mensch ist in seinem Leben wie Gras, er blüht wie eine Blume auf dem Feld; wenn der Wind darüber geht, so ist sie nicht mehr da und ihre Stätte weiss nichts mehr von ihr. Die Gnade des Herrn aber währt von Ewigkeit zu Ewigkeit über denen, die ihn fürchten. Psalm 103,17f

Ich erinnere mich an die Bestattungsfeier für eine alte Frau aus unserem Bekanntenkreis. Es war auf einem Dorffriedhof im Emmental. Der Pfarrer sprach am offenen Grab diese Worte aus dem Psalm 103, aber ohne den letzten Satz. Er hörte dort auf, wo es heisst: „Und ihre Stätte weiss nichts mehr von ihr." Ich hätte ihm gerne zugerufen: Mensch, lies doch weiter! Das, worauf es ankommt, kommt doch erst: „Die Gnade des Herrn aber währt von Ewigkeit zu Ewigkeit über denen, die ihn fürchten."

Es wird da im Psalm 103 zwar sehr deutlich von der Kürze und Vergänglichkeit des menschlichen Lebens gesprochen. Wie das Gras verdorrt, wie die Blume verwelkt, so vergeht der Mensch und wird im Tod wieder zu Staub. Aber diesen Bildern der Vergänglichkeit steht Gott und seine Ewigkeit gegenüber. Ewigkeit ist nicht nur eine Eigenschaft Gottes, über die wir nichts wissen und von der wir nichts haben. Die Ewigkeit Gottes hat sehr wohl mit uns vergänglichen Menschen zu tun. Der ewige Gott schenkt uns seine Gnade – nicht nur für die kurze Zeit unseres irdischen Lebens, sondern für immer und ewig.

„Wir haben diesen Schatz in irdenen Gefässen", sagt Paulus im 2. Korintherbrief (4,7). Der Schatz ist die Gnade, die Gott uns in Jesus Christus schenkt. Uns vergänglichen Menschen ist Gottes unvergänglicher Reichtum schon jetzt anvertraut. Gott schenkt ihn denen, „die ihn fürchten". Gott fürchten bedeutet in diesem Zusammenhang: Gott ernst nehmen, ihm sein wunderbares Geschenk abnehmen, seine Gnade im Glauben annehmen und uns im Leben und im Sterben ganz auf Gott und seine Gnade verlassen. Der Text eines Kanons sagt es so: „Alles ist eitel, du aber bleibst und wen du ins Buch des Lebens schreibst."

Die zu Gott riefen in der Not und seine Hilfe erfuhren in der Angst, die sollen ihm danken für seine Güte. Psalm 107,13.15

Diese Worte stehen nicht nur einmal, sondern viermal in diesem Psalm, jeweils als Abschluss einer Strophe. In den vier Strophen wird beschrieben, aus was für unterschiedlichen Notlagen Gott die Menschen gerettet hat, die zu ihm um Hilfe gerufen haben.

Die einen haben sich in der Wüste verirrt und sind am Verdursten und Verhungern gewesen. Ihnen hat Gott den rettenden Weg zu einer Stadt gewiesen, wo sie Speise und Trank und ein Obdach gefunden haben. Andere haben im Gefängnis geschmachtet, in Ketten und Finsternis. Sie hat Gott von den Fesseln befreit, hat sie ins Licht und in die Freiheit hinausgeführt. Wieder andere sind von Schuld belastet gewesen und vor Gewissensqualen todkrank geworden. Sie hat der Zuspruch der Vergebung aus Gottes Wort entlastet und wieder aufleben lassen. Und noch andere sind auf dem Meer in Seenot geraten und haben im Kampf mit Sturm und Wellen ihr Leben schon verloren geglaubt. Für sie hat Gott den Sturm gestillt und hat sie ans rettende Ufer gebracht.

Vielleicht finden Sie sich mit Ihrer eigenen Notlage in einer dieser vier Strophen wieder: Sie kommen sich vor wie in der Wüste und haben sich verirrt. Sie fühlen sich wie gefangen und gefesselt und können sich nicht selbst befreien. Gewissensbisse machen Sie krank, oder Sie fühlen sich den Stürmen des Lebens nicht mehr gewachsen.

Vielleicht sind Sie noch auf ganz andere Weise in Angst und Not und würden den vier Strophen im Psalm 107 gerne Ihre eigene beifügen. Dann tun Sie's doch! Rufen Sie aus Ihrer Not zu Gott. Bitten Sie ihn um seine Hilfe: um Wegweisung und Befreiung, um Bewahrung und Kraft. Dann werden auch Sie Grund zum Danken bekommen.

Und wenn Sie schon jetzt Grund dazu haben, dann gilt es auch für Sie: „Die sollen ihm danken für seine Güte!"

Herr, sei du mit mir um deines Namens willen; denn deine Gnade ist mein Trost: Errette mich! Psalm 109,21

Der Psalm 109 ist ein langes Klagelied, in dem sich der Betende bitter über seine Mitmenschen beschwert. Sie vergelten ihm Gutes mit Bösem und beantworten seine Liebe mit Hass. Darüber ist er verbittert, und er lässt seiner Bitterkeit vor Gott freien Lauf.

Darf ich das: Meine Bitterkeit, sogar meine Rachegedanken Gott vortragen? Dieser Beter hat es gewagt. Er ist davon ausgegangen, dass – wenn auch alle Menschen ihm bös wollen – Gott ihm nicht böse, sondern gut ist. Er spricht diese Überzeugung mitten in seinen bitterbösen Gedanken aus: „Deine Gnade ist mein Trost." Und er bittet Gott: „Sei du mit mir um deines Namens willen; errette mich!" Er glaubt also: Einem solchen Menschen wie mir, der nur noch klagen und anklagen kann – und der in solchem Anklagen nicht nur Recht, sondern gewiss auch Unrecht hat und andern Unrecht tut –, mir, einem solchen Menschen, bist du, Gott, gut. Trotzdem gut, trotzdem gnädig. Du, Gott, bist nicht gegen mich. Deine Gnade ist mein Trost. Dein Ja zu mir, trotz allem, ist mein Trost.

Dieses Ja Gottes steht fest auch für Sie. Und wenn es wahr wäre, dass alles und alle gegen Sie sind – Gott ist für Sie! Er hat es durch die Sendung seines Sohnes Jesus Christus bewiesen. Und wenn es so wäre, dass auch Sie Böses mit Bösem vergolten, Hass mit Hass beantwortet hätten – Gott vergilt ihnen nicht so. Gott verurteilt Sie nicht. Er ist Ihnen gut. Er ist Ihnen gnädig, so wahr Jesus Christus als das Lamm Gottes auch Ihre Schuld auf sich genommen und am Kreuz getragen hat.

Nehmen Sie das zur Kenntnis, gehen Sie davon aus, und Sie werden sehen, was das für Ihr Urteilen und Reagieren und auch für Ihre Vorurteile gegenüber andern bedeutet: Gottes Gnade wird Sie trösten und aus der Verbitterung erlösen. So können auch Sie Ihren Mitmenschen gegenüber gnädiger sein.

Vom Aufgang der Sonne bis zu ihrem Niedergang sei gelobt der Name des Herrn! Psalm 113,3

„Vom Aufgang der Sonne bis zu ihrem Niedergang", das bedeutet: vom Sonnenaufgang am Morgen bis zum Sonnenuntergang am Abend, also den ganzen Tag. Und es bedeutet auch: von dort, wo die Sonne aufgeht, bis dort, wo sie untergeht, im Osten und im Westen, rings um die Erde, überall in der ganzen Welt. Immer und überall soll Gott gelobt werden.

Und wofür? Etwa weil in der Welt alles zum Besten steht und wir Menschen zu Gottes Schöpfung Sorge getragen haben, so dass darin alles noch so gut ist wie am ersten Tag?

Nein, leider ist es durch die Schuld von uns Menschen nicht mehr so. Und doch sollen wir nicht jammern oder beschämt und traurig schweigen, sondern Gott loben. Wofür also? Dafür, dass Gott seine Sonne noch immer aufgehen lässt über Gute und Böse und regnen lässt über Gerechte und Ungerechte, wie Jesus es in der Bergpredigt gesagt hat (Mt 5,45). Dafür, dass seine Barmherzigkeit noch kein Ende hat, sondern jeden Morgen neu ist, wie es in den Klageliedern des Jeremia (3,22f) heisst. Weil ich mich auf Gott und seine Treue im Leben und im Sterben verlassen kann, will ich „den Herrn loben mein Leben lang und meinem Gott singen, solange ich bin" (Ps 146,2).

Darum also sind auch Sie eingeladen, sich dem grossen Chor anzuschliessen, der zu allen Zeiten Gott gelobt hat und loben wird. Die Sonne von Gottes Gnade scheint ja auch über Ihrer persönlichen Lebenslandschaft. Sie scheint gerade da, wo Sie jetzt darin unterwegs sind, ob am Morgen, am Mittag, am Abend oder in der Nacht.

Ich wünsche Ihnen, dass Sie die Lebenssonne wahrnehmen und mitsingen – laut oder vielleicht auch nur leise: „Vom Aufgang der Sonne bis zu ihrem Niedergang sei gelobt der Name des Herrn!"

Ich war gefangen in den Fesseln des Todes, Angst und Verzweiflung quälten mich. Da schrie ich zu ihm: Herr, rette mein Leben! Psalm 116,3f

Eine Szene wie aus einem Horrorfilm. Aber es sind nicht brutale Verbrecher, die den Beter gefesselt und in Todesangst versetzt haben. Er hat sich von schwarzen Gedanken lähmen und einspinnen lassen, bis sie ganz von ihm Besitz ergriffen haben. Vielleicht war es Neid oder Bitterkeit, Unversöhnlichkeit und Hass gegen einen anderen Menschen. Oder er hat einer Versuchung nachgegeben, hat sich in Lügen verstrickt, Unrecht getan und Schuld auf sich geladen.

Gegen solche Fesseln des Todes hilft keine menschliche Entfesselungskunst. Ein anderer muss die Fesseln lösen, das Netz zerreissen. Der Beter erzählt, wie er aus tödlicher Verstrickung heraus zu Gott um Hilfe gerufen hat: „Herr, rette mein Leben!"

Gott hat ihn gehört und hat ihm geholfen. Er kann wieder atmen, wieder hoffen, sich freuen. Er dankt Gott mit seinem Lied, das mit dem Bekenntnis beginnt: „Ich liebe den Herrn, denn er hört mich, wenn ich zu ihm um Hilfe schreie. Er hat ein offenes Ohr für mich; darum bete ich zu ihm, solange ich lebe."

Gott hat auch für Sie ein offenes Ohr. Er will nicht, dass Sie wie gebannt auf das starren, was Sie unfrei macht, was Sie belastet und quält. Er sieht Ihre Not und lässt Sie nicht zappeln in dem tödlichen Spinnennetz bis zur Erschöpfung. Auch dann nicht, wenn Sie sich durch eigene Schuld verstrickt haben. Sie dürfen ihn anrufen: Herr, hilf mir zurück, wo ich mich verrannt habe. Hilf mir heraus aus Unzufriedenheit und Verbitterung. Mach mich frei vom Hass gegen den Menschen, dem ich bis jetzt noch nicht habe vergeben können.

So dürfen wir Gott in jeder Angst und Verzweiflung bitten und uns dabei auf Jesus berufen. Er ist „gekommen, das Verlorene zu suchen und zu retten" (Lk 19,10). Er will und kann uns aus den Fesseln des Todes befreien – zu einem neuen Leben mit ihm.

Grossen Frieden haben, die dein Gesetz lieben; sie werden nicht straucheln. Psalm 119,165

Nicht strauchen, nicht stolpern – wer oder was bewahrt uns davor? Unser Psalmwort sagt: die Liebe zu Gottes Geboten. Wer sich vor dem Stolpern hüten will, soll sich von Gott leiten lassen und sich an seinen Geboten orientieren. Stolpersteine gibt es auf jedem Lebensweg. Das können Hindernisse sein, Schwierigkeiten, Prüfungen, Versuchungen. Wer nicht aufpasst, kann stolpern und fallen, sich verletzen oder gar abstürzen und umkommen. Das passiert uns am ehesten dann, wenn wir uns einbilden: *Mir* kann das doch nicht passieren!

Das Gegenteil von solcher gefährlichen Selbstsicherheit ist die demütige Einsicht, dass ich ohne Gottes Leitung und Bewahrung auf dem Weg nicht durchkomme. Wer sich an Gottes Geboten orientiert, wird „grossen Frieden haben". Er darf damit rechnen, dass Gottes Engel ihn bewahren, wie es im Psalm 91 steht: „Er hat seinen Engeln befohlen, dich zu beschützen, wohin du auch gehst. Sie werden dich auf Händen tragen, damit du nicht über Steine stolperst." Aber eben: Diese Verheissung gilt dem Demütigen, der sich von Gott den guten Weg zeigen lässt, ihn geht und darauf bleibt.

Und wenn wir trotzdem stolpern, weil eben auch der Lebensweg gläubiger Menschen durch schwieriges Gelände führen kann? Dann müssen wir nicht liegen bleiben. Auch nach einem Fehltritt, sogar nach einem bösen Sturz nicht. Wir dürfen uns an Gott wenden, ihn um Vergebung bitten, mit seiner Hilfe wieder aufstehen und weitergehen.

Auch Ihnen reicht Gott durch Jesus Christus seine gütige und starke Hand. Lassen Sie sich von ihm die Hand geben und aufstehen helfen, wenn Sie gestrauchelt sind. Und bleiben Sie dann im Weitergehen an seiner Hand und auf dem guten Weg, den seine Gebote Ihnen weisen. Das bringt Glück und grossen Frieden.

Er wird deinen Fuss nicht gleiten lassen, und der dich behütet, schläft nicht. Siehe, der Hüter Israels schläft und schlummert nicht. Psalm 121,4

Der Psalm 121 ist ein Lied für unterwegs, ein Wallfahrtslied. Es beginnt mit der sorgenvollen Frage: „Ich hebe meine Augen auf zu den Bergen. Woher wird mir Hilfe kommen?" Darauf folgt die Antwort von einem, der weiss, woher für Israel und woher auch für uns die Hilfe kommt. Sie kommt „von dem Herrn, der Himmel und Erde gemacht hat". Wir sind unterwegs unter Gottes Himmel. Seine Augen wachen über uns bei Tag und bei Nacht. Gott ist nie ausser Dienst. Er wird nicht müde. „Der Hüter Israels schläft und schlummert nicht."

Der wahre und lebendige Gott ist nicht unzuverlässig wie der Gott Baal, den man in der Umwelt des Alten Testaments verehrte. Baal war der Gott der Fruchtbarkeit; man meinte, dass er mit der Vegetation jährlich sterbe und auferstehe, dass er also nach dem Winterschlaf im Frühling zuerst wieder erwachen müsse. Notfalls müsse man ihn aufwecken. Der Prophet Elija hat die Baals-Priester einst spöttisch aufgefordert, sie müssten noch lauter zu ihm rufen; er sei wohl eingenickt. Aber der lebendige Gott wird nicht müde. Nein, „der Hüter Israels schläft und schlummert nicht".

Gottes Aufmerksamkeit für uns lässt keinen Augenblick nach. Er verliert sein Interesse an uns nicht. Mein Interesse an Gott mag abnehmen, mein Glaube kann durch Krisen gehen – Gottes Treue zu mir nicht!

Im Garten Gethsemane sind die Jünger müde geworden und eingeschlafen. Aber Jesus hat für sie gewacht und gebetet. Dann ist er wieder zu ihnen gekommen, hat sie geweckt und aufgefordert: „Steht auf, lasst uns gehen!" (Mt 26,46). Lassen wir uns immer wieder aufwecken und mitnehmen auf seinem Weg. Gott sei Dank: Der uns behütet, schläft nicht.

Der Herr behütet dich vor allem Übel, er behütet dein Leben.

Psalm 121,7

Das ist ein Wunsch zum Abschied, ein Reisesegen. Dieser Zuspruch wird einem Pilger auf den Heimweg mitgegeben. Er war zu einer Festzeit nach Jerusalem gekommen, hat da zu Gott gebetet, hat geopfert und gefeiert. Das sind besondere Tage gewesen, Tage der Erfahrung von Gottes Nähe, der Entlastung von Herz und Gewissen durch das Geschenk der Vergebung, Tage der Gemeinschaft mit vielen anderen Gläubigen.

Nun geht es zurück in den Alltag mit seiner Mühe und Arbeit. Es werden die gleichen Menschen dort sein und man wird miteinander auskommen müssen. Der Beter nimmt auch sich selbst wieder mit nach Hause und wird sich selbst aushalten müssen. Es wäre gut möglich, dass er schon auf dem Heimweg die Zuversicht wieder verliert. Er schaut auf zu den Bergen und fragt: „Woher wird mir Hilfe kommen?" Die alten Berge von Sorgen und Lasten wollen sich schon wieder vor ihm erheben.

Aber er geht ja nicht allein. Ihm wird zugesprochen und versichert: Der Herr geht mit dir. Von ihm kommt deine Hilfe. Er behütet dich. Er segnet dich. Er ist bei dir am Tag und in der Nacht. Er ist dir nah, wenn du kämpfst und wenn du ruhst, er behütet dich immer und überall.

Auch Sie sind auf dem Weg im Alltag nicht allein. Nicht allein vor Ihren Sorgenbergen, nicht allein unter der Last Ihrer Verantwortung. Sie sind von Gott begleitet und behütet. Und Sie sind ja wohl auch nicht ohne andere Menschen mutterseelenallein unterwegs. Sie haben Mitwanderinnen und Mitwanderer. Mit ihnen in einer guten Weggemeinschaft zu stehen, ist Hilfe und Aufgabe zugleich. Vielleicht wartet heute jemand darauf, dass Sie ihr oder ihm den Zuspruch weitergeben: „Der Herr behütet dich vor allem Übel, er behütet dein Leben."

Wenn der Herr die Gefangenen Zions erlösen wird, so werden wir sein wie die Träumenden. Psalm 126,1

Von einem Traum hat Martin Luther King in seinem Kampf für die Gleichberechtigung der schwarzen Bevölkerung in den USA gesprochen. Seine Worte wirken bis heute nach: „Ich habe einen Traum!" Er träumte von einer gerechten Welt, in der Weisse und Schwarze die gleichen Chancen haben. Er träumte nicht nur davon, er kämpfte dafür. Zwar hat er den Tag, von dem er träumte, nicht mehr erlebt. Der Traum hat ihn das Leben gekostet. Aber er hat viele Menschen zum Kampf für mehr Gerechtigkeit mobilisiert. Sein Traum hat die Welt verändert.

Nicht alle Träume sind von dieser Art. Es gibt egoistische Wunschträume, die uns nur unzufrieden machen mit der Realität, in der wir leben müssen; vielleicht auch neidisch auf andere, die es weiter gebracht haben als wir. Von solchen Träumen gilt es aufzuwachen, damit wir unsere vielleicht bescheidenen, dafür realistischen Chancen und Aufgaben nicht versäumen.

Die Menschen im Psalm 126 träumen nicht von einer besseren Zukunft nur für sich. Sie träumen von der Befreiung von Menschen, die in Gefangenschaft sind – Kriegsgefangene, Deportierte, Heimatvertriebene. Sie denken an die Unglücklichen und beten für sie. Mehr können sie offenbar nicht für sie tun. Aber sie bitten Gott beharrlich um ihre Befreiung und stellen sich schon die Freude am Tag der Rückkehr vor.

Heute sind weltweit mehr Christen um ihres Glaubens willen verfolgt als je. Millionen von Flüchtlingen sind aus ihrer Heimat vertrieben worden. Denken wir an sie. Beten wir für sie. Beten wir auch für alle, die im Kampf für eine gerechtere Welt hohe Opfer bringen. Freiheit ist nicht nur ein menschlicher Traum. Sie gehört zu Gottes gutem Plan für alle Menschen, für die ganze Schöpfung. Er hat Jesus Christus in die Welt gesandt, um uns von der Macht des Bösen zu befreien. Er gibt uns schon jetzt die Kraft, das Böse durch das Gute zu überwinden und so die Welt zu verändern.

Es ist umsonst, dass ihr früh aufsteht und spät euch niedersetzt und euer Brot in Mühsal esst – den Seinen gibt er's im Schlaf. Psalm 127,2

Ist das ein Trost für Morgenmuffel, eine Rechtfertigung der Faulheit: Warum früh aufstehen, wozu sich abmühen? Es bringt ja eh nichts. Es ist doch alles umsonst.

Die Bibel singt nirgends das Lob der Faulheit, auch hier nicht. Wir sollen aber bei aller Mühe und allem Fleiss nie vergessen, dass wir das Gelingen nicht in der Hand haben. Es gibt bei all unserem Tun einen entscheidenden Faktor, den wir nicht selbst in unsere Kalkulationen einfügen können. Das ist der Segen von Gott.

Gewiss, man kann an langen Arbeitstagen von früh bis spät manches erreichen. Jesus hat einmal die Geschichte von einem Bauern erzählt, der so erfolgreich gewirtschaftet hat, dass seine Scheunen zu klein geworden sind. Da hat er sie durch grössere ersetzt. Aber dann hat Gott den Erfolgsmenschen plötzlich an das Ende seines Lebens geführt und hat zu ihm gesagt: Du Narr! Was bleibt dir jetzt noch, wo du alles aus der Hand geben musst? (Lk 12,16–21). Der Erfolgsmensch hat erfahren müssen: „Es ist umsonst, dass ihr früh aufsteht und spät euch niedersetzt und euer Brot in Mühsal esst."

Aber im Psalm 127 folgt dann noch eine merkwürdige Fortsetzung: „Den Seinen gibt es der Herr im Schlaf." Das ist nicht ironisch gemeint, sondern als Bild für ein von Gott gesegnetes Leben. Ob wir erfolgreich sind oder nicht – was unserem Leben Sinn und bleibenden Wert gibt, das kann uns nur geschenkt werden: Gottes Liebe, seine Vergebung, seine Freundschaft, sein Segen.

Gott hat dieses Geschenk auch für Sie bereit. Nehmen Sie es ihm ab! Dann wird Ihre Mühe heute nicht vergeblich sein.

z'friede

Herr
i meine nid
i seig meh als anderi
und luege uf niemer abe
i wott nid alli rätsel löse
und cha mit offne froge läbe

so bin i z'friede
und ganz ruhig worde

g'stillt
wie nes chlis chind
wo sich bi sinere muetter
satt trunke het

Israel und alli
wo a Gott glaube:
erwartet alls vo Ihm
für jetz
und für immer

nach Psalm 131

Herr, alle Herrscher der Erde sollen dich preisen; sie sollen dein Tun besingen und sagen: „Gewaltig ist die Macht des Herrn! Er thront in höchster Höhe, und trotzdem sieht er die Niedrigen und kümmert sich um sie." Psalm 138,4–6

Wer soll so singen? Wer soll sich bewusst machen, dass Gott von seinem hohen Thron aus die Niedrigen sieht und sich um sie kümmert? Sollen sich die Erniedrigten, die Kleinen und Schwachen, die Missachteten und Vergessenen daran erinnern und sich damit trösten: Gott kennt uns und denkt an uns, er kümmert sich um uns und wird uns helfen? Ja, sicher sollen und dürfen sich die Niedrigen daran erinnern und sich damit trösten.

Aber unser Psalm sagt: Die Mächtigen sollen sich daran erinnern! Alle Herrscher der Erde sollen Gott preisen und sagen: „Gewaltig ist die Macht des Herrn! Er thront in höchster Höhe, und trotzdem sieht er die Niedrigen und kümmert sich um sie." Die Mächtigen und Reichen an den Schalthebeln der politischen und wirtschaftlichen Macht, *sie* sollen sich bewusst machen, dass es himmelhoch über ihnen einen Gott gibt, der auf die Niedrigen schaut, auf die Kleinen, die Vergessenen, die Missachteten, die Misshandelten und Missbrauchten. Ihre Not ist ihm nicht egal. Er kümmert sich um sie und er wird alle zur Rechenschaft ziehen, die ihr Elend verursachen – oder die nichts gegen das Elend tun, obwohl sie es könnten.

Das Evangelium sagt uns, dass Gott nicht nur aus der Höhe auf die Niedrigen hinunterschaut. Er ist zu ihnen heruntergekommen. Er hat sich in Jesus Christus selbst erniedrigt. Jesus hat sich der Armen und Verachteten angenommen. Er hat die Kranken geheilt, den Armen das Reich Gottes verheissen, den Verachteten seine Freundschaft geschenkt. Er ist „gekommen, um zu suchen und zu retten, was verloren ist" (Lk 19,10). Wenn wir das begriffen und selbst erlebt haben, gibt Jesus auch uns ein Auge für die Niedrigen. Wo wir einem von ihnen heute helfen können, wollen wir es in seinem Namen tun.

Tu mir kund den Weg, den ich gehen soll; denn mich verlangt nach dir. Psalm 143,8

Dieses Gebet beeindruckt mich. Ich wünschte mir, dass auch ich in jeder Lebenslage ganz aufrichtig so beten könnte. Wenn ich so bete und so lebe, wird mein Lebensweg gradliniger verlaufen, als wenn ich bald dieses, bald jenes für erstrebenswert halte und nie recht weiss, was und wohin ich eigentlich will. Hier liegt das Ziel fest: „Mich verlangt nach dir." Das bringt mein Leben auf einen klaren Kurs, wie immer der Weg konkret verlaufen mag. Da kann es positive und negative Überraschungen geben, Prüfungen, Versuchungen und Hindernisse, die es nicht leicht machen, auf Kurs zu bleiben. Aber mit diesem Gebet kann ich mich immer wieder am Ziel orientieren und nötige Kurskorrekturen vornehmen.

„Tu mir kund den Weg, den ich gehen soll" – das ist die Bitte, Gott möge mir in einer schwierigen Lage helfen. Vielleicht bin ich krank und erlebe, dass mein Schicksal nicht in meiner Hand liegt. Ich sage Gott, dass ich ihn brauche: „Mich verlangt nach dir!"

Vielleicht habe ich einen grossen Fehler gemacht. Ich kann mein Gewissen nicht selbst beruhigen. Dann bete ich: O Gott, vergib mir. Hilf, dass ich meinen Fehler auch den Menschen gegenüber zugeben kann, an denen ich schuldig geworden bin. Zeige mir, wo ich etwas wieder gutmachen kann und gib mir den Mut und die Kraft dazu. „Mich verlangt nach dir!"

Vielleicht sehe ich in meinem Leben keinen Sinn mehr und möchte mich doch für etwas einsetzen, das sich lohnt. Ich sage zu Gott: Du hast mich geschaffen und mir Gaben gegeben. Zeige mir, wo ich gebraucht werde. Und wenn meine Grenzen eng geworden sind und meine Lebenszeit vielleicht bald ausläuft – lass mich mit dir unterwegs bleiben und vertrauen, dass du mich gewiss an dein gutes Ziel bringst. „Mich verlangt nach dir!"

Und was für ein Wunder: Durch das Evangelium sagt auch Gott genau das zu *mir*: „Mich verlangt nach dir!"

Alles, was Odem hat, lobe den Herrn! Halleluja!

Psalm 150,6

Das ist sozusagen der Schlussakkord, der die alttestamentliche Liedersammlung des Psalters abschliesst. Wenn man diesen Psalm ganz liest, bekommt man den Eindruck von lauter Musik mit hartem Rhythmus. Eigentlich nicht mein Geschmack. Als unsere grösser werdenden Kinder an lauter Musik Freude hatten, musste ich oft bitten: Mach doch wenigstens die Tür zu! Aber die Musik von Psalm 150 findet nicht hinter schalldichten Türen statt. Sie erklingt im Gottesdienst. Hier werden die grossen Taten Gottes gepriesen. Da wird nicht Lärm gemacht, sondern Musik: geistliche Musik, Kirchenmusik.

Die Musik ist nicht geistlich wegen ihrer Lautstärke. Es gibt keine Phonzahl, von wo an (auf- oder abwärts) man sagen kann, was geistliche Musik sei und was nicht. Es gibt auch kein Instrument, das sich für gottesdienstliche Musik grundsätzlich nicht eignet, und keinen Musikstil, von dem man behaupten kann, er komme für den sakralen Gebrauch nicht in Frage. Nur das erbitterte, lieblose Entweder-Oder zwischen Orgel und Schlagzeug, das ist mit Sicherheit ungeistlich.

Es gibt im Psalter nicht nur so lautes, sondern auch leises, ja ganz stilles Gotteslob. Es gibt nicht nur den Psalm 150 mit seinem Kommando zum Lob Gottes mit allen zur Verfügung stehenden Stimmen und Instrumenten, sondern auch den Psalm 103, wo einer nur seine Gedanken und Gefühle aufruft: „Lobe den Herrn, meine Seele, und was in mir ist, seinen heiligen Namen!" Auch das ist geistliche Musik: das stille Lob eines dankbaren Herzens, ja, sogar das Seufzen und Weinen aus traurigem Herzen vor Gott.

Wer sollte und könnte sich also nicht beteiligen am Lobpreis, zu dem der Psalm 150 „alles, was Odem hat", einlädt? Stimmen auch Sie ein! Ob laut oder leise, ob in Dur oder Moll, es wird Gott gefallen.

Lieber arm sein und Gott ernst nehmen als reich sein und in ständiger Sorge. Sprüche 15,16

„Reich sein und in ständiger Sorge" – ist das nicht paradox? Sorgen haben doch nicht die Reichen, sondern die Armen. Von den Sorgen der Reichen sagen manche: Ihre Sorgen möchte ich haben!

Aber hier sagt einer: „Lieber arm sein!" Wie kommt er dazu? Arm sein ist doch nicht schön. Arm sein ist hart. Aber vielleicht ist er einmal reich gewesen und hat erlebt, wie vergänglich irdischer Reichtum ist. Und wie gefährlich. Man gewöhnt sich daran. Man kann sich das Leben gar nicht mehr anders vorstellen. Man vergleicht sich mit andern – nicht mit denen, die weniger haben, sondern mit denen, die mehr haben. So rechtfertigen die Top-Manager die Aufwärtsspirale bei ihren Millionen-Gehältern.

Der Weise aus dem Alten Testament sagt: Nein, diese Sorgen möchte ich nicht haben. „Lieber arm sein und Gott ernst nehmen als reich sein und in ständiger Sorge." Gott ernst nehmen ist schwer, wenn irdischer Reichtum im Leben die zentrale Rolle spielt. Braucht man da Gott überhaupt noch? Aber am Ende wird der Reiche genau gleich vor Gott stehen wie der Arme: mit leeren Händen. Dann zählen die Millionen nicht mehr, sondern nur noch der Schatz im Himmel, der Reichtum bei Gott.

Wie wird man reich bei Gott? Durch das Danken für seine Gaben. Durch den verantwortlichen Umgang mit allem, was er uns anvertraut. Durch das Teilen mit denen, die weniger haben. Durch das Vertrauen auf Gottes Fürsorge, zu dem uns Jesus in der Bergpredigt einlädt: „Seht die Vögel unter dem Himmel an: Sie säen nicht, sie ernten nicht, sie sammeln nicht in die Scheunen; und euer himmlischer Vater ernährt sie doch. Seid ihr denn nicht viel mehr als sie?" (Mt 6,26).

Ich wünsche Ihnen nicht, dass Sie arm werden. Aber ich wünsche Ihnen die Sorglosigkeit der Menschen, die Gott ernst nehmen und ihm vertrauen.

Es kommt eine Zeit, da wird Gott die Völker zurechtweisen. Dann werden sie ihre Schwerter zu Pflugscharen und ihre Spiesse zu Sicheln machen. Kein Volk wird mehr das andere angreifen und niemand mehr das Kriegshandwerk lernen.

Jesaja 2,4

Es ist kaum drei Jahrzehnte her, da hat der damalige DDR-Staat es jungen Christen noch verboten, Abzeichen mit dieser Botschaft zu tragen: „Schwerter zu Pflugscharen". Aber dann fiel die Berliner Mauer und bald darauf auch der Eiserne Vorhang. Die Erfüllung der Jesaja-Verheissung war das noch nicht, aber doch ein hoffnungsvolles Zeichen. Dass alle Völker ihre Schwerter zu Pflugscharen machen, davon sind wir noch weit entfernt. Aber wir wollen dankbar sein für jeden kleinen Fortschritt in der Richtung auf mehr Frieden in der Welt. Den endgültigen Frieden schaffen kann nur Gott.

Davon träumt der Prophet Jesaja. Nicht nur davon, dass die Menschen doch einmal vernünftig werden und aufhören, sich selber und einander und die gemeinsam bewohnte Erde zu zerstören. Jesaja träumt von einer Zeit, da alle Völker die Herrschaft Gottes anerkennen werden. Dann wird es keine Rüstungsindustrie mehr brauchen und keinen Waffenhandel mehr geben. Dann wird man nicht mehr zerstören und töten, sondern aufbauen und pflanzen.

Davon dürfen und sollen auch wir träumen. Davon träumen und also damit rechnen, dass Gottes gute Herrschaft sich gegen allen Widerstand durchsetzen wird. Das heisst aber, schon jetzt den Widerstand gegen den guten Willen Gottes aufgeben. Uns dem Frieden öffnen, den Gott uns in Jesus Christus anbietet. Aus diesem Frieden heraus versöhnlich leben. Werkzeuge seines Friedens werden. Aufhören – nicht nur mit dem schweren Geschütz, sondern auch mit den kleinen Nadelstichen. Nicht mehr Böses mit Bösem vergelten, sondern das Böse überwinden durch das Gute (Röm 12,17.21).

Weh denen, die ihre Macht missbrauchen, um Verordnungen zu erlassen, die andere ins Unglück stürzen. Sie bringen die Armen und Schwachen um ihr Recht. Jesaja 10,1

Das „Wehe euch!" hat der Prophet Jesaja den Herrschenden seiner Zeit zugerufen. Sie, die für die Rechtspflege verantwortlich sind, die für gerechte Gesetze und ihre korrekte Anwendung sorgen sollten, haben das Recht in Unrecht verkehrt. Statt die Armen und Schwachen zu schützen, bereichern sie sich schamlos an ihnen.

Die Korruption ist auch heute eines der schlimmsten Übel in vielen Ländern rings um die Welt. Die Reichen sorgen gut für sich und die Armen haben das Nachsehen. Die Mächtigen haben immer Recht; um die Rechte der Schwachen kümmert sich niemand. Die Kleinen hängt man auf, die Grossen lässt man laufen.

Die Bibel sagt uns aber, dass es nicht immer so bleiben wird. Denn Gott steht auf der Seite der Schwachen. Dafür hat das Volk Israel in seiner eigenen Geschichte ein grosses Beispiel: Gott hat sich gegen den mächtigen Pharao von Ägypten gestellt und das versklavte Volk der Israeliten in die Freiheit geführt. Im Neuen Testament ist es Jesus, der sich den Armen und Verachteten zuwendet, die nach Gerechtigkeit nur hungern und dürsten können. Zu ihnen sagt er in der Bergpredigt: „Selig seid ihr, denn ihr sollt satt werden!" (Mt 5,6).

Das ist keine blosse Vertröstung der Armen und Schwachen auf eine bessere Zukunft. Jesus erwartet von uns, dass wir uns in der Gegenwart für Benachteiligte einsetzen. Mehr noch als der prophetische Weheruf motivieren uns seine Seligpreisungen dazu: „Selig sind die geistlich Armen! Selig sind die Trauernden! Selig sind die Barmherzigen! Selig sind die Friedensstifter! Selig sind, die um der Gerechtigkeit willen verfolgt werden!" Sie alle sollen satt werden: beschenkt, getröstet, reich und glücklich bei Gott. „Denn ihrer ist das Himmelreich."

Gott ist mein Helfer, ich bin voll Vertrauen und habe keine Angst.
Jesaja 12,2

Ja, schön wär's, möchten wir vielleicht einwenden. Ich bin nicht voll Vertrauen und nicht ohne Angst. Wie kann ich zu einem solchen angstfreien Vertrauen auf Gott kommen?

Ein altes und verbreitetes Rezept sagt: „Tue recht und scheue niemand" – fürchte weder Gott noch Menschen. Aber das ist kein biblisches Rezept. Dass wir uns vor Gott nicht fürchten müssen, können wir uns nicht selbst einreden. Nur Gott kann uns das sagen. Und er sagt es uns in der Bibel immer wieder: Fürchtet euch nicht! Fürchte dich nicht!

So ist es auch an unserer Stelle bei Jesaja nicht ein Mensch, der selbstbewusst und wohlgemut von sich sagt: „Ich bin voll Vertrauen und habe keine Angst." Gott spricht das dem Volk Israel vor, und die Menschen sollen es ihm nachsprechen. In einer schwierigen Zeit verspricht ihnen Gott, dass der Tag der Rettung kommt. Dann, „am Tag deiner Rettung, wirst du sagen: Herr, ich preise dich! Du bist zornig auf mich gewesen; doch nun hat dein Zorn sich gelegt und ich darf wieder aufatmen. Gott ist mein Helfer, ich bin voll Vertrauen und habe keine Angst."

Schwierige Erfahrungen können auch in unserem Leben zur Pädagogik Gottes gehören. Gott möchte uns damit zum Aufhorchen und zu einem neuen Hören auf ihn bringen. Wir sollen über die Bücher gehen, vielleicht einen falschen Weg verlassen und zu ihm umkehren. Dann können wir im Rückblick erkennen: Es war nötig, dass Gott mir ein Hindernis in den Weg gestellt hat. Es war gut, dass er Nein gesagt hat.

Es kann sein, dass Gott uns in eine Sackgasse führt – nicht um uns darin stecken zu lassen, sondern damit wir umkehren und bei ihm Hilfe suchen. Das ist der Weg, auf dem auch wir dieses dankbare Bekenntnis sprechen lernen: „Gott ist mein Helfer, ich bin voll Vertrauen und habe keine Angst."

Der Ton kann doch nicht so tun, als wäre er der Töpfer! Oder kann das Werk von seinem Schöpfer sagen: Er hat mich nicht gemacht? Kann das Tongefäss vom Töpfer sagen: Er versteht nichts davon? Jesaja 29,16

Der Prophet Jesaja stellt sich eine Töpferwerkstatt vor, in der die fertigen Töpfe auf einmal zu reden anfangen. Sie plappern und plagieren, sie tun so, als hätten sie sich selbst erschaffen, und reden abschätzig vom Töpfer: Der verstehe ja nichts, sie wissen alles besser.

Eine erfundene Geschichte? Leider nicht, sagt Jesaja. Genau so frech und dumm verhalten sich die Menschen gegenüber Gott: Sie vergessen, dass sie seine Geschöpfe sind, benehmen sich ungehörig und reden respektlos über Gott. Jesaja dachte dabei an einflussreiche Leute in Jerusalem und ihre Machenschaften, die im Widerspruch standen zu Gottes Willen. Sie haben sich für klüger gehalten als Gott. Und er, der Schöpfer, hört doch alles, was seine Geschöpfe Vermessenes und Dummes über ihn sagen!

Was hört Gott von uns? Sind wir uns bewusst, dass wir unser Leben aus seiner Hand empfangen haben und dass es auch heute ein Geschenk von ihm ist? Denken wir daran, dass Gott nicht nur unseren Dank hört, sondern ihn auch vermisst, wenn er ausbleibt? Dass er auch unser Aufbegehren und unsere Besserwisserei hört: Wie er es mit uns machen sollte, was wir verdient hätten und was nicht, wie er die Welt regieren sollte, was er zulassen dürfte und was nicht.

Wir werden nie alles verstehen, was Gott macht. Aber *wozu* er uns gemacht hat, das können wir wissen. Gott hat uns geschaffen wie Gefässe, damit wir seine Liebe aufnehmen und weiterreichen. Paulus hat gesagt: „Wir haben diesen Schatz in irdenen Gefässen" (2 Kor 4,7). Wir können und müssen nicht alles verstehen, was Gott macht. Aber das können wir: Wie ein Gefäss offen sein für seine Liebe und diesen kostbaren Schatz dankbar aufnehmen und weitergeben. Dazu hat uns der göttliche Schöpfer geschaffen.

Er gibt dem Müden Kraft und Stärke genug dem Unvermögenden. Die auf den Herrn harren, kriegen neue Kraft, dass sie auffahren mit Flügeln wie Adler, dass sie laufen und nicht matt werden. Jesaja 40,29.31

Das ist einst Menschen zugesprochen worden, die den Lebensmut und den Glauben an Gottes Möglichkeiten verloren hatten. Die nach Babylonien deportierten Israeliten glaubten nicht mehr an eine Wende ihres Schicksals. Die Flamme der Hoffnung war erloschen. Müdigkeit und Resignation breiteten sich aus. Aber da sendet Gott einen Propheten zu ihnen. Der fordert sie nicht nur auf, ihre Müdigkeit und Kraftlosigkeit endlich zu überwinden. Er spricht ihnen Kraft zu: Kraft von dem lebendigen Gott.

Kraft für die Müden, Stärke für die Unvermögenden – der Zuspruch gilt auch für die Müden und Unvermögenden von heute. Wenn Sie gerade jetzt an Ihre Grenzen gestossen sind oder schon länger damit leben müssen, dass Sie nur eine kleine Kraft haben – dann gilt der Zuspruch gerade Ihnen: „Er gibt den Müden Kraft und Stärke genug den Unvermögenden."

Was die Kraft von Gott in unserem Leben bewirken kann, wird mit zwei Vergleichen illustriert: „Die auf den Herrn harren, kriegen neue Kraft, dass sie auffahren mit Flügeln wie Adler, dass sie laufen und nicht matt werden." Vielleicht finden Sie diese Bilder etwas übertrieben. Wie ein nimmermüder Wanderer kommen Sie sich nicht vor, flugtüchtig wie ein Adler schon gar nicht.

Aber Gottes Kraft kann auch weniger auffällig und doch ganz wunderbar wirken. Zu Paulus hat der Herr gesagt: „Lass dir an meiner Gnade genügen; denn meine Kraft ist in den Schwachen mächtig" (2 Kor 12,9). Gott wird auch Ihnen Kraft genug geben – immer so viel, dass Sie durchkommen und ihm dafür danken können.

Ich bin der Herr, dein Gott, der deine rechte Hand fasst und zu dir spricht: Fürchte dich nicht, ich helfe dir! Jesaja 41,13

Gott spricht wie zu einem Kind. Er sprach so zu den Kindern Israels, die immer noch im fremden Land lebten, in Babylon, unter den Heiden, und sich von ihrem Gott vergessen und verlassen glaubten. Er spricht auch uns so an: Wie ein Kind, das Führung und Stärkung, Tröstung und Ermutigung braucht. Er fordert uns auf, ihm zu vertrauen. Er verspricht, uns an die Hand zu nehmen, wie ein Vater oder eine Mutter ihr Kind an die Hand nehmen und ihm Sicherheit und Geborgenheit geben.

„Ich bin der Herr, dein Gott, der deine rechte Hand fasst." Die rechte Hand, das ist bei den meisten Menschen die Hand, mit der sie arbeiten und kämpfen. Dass Gott unsere rechte Hand fassen will, bedeutet also, dass wir nicht allein und nur mit unserer eigenen Kraft arbeiten und kämpfen müssen. Gott will seine Kraft an uns wirksam werden lassen. „Ich mache dich stark mit meiner sieghaften Rechten", heisst es einige Zeilen vorher. Wenn Gott meine Hand in seine sieghafte rechte Hand nimmt, was macht es dann schon aus, wenn ich zwei linke Hände habe! Wenn ich sie nur in seine starke Hand lege.

Kinder geben nicht immer gerne die Hand. Vielleicht erinnern Sie sich an Ihre eigene Kindheit oder an die Erfahrungen mit Ihren Kindern. Selber machen, selber können, nicht mehr die Hand geben müssen, freie Hand haben, selbständig, unabhängig sein – dieser Drang steckt in uns allen. Gott muss vielleicht auch uns an unsere Grenzen führen, uns unsere Ohnmacht erfahren lassen, damit wir merken, wie sehr wir eine Hand brauchen, die grösser und stärker ist als unsere eigene.

Aber Gott sagt dann nicht nur tadelnd: Siehst du, so kommt es, wenn du dich meiner Hand entziehst. Gott sagt: „Fürchte dich nicht, ich helfe dir!"

Singt dem Herrn ein neues Lied, verkündet seinen Ruhm bis ans Ende der Erde!

Jesaja 42,10

Ein *neues* Lied sollen wir singen. Also nicht mehr das alte, abgedroschene, langweilige, ewig gleiche, sondern ein Lied, das von neuen Erfahrungen mit Gott inspiriert ist.

In vielen christlichen Gemeinden sind die Lieder und der musikalische Stil im Gottesdienst ein kontroverses Thema. Die Älteren tun sich schwer mit der modernen Musik und die Jungen mögen die traditionellen Choräle und das Orgelspiel nicht mehr.

Der Aufruf „Singt dem Herrn ein neues Lied!" ermutigt dazu, das Lob Gottes immer wieder in neuen Worten und Tönen anzustimmen. Es geht dabei nicht nur um den Stil, sondern um den Inhalt. Das wirklich Neue am neuen Lied sind nicht die menschlichen Worte und Töne. Was Gott getan hat und tut, das ist das Neue. Und dafür soll Gott mit dem neuen Lied gerühmt werden – „bis ans Ende der Erde!"

Ein neues Lied – das kann aber auch bedeuten: Ihr Menschen, die ihr keine Lieder mehr habt, die ihr freudlos durchs Leben geht, die ihr durch eigenes oder fremdes Leid sprachlos geworden seid: Ihr müsst nicht stumm bleiben. Ihr habt Grund zum Singen. Gott ist durch Jesus Christus euer Retter geworden. Christus schenkt euch ein neues Leben und eine lebendige Hoffnung. Es bleibt in dieser Welt nicht alles beim Alten. Gottes Reich kommt und ihr seid dazu eingeladen. Richtet euch schon jetzt darauf aus. Dazu gehört das neue Lied. Stimmt es an! Ob modern oder klassisch – das ist nicht entscheidend. Wenn die Menschen nur etwas heraushören können von eurer Freude an Gott!

Ein neues Lied – das kann auch ein altes sein, das wir spät im Leben neu entdecken und erst jetzt verstehen. Menschen, die sich sonst an nichts mehr erinnern und keine Worte mehr finden, können mitsingen, wenn ein Lied von früher erklingt. Köstlich, wenn wir in unserem geistlichen Notvorrat Lieder haben, mit denen wir Gott loben können bis ans Ende des Lebens.

ich und du

ich
ein Stäublein auf der Waage
ein Sandkorn in der Wüste
vom Winde verweht
ein Tropfen am Eimer
eine Träne im Meer
spurlos versunken

du
die Sonne der Sonnen
das A und das O
Anfang und Ende
der Erste und der Letzte
du sagst
Fürchte dich nicht
ich habe dich erlöst
ich habe dich
bei deinem Namen gerufen
du bist mein

Jesaja 40,15; 43,1; Psalm 103,14;
Offenbarung 1,8.16

Ich wehrte mich nicht und wich nicht zurück. Ich hielt meinen Rücken denen hin, die mich schlugen. Doch Gott, der Herr, wird mir helfen, darum werde ich nicht zuschanden.

Jesaja 50,5–7

Vor Jahren habe ich das Buch mit dem Titel „Hilflose Helfer" von Wolfgang Schmidbauer gelesen. Es geht darin um Frustrationen und Überforderungen, die Angehörige von sozialen Berufen in ihrer Tätigkeit erleben. Viele Menschen, die andern helfen möchten, überfordern sich selbst und sind frustriert, wenn sie an ihre Grenzen stossen. Anderseits gibt es auch zu hohe Erwartungen an menschliche Helfer, was dann zu Enttäuschungen führt.

Frustriert sein, enttäuscht werden: beides liegt in dem biblischen Ausdruck „zuschanden werden". Aber der Knecht Gottes sagt: „Ich werde nicht zuschanden." Dabei ist es ihm doch denkbar schlecht ergangen. Er ist bei den Menschen nicht angekommen. Sie haben ihn abgelehnt und beleidigt, verspottet und misshandelt. Und doch kann er sagen: „Ich werde nicht zuschanden."

In der Passionsgeschichte lesen wir es ähnlich von Jesus. Er, der im Auftrag Gottes als Helfer zu den Menschen gekommen war, wurde abgelehnt und verspottet, gemartert und gekreuzigt. Aber am Kreuz hat er nicht seinen Frust geäussert, sondern hat für seine Folterer gebetet: „Vater, vergib ihnen, denn sie wissen nicht, was sie tun" (Lk 23,34).

Warum war der Knecht Gottes trotz seiner Hilflosigkeit nicht frustriert? Warum konnte Jesus, als er ohnmächtig am Kreuz hing, so für seine Feinde beten? Weil er wusste und glaubte: „Gott, der Herr, wird mir helfen." Er ist der Helfer, der nie hilflos ist.

Wir kommen mit unserem Helfen immer an Grenzen. Aber in unserer Hilflosigkeit dürfen wir mit dem Helfer rechnen, der nie hilflos ist. Von Gott kommt die Kraft zum Helfen, aber auch die Demut, meine Grenzen zu akzeptieren. Im Zugeben und Annehmen meiner Hilflosigkeit darf ich erfahren: „Gott, der Herr, wird mir helfen."

Die Strafe lag auf ihm zu unserem Heil, und durch seine Wunden sind wir genesen. Jesaja 53,5

Das ist geschehen, als Jesus am Kreuz gestorben ist. Am Kreuz hat Jesus den Platz des Schuldigen eingenommen, an den *er* nicht hingehörte. Warum? Nicht weil er das Opfer eines Justizirrtums geworden wäre, sondern weil er an unsere Stelle treten wollte, an die Stelle aller Schuldiggewordenen, damit wir freigesprochen werden und ohne Schuld dastehen vor Gott.

Was für eine Stellvertretung! Unter uns Menschen macht ein Stellvertreter in der Regel einen Schritt nach oben: Er oder sie vertritt eine höher gestellte Person und nimmt deren grössere Kompetenzen wahr. Jesus aber ist als unser Stellvertreter heruntergestiegen, nicht nur einen Schritt, sondern von ganz oben nach ganz unten. Er hat auf alle seine Kompetenzen und Privilegien verzichtet. Er hat dafür alle unsere Defizite, unsere Schwachheit, unser Versagen, unsere Schuld auf sich genommen und hat Schuld und Strafe an unserer Stelle getragen.

Das können wir mit unserem Verstand und mit menschlicher Logik nicht begreifen. Aber es ist die befreiende Botschaft gerade dann, wenn wir uns mit der Frage quälen, ob das, was wir an Schwerem erleben oder miterleben – eine Krankheit, ein Unglück, ein Verlust –, vielleicht eine Strafe Gottes sei.

Welche Erleichterung, wenn ich mir dann durch Gottes Wort sagen lassen darf: Nein! „Die Strafe lag auf ihm zu unserem Heil!" Auch wenn das Schwere, das ich erlebe, mich ratlos macht – *eines* darf ich wissen: Die Strafe liegt nicht auf mir, sie liegt auf *ihm*. Gott verurteilt mich nicht und straft mich nicht ab. Er liebt mich, so gewiss Jesus mit mir den Platz des Schuldigen getauscht hat. So wahr er als das Lamm Gottes meine Sünde und die Sünden der ganzen Welt am Kreuz hinweggetragen hat.

Neigt eure Ohren her zu mir! Hört, so werdet ihr leben!

Jesaja 55,3

Im weiteren Textzusammenhang tönt es fast wie auf einem orientalischen Markt. Es wird Speise und Trank angeboten: Brot für alle und viel Gutes dazu. Zum Trinken gibt es Wasser, Wein und Milch. Aber es ist kein Marktschreier, der sein Angebot ausruft, um mit uns ins Geschäft zu kommen. Gott lädt uns an seinen Tisch ein. Alles ist umsonst zu haben, gratis für alle.

Vielleicht haben Sie ein Misstrauen gegen Gratisangebote entwickelt. In der Werbung ist das ja oft nur ein Trick zum Kundenfang. Wenn in einem Prospekt ausgerechnet mir das Anrecht auf den Hauptpreis einer Verlosung versprochen wird, dann lese ich gar nicht weiter. Aber bei Gottes Angebot wäre es nicht nur schade, sondern verhängnisvoll, wenn wir abschalten würden, statt zuzuhören und zuzugreifen.

Gott meint es gut, und er meint es ernst: Was er uns anbietet, das ist das Lebensbrot, von dem Jesus gesagt hat, er selbst sei es: das Brot vom Himmel, das unseren Hunger nach wahrem Leben stillt. Und das lebendige Wasser, das nicht nur unseren Durst stillt, sondern in uns zu einer Quelle wird, aus der es weiterfliesst in das Leben unserer Mitmenschen. Um dieses Angebot geht es, wenn Gott uns einlädt: „Neigt eure Ohren her und kommt zu mir! Hört, so werdet ihr leben!"

Vielleicht haben Sie das schon oft gehört und doch nicht gehört, weil andere Stimmen lauter waren oder weil Sie bewusst weggehört haben. Gott versucht es jetzt wieder. Hören Sie nicht weg, hören Sie hin und greifen Sie zu! Gott gibt uns nicht immer, was wir uns wünschen, aber immer, was wir nötig haben – und oft viel Schönes dazu: nicht nur Wasser und Brot, sondern auch Wein und Milch. Das Beste ist die Gemeinschaft mit ihm: „Hört, so werdet ihr leben", mit ihm leben, wirklich leben, für immer leben! Die Gemeinschaft mit Gott macht schon jetzt glücklich – und wäre es bei Wasser und Brot.

Siehe, der Arm des Herrn ist nicht zu kurz, dass er nicht helfen könnte, und seine Ohren sind nicht taub geworden, dass er nicht hören könnte; sondern eure Verschuldungen scheiden euch von eurem Gott. Jesaja 59,1f

Manchmal wünschten wir uns, dass wir Gottes Reden deutlicher hören, sein Eingreifen in unser Leben konkreter erfahren würden. Gott scheint weit weg zu sein. So ist es auch den Menschen vorgekommen, an die sich die Worte Jesajas gerichtet haben. Gottes Arm ist offenbar zu kurz, um uns in unserer Not zu erreichen, haben sie gesagt. Und Gott ist wohl taub geworden, sonst hätte er unser Gebet gehört und uns geholfen. Aber der Prophet sagt: Nein! „Der Arm des Herrn ist nicht zu kurz und seine Ohren sind nicht taub." Wenn ihr den Eindruck habt, Gott höre euch nicht und tue nichts für euch, dann liegt der Grund dafür nicht bei Gott, sondern bei euch: „Eure Verschuldungen scheiden euch von eurem Gott."

Worin die Verschuldung damals bestand, wird dann ausführlich geschildert. Aber Gott beschränkt sich nicht darauf, die Mauer zu beschreiben, die uns Menschen von ihm trennt. Sein Arm ist lang und stark genug, um über die Mauer hinüberzugreifen und uns aus dem selbstverschuldeten Gefängnis zu befreien. Das Evangelium verkündet uns, dass Gott uns nicht nur seine helfende Hand über die Mauer hinüber reicht. Durch Jesus, den Retter, hat er die Trennmauer abgebrochen und weggeräumt. Als das Lamm Gottes hat Jesus die Sünden der ganzen Welt hinweggetragen (Joh 1,29).

Nein, Gottes Hand ist nicht zu kurz. Der Helfer Jesus Christus ist als der gute Hirte unterwegs zu uns, um das Verirrte zu suchen und das Verlorene zu retten. Mit seiner starken Hand will er uns alle zu sich ziehen. Nein, Gottes Ohren sind nicht taub. Er hört uns, wenn wir zu ihm rufen. Und wenn er auch nicht alle unsere Bitten erhört und manchen Wunsch nicht erfüllt, so dürfen wir uns doch in guten und bösen Zeiten seiner treuen Hand anvertrauen.

Siehe, Finsternis bedeckt das Erdreich und Dunkel die Völker; aber über dir geht auf der Herr und seine Herrlichkeit erscheint über dir. Jesaja 60,2

Eine düstere Szene, wie wir sie auch heute vor uns haben, wenn wir in die Welt hinausblicken: Nacht und Dunkelheit, wohin das Auge schaut. Schatten und Kälte, man schaudert und friert. Ein Lebensgefühl, das viele Menschen kennen. Aber jetzt wird uns von Gottes Wort gesagt: Die Sonne kommt und alles wird hell!

Ein Lichtstrahl durchdringt die Dunkelheit, ein Glanz legt sich auf das, was eben noch trist und glanzlos war. Und nicht irgendwo geschieht das, sondern „*Über dir* geht auf der Herr, seine Herrlichkeit erscheint *über dir.*" Dürfen wir das auf uns, dürfen Sie das auf sich beziehen? Ich bin überzeugt: Ja. Im Evangelium hören wir, dass in Jesus Christus das Licht von Gott her für alle Menschen aufgestrahlt ist. Jesus hat gesagt: „Ich bin das Licht der Welt. Wer mir nachfolgt, wird nicht im Dunkeln gehen, sondern wird das Licht des Lebens haben" (Joh 8,12). Das Licht des Lebens – also ein Licht, das nicht kalt und unbarmherzig aufblitzt, sondern ein wärmendes Licht, das auftaut, was gefroren ist; das Leben weckt und Verkümmertes zur Entfaltung bringt. Die Sonne geht auf, es wird Tag!

Es wird Tag auch für Sie! Gottes freundliches Angesicht ist auf Sie gerichtet. Gott hat Sie lieb, auch wenn es noch dunkel ist um Sie herum und auch in Ihnen selbst. Lassen Sie sich von diesem Licht treffen. Stellen Sie sich bewusst in die Sonne, die von Gott her aufgestrahlt ist – mit allem, was bei Ihnen dunkel, trist und gefroren ist. Dann wird vielleicht gerade an einem besonders dunklen Punkt etwas von Gottes Herrlichkeit aufleuchten. Das „Licht des Lebens" wird an Ihnen zu wirken beginnen. Und Sie werden zu einem Zeichen der Hoffnung für andere, das ihnen sagt: Auch bei dir kann es hell und warm werden. Auch über dir scheint in Jesus Christus die Sonne von Gottes Liebe.

Zu einem Volk, das meinen Namen nicht anrief, sagte ich: Hier bin ich, hier bin ich! Ich streckte meine Hände aus den ganzen Tag nach einem ungehorsamen Volk, das nach seinen eigenen Gedanken wandelt auf einem Weg, der nicht gut ist.

Jesaja 65,1

Man kommt sich seltsam vor, wenn man einem Menschen die Hand zum Gruss hinstreckt und der andere merkt es nicht – oder tut so, als merke er es nicht. So ähnlich ist es Gott mit dem Volk Israel gegangen, und so geht es ihm wohl immer wieder mit uns Menschen.

Gott kommt uns in seiner Aufmerksamkeit und Sorge immer zuvor. Er streckt seine Hände nach uns aus, bevor wir es merken. Immer ist es Gott, der den ersten Schritt auf uns zu macht. Paulus hat das im Römerbrief so gesagt: „Gott erweist seine Liebe zu uns dadurch, dass Christus für uns gestorben ist, als wir noch Sünder waren" (Röm 5,8).

Gott sucht uns, bevor wir nach ihm fragen. So hat es Jesus im Gleichnis vom verlorenen Sohn erzählt: Als der Sohn noch lange nicht ans Heimkehren dachte, da dachte der Vater an ihn und hat schon immer auf ihn gewartet. Und als er ihn dann kommen sieht, läuft ihm der Vater entgegen und fällt ihm um den Hals, noch bevor der Sohn auch nur ein Wort sagen kann.

So entgegenkommend ist Gott auch heute. Im Evangelium von Jesus Christus lässt er uns sagen: Ich will für euch Menschen da sein; „hier bin ich, hier bin ich!" Auch Ihnen streckt er durch Jesus Christus seine Hand entgegen: zur Versöhnung und zum Frieden. Ergreifen Sie doch seine Hand, vielleicht ein erstes Mal, und dann immer wieder. Vertrauen Sie sich seiner guten Hand an und sagen auch Sie: Hier bin ich, hier bin ich, Herr! Ich bitte dich: Bewahre mich vor unguten Wegen nach meinem eigenen Kopf. Gib mir die Demut zur Umkehr, wo es nötig ist. Zeige mir deinen guten Weg und gib mir heute die Kraft, ihn zu gehen.

Ich will euch trösten, wie einen seine Mutter tröstet.

Jesaja 66,13

Nicht nur wie ein Vater ist Gott für uns Menschen, sondern auch wie eine Mutter. Er will uns trösten wie eine gute Mutter. Wie tröstet eine Mutter?

Die Mutter tröstet durch ihr Dasein. Auch Gott ist treu für uns da, „alle Tage", wie Jesus es uns versprochen hat. – Die Mutter tröstet durch ihre Stimme. Sie zu hören beruhigt das Kind, gibt ihm Sicherheit, lenkt es von Angst und Schmerz ab. Jesus sagt: „Meine Schafe hören auf meine Stimme; ich kenne sie und sie kennen mich" (Joh 10,14.27). Seine Stimme gibt uns Sicherheit. – Die Mutter tröstet, indem sie Tränen trocknet und Wunden verbindet. Gott wird einst alle Tränen abwischen und es wird keinen Grund zum Weinen mehr geben. Kein Schmerz, kein Leid und auch der Tod wird nicht mehr sein. Gott tröstet uns schon jetzt, wenn wir verlassen, einsam und traurig sind und uns in der Angst, in Leid und Schmerzen ihm zuwenden. Bei Gott finden wir Geborgenheit, Zuversicht und Kraft, vielfältigen Trost.

Eine Diakonisse hat mir von einer alten Dame im Krankenheim erzählt. Die Frau sah eine Mitbewohnerin weinen und wollte sie trösten, aber es gelang ihr nicht. „Da muss man doch trösten", sagte sie, „ich tröste, aber es tröstet nicht." Weil es so oft nicht tröstet, wenn wir zu trösten versuchen, ist es der beste Trost, wenn wir einander auf den Tröster hinweisen, der trösten kann, „wie einen seine Mutter tröstet". Paulus nennt ihn im 2. Korintherbrief den „Gott allen Trostes". Es heisst dort am Briefanfang: „Gepriesen sei der Gott und Vater unseres Herrn Jesus Christus, der Vater des Erbarmens und der Gott allen Trostes. Er tröstet uns in all unserer Bedrängnis, so dass auch wir andere in all ihrer Bedrängnis zu trösten vermögen mit dem Trost, mit dem wir selbst von Gott getröstet werden" (2 Kor 1,3f).

Niemand muss trostlos sein. Gott will auch Sie trösten „wie einen seine Mutter tröstet".

Ich werde euch Hirten geben, wie ich sie haben will, die euch mit Einsicht und Verstand regieren. Jeremia 3,15

Mit den Hirten sind hier die politischen und religiösen Führer gemeint. Zwei Eigenschaften werden genannt, die ein guter Hirte braucht: Einsicht und Verstand. Er soll die ihm anvertrauten Menschen kennen, ihre Bedürfnisse verstehen und sich nach bestem Wissen und Gewissen für ihr Wohl einsetzen. Unser Bibelwort spricht aber nicht nur von Hirten, wie auch wir sie haben möchten, sondern wie Gott sie haben will. „Ich will euch Hirten geben nach meinem Herzen", heisst es wörtlich übersetzt. Also Menschen, die Gott selbst beauftragt hat, die sich von ihm leiten lassen und sich ihm verantwortlich wissen.

Das Idealbild eines solchen Hirten nach dem Herzen Gottes war im Alten Testament der König David. Als ein Mann nach dem Herzen Gottes wird auch der König Joschija beschrieben, während dessen Regierungszeit der Prophet Jeremia wirkte. Joschija war ein Reformator und bekämpfte den Götzenkult, den seine Vorgänger in Jerusalem eingeführt hatten. Aber er blieb ein weisser Rabe unter Israels Königen und starb im Krieg. Unter seinen unfähigen und gottlosen Nachfolgern ging es nur noch abwärts bis zur Zerstörung Jerusalems und zur Wegführung der Bevölkerung ins babylonische Exil.

Den wahren Hirten nach dem Herzen Gottes lernen wir im Evangelium kennen. Jesus Christus ist der gute Hirte. Er war mit dem Willen Gottes vertraut und hat ihn getan, wie kein menschlicher Hirte es je kann. Er hat die Menschen und ihre Not mit den Augen Gottes gesehen. Seine Herrschaft bestand im Dienen. Jesus hat sein Leben für uns hingegeben. Wenn wir seine Autorität anerkennen und ihm nachfolgen, führt er uns und sorgt für uns, wie Gott es will. Und er beauftragt auch uns, den Menschen in seinem Namen zu dienen „mit Einsicht und Verstand", aber vor allem: mit Herz. Wenn wir andern die Liebe weitergeben, die Jesus uns schenkt, sind auch wir Hirten nach dem Herzen Gottes.

Pflügt euch einen neuen Acker und sät nicht unter die Dornen.

Jeremia 4,3

Einen neuen Acker pflügen, an einem anderen Ort neu anfangen: Wo gibt es das? Doch kaum in meinem Leben. Ich habe Herkunft und Schicksal nicht selbst gewählt. Mein Lebensacker ist mir zugeteilt worden; vielleicht ein karger Boden, hart und steinig, schwer zu bearbeiten. Was kann ich dafür, wenn da vor allem Dornen wachsen? Und das Klima mache ich auch nicht selbst.

So könnten wir auf die Aufforderung zum Neuanfangen reagieren, wie es wohl auch Jeremias Zeitgenossen gemacht haben. Aber wenn Gott uns zum Neuanfangen auffordert, sind das Ausreden. Gott kennt unsere Lebensumstände. Er weiss Bescheid über unsere Herkunft und unsere Erfahrungen. Er weiss auch, wie oft wir versucht haben, aus eigener Kraft Altes hinter uns zu lassen, uns von Bindungen zu befreien, schlechte Gewohnheiten durch gute zu ersetzen, die Dornen auf unserem Lebensacker auszureissen – und wie wenig erfolgreich wir dabei gewesen sind. Das schaffen wir eben nicht. Es ist immer nur ein neues Säen unter die Dornen.

Wenn Gott uns zum Neuanfangen auffordert, heisst das: Er gibt uns eine neue Chance. Mit Worten von Paulus gesagt: „Ist jemand in Christus, so ist er eine neue Schöpfung; das Alte ist vergangen, siehe, Neues ist geworden" (2 Kor 5,17). Wenn wir unser Leben Christus überlassen, kommt Ordnung in den verwilderten Acker. Die Wurzeln der Bitterkeit und die Dornen der Unversöhnlichkeit können nicht weiter wuchern, wenn er uns davon befreit und uns durch seine Vergebung zum Vergeben befähigt. Die Schatten der Vergangenheit können nicht länger wachstumshemmend in unser Leben hineinragen, weil die Sonne seiner Gnade sie vertreibt und neues Leben weckt.

Gott erwartet mehr, als dass wir durch eigenes Bemühen etwas kultivierter werden. Er macht uns zu neuen Kreaturen. Durch Christus schenkt er uns das Leben neu. Mit seiner Hilfe sind Neuanfänge möglich.

Wasche dein Herz vom Bösen rein, damit du gerettet wirst. Wie lange noch wohnen bei dir deine frevelhaften Gedanken?

Jeremia 4,14

Das Herz ist in der Sprache der Bibel das Zentrum unserer Persönlichkeit. Da wohnen die Gefühle, da kommen unsere Gedanken her, die zu Worten und Taten werden. Wenn da im Innersten Ordnung herrscht, gelingt unser Leben. Aber wenn da ein Chaos ist, kann es nicht gut kommen. Durch die Worte aus dem Buch Jeremia fordert uns Gott auf, Ordnung zu schaffen: „Wasche dein Herz vom Bösen rein!"

Können wir denn das? Unser Herz von Schuld reinwaschen, uns die Sünden selbst vergeben – nein, das können wir nicht. Wir alle sind angewiesen auf die Vergebung, die nur Gott gewähren kann. Aber wir dürfen ihn darum bitten wie der König David, der gebetet hat: „Wasche mich rein von meiner Sünde. Wasche mich, dass ich weisser werde als Schnee" (Ps 51,4.9).

Bei Jeremia geht es hier aber nicht um das Problem der Schuld und wie wir sie loswerden. Es geht um das Freiwerden von bösen Gedanken, die sich in unserem Herzen eingenistet haben: „Wie lange noch wohnen bei dir deine frevelhaften Gedanken?"

Auch Jesus hat vom menschlichen Herzen als einer Brutstätte für böse Gedanken gesprochen: „Von innen, aus dem Herzen der Menschen kommen die bösen Gedanken" (Mk 7, 21). Ihnen sollen wir keinen Raum geben. Wir sollen sie als verkehrt erkennen und ihnen absagen, bevor sie als böse Worte über unsere Lippen kommen oder zu bösen Taten werden. Die verkehrten, bösen Gedanken in unserem Herzen zu stoppen, dafür sind wir verantwortlich.

Aber auch das schaffen wir nicht mit unserem Willen allein. Jesus weiss das. Darum hat er uns beten gelehrt: „Führe uns nicht in Versuchung, sondern erlöse uns von dem Bösen." Auch Ihnen will er helfen, dumme, verkehrte und böse Gedanken zu stoppen. Bitten Sie ihn, dass er Ihnen seine guten Gedanken ins Herz gibt.

Gott hat die Erde erschaffen durch seine Kraft und durch seine Weisheit den Himmel ausgebreitet. Jeremia 10,12

Die Bibel sagt schon ganz am Anfang, dass Erde und Himmel, dass die ganze Schöpfung das Werk Gottes ist. Niemand hat ihm dabei zugeschaut. Aber die Menschen der Bibel staunen alle über die Wunder von Gottes Schöpfung. Eigentlich müssten wir heute noch viel mehr darüber staunen, denn so viel wie wir hat keine Generation vor uns über die Wunder der Schöpfung gewusst. Bis zu den winzigsten Bausteinen der Materie, in die unvorstellbaren Weiten des Weltraums hinaus, zu den tiefen Geheimnissen des Lebens ist der menschliche Forschergeist vorgedrungen.

Die Menschen der Bibel haben viel weniger über die Schöpfung und ihre Wunder gewusst als wir – aber sie wissen, wie alles angefangen hat. So hat es auch der Prophet Jeremia gesagt: „Gott hat die Erde erschaffen durch seine Kraft und durch seine Weisheit den Himmel ausgebreitet."

Ich bin sicher, dass Jeremia sich heute nicht am Streit darüber beteiligen würde, ob die sechs Tage im biblischen Schöpfungsbericht buchstäblich oder bildlich zu verstehen seien. Er würde auch heute den Streit führen, den er damals führte: Den Streit gegen die Götzen und den Götzendienst der Menschen, die das Machwerk ihrer Hände anstatt Gott anbeten. Damals waren das Kreationen aus Stein, Holz und Metall. Heute sind es die Errungenschaften von Wissenschaft und Technik, die Medizin, die Psychologie oder die Esoterik, von denen viele Menschen sich Hilfe erhoffen.

Aber was sind alle diese von Menschen gemachten oder erdachten Götter im Vergleich mit dem ewigen, lebendigen Gott! „Er hat die Erde erschaffen durch seine Kraft und durch seine Weisheit den Himmel ausgebreitet." Vertrauen auch Sie seiner Weisheit und rechnen Sie mit seiner Kraft.

Heile du mich, Herr, so werde ich heil; hilf du mir, so ist mir geholfen! Jeremia 17,14

Ein Hilferuf, ein Stossgebet: Jeremia braucht dringend einen Arzt. Was ihm fehlt, ist schwer zu sagen. Heute würde man ihn vielleicht zum Psychiater schicken. Unverständige Menschen würden ihm sagen, das sei wohl alles ‚nur psychisch' – als ob seelisches Leiden kein Leiden wäre. Jeremia hat offenbar wiederholt unter Depressionen gelitten. In solchen Zeiten hat er seinen Auftrag als Prophet wie eine schwere Last empfunden. Kritik und Verleumdung sind unerträglich geworden. Er hat das Gefühl gehabt, alles und alle seien gegen ihn, allen sei er nur im Weg; am besten wäre er gar nicht mehr da.

Aber Jeremia kennt in seiner Not eine hilfreiche Adresse. Und wenn *wir* keinen Menschen mehr hätten, an den wir uns in der Not wenden können – bei dieser Notfalladresse dürfen auch wir uns melden. Da sind wir immer und unter allen Umständen willkommen. Auch und gerade als schwieriger Fall. Gott selbst ist es, der uns einlädt: „Rufe mich an in der Not, so will ich dich erretten!" (Ps 50,15). Da werden wir nicht abgewimmelt, kurz abgefertigt oder billig vertröstet, sondern angenommen und ernst genommen. Da ist Liebe, die wohltut und echt tröstet. Da ist Gnade, die entlastet, auch von Lasten, mit denen wir uns selbst überfordern.

So kann es auch bei uns wieder tagen. Vielleicht sehen wir dann, dass wir in der Dunkelheit doch nicht allein gewesen sind, sondern andere die Dunkelheit mit uns ausgehalten haben – echte Freunde –, und wir drücken dem Freund oder der Freundin dankbar die Hand.

Und wenn es in dem Tief, in dem Sie sich befinden, wirklich kein Mensch bei Ihnen aushalten sollte – Gott streckt Ihnen durch Jesus Christus seine rettende Hand entgegen. Und die reicht ganz gewiss bis zu Ihnen hinab.

Da dachte ich: Ich will nicht mehr an Gott denken und nicht mehr in seinem Namen predigen. Aber es ward in meinem Herzen wie ein brennendes Feuer. Jeremia 20,9

Jeremia hat alles satt. Er mag nicht mehr an Gott denken. Er will nicht mehr in seinem Auftrag reden. Die Menschen wollen ja nicht hören, sie nehmen ihm seine Botschaft übel, sie wollen sich nicht aufrütteln lassen, sie verkennen den Ernst der Lage. Jeremia hat das Gericht Gottes angekündigt, und das hat den Leuten nicht gefallen. Es hat auch Jeremia nicht mehr gefallen; darum sagt er: Schluss jetzt mit Predigen! Ich will nicht mehr an Gott denken und nicht mehr von ihm reden.

Aber da hat er gemerkt: Das geht nicht. In seinem Herzen brennt ein Feuer, das er nicht löschen kann. Und Jeremia begreift: So sehr mich mein Auftrag auch belastet – nicht daran zerbreche ich. Wenn ich ihn aufgebe, wenn ich Gott davonlaufe, *dann* zerbreche ich. Gottes Auftrag ist nicht nur Last, sondern auch Gnade. Dass Gott mich nicht loslässt, ist nicht Knechtschaft, sondern Bewahrung.

Habe ich jetzt nur von Jeremia erzählt? Oder vielleicht auch von Ihnen? Möchten Sie manchmal auch die Last abwerfen, die Gott Ihnen zumutet, und merken dann, dass das nicht geht? Die Einsicht, dass der Ungehorsam gegen Gott keine Möglichkeit ist, kann hilfreich sein. Aber das ist ja nicht der ganze Trost. Dieses „Ich will nicht mehr" ist auch nicht der ganze Jeremia. Er hat auch andere Erfahrungen mit Gott und mit seinem Wort gemacht: „Dein Wort ward meine Speise, so oft ich's empfing; dein Wort ist meines Herzens Freude und Trost" (Jer 15,16).

Gott hat auch mit uns Geduld und hilft uns durch dunkle Stunden hindurch, sodass sein Wort uns wieder erfreut und tröstet und wir ein neues Ja finden zu seinem Weg und Auftrag.

Ich habe dich je und je geliebt; darum habe ich dich zu mir gezogen aus lauter Güte. Jeremia 31,3

„Je und je geliebt" – das heisst hier: immer schon, trotz allem, unter allen Umständen hat Gott sein erwähltes Volk Israel lieb. Das gilt auch und erst recht für die Liebe, mit der Gott uns in Jesus Christus liebt: immer schon, trotz allem, unter allen Umständen. Und es gilt auch für Sie persönlich: Gottes Liebe gilt Ihnen – immer schon, trotz allem, unter allen Umständen.

Immer schon: Das heisst, dass Gott Sie schon geliebt hat, bevor Sie das gewusst und auf seine Liebe geantwortet haben. Gott liebt uns nicht erst, wenn wir ihm zuerst unsere Liebe beweisen. In Jesus Christus ist Gott uns mit seiner Liebe immer schon zuvorgekommen.

Immer schon und *trotz allem:* Gott kündigt uns seine Liebe nicht auf, auch wenn wir uns ihrer nicht als würdig erwiesen haben. Das kommt unübertrefflich zum Ausdruck im Gleichnis vom verlorenen Sohn, das Jesus erzählt hat (Lk 15,11–32). Dem Sohn ist aufgegangen: Ich bin es nicht mehr wert, der Sohn dieses Vaters zu sein. Aber als er heimkehrt, schliesst ihn der Vater in die Arme, nimmt ihn mit Freuden auf und mit allen Ehren wieder an. Mit diesem Gleichnis macht Jesus uns Mut zur Umkehr und Heimkehr zu Gott, aus welcher Entfernung, Verirrung oder Schuld auch immer – weil Gott uns je und je geliebt hat.

Immer schon, trotz allem und *unter allen Umständen:* Vielleicht sind Ihre derzeitigen Umstände schwierig. Auch und gerade dann dürfen Sie davon ausgehen, dass Gott Sie näher zu sich ziehen will. Er lässt Sie erfahren, wie sehr Sie auf ihn angewiesen sind. Und er lässt Ihnen seine Liebe umso unentbehrlicher und kostbarer werden.

Jubelt und jauchzt! Ruft laut, rühmt und sprecht: Der Herr hat seinem Volk geholfen! Jeremia 31,7

Wir werden aufgefordert, in den Lobpreis Gottes laut und fröhlich einzustimmen. Alle Menschen sollen erfahren, was Gott Grosses für sein Volk getan hat und tun wird. Gottes grosse Taten sind Wohltaten, wunderbare Wohltaten für uns Menschen. Gott ist nicht darauf aus, sich als der Grösste oder Stärkste oder Schnellste bejubeln zu lassen, der alle Konkurrenten hinter sich lässt. Gott ist gross, grossartig in der Art und Weise, wie er sich um die kümmert, die sich nie mit ihm messen könnten. Gott ist der Grösste im Helfen: „Der Herr hat seinem Volk geholfen!" Das ist der Jubelruf von Menschen, die ohne seine Hilfe zu den Verlierern gehören müssten.

Ohne Gottes Hilfe wären wir Menschen alle Verlierer und Verlorene. Aber er hilft uns. Er hat Jesus Christus als Retter in die Welt gesandt. In der Menschwerdung, im Leiden und Sterben und in der Auferweckung seines Sohnes aus dem Tod ist Gott auf einzigartige Weise tätig geworden. In Jesus ist er zum Wohltäter für alle Menschen geworden.

Jesus ist es nicht darum gegangen, allein der Beste zu sein. Er will uns nicht nur zeigen, wie gut er ist und wie schlecht wir sind im Vergleich mit ihm. Um die Verlierer und die Verlorenen zu suchen und zu retten, ist er gekommen. Jesus ging und geht es darum, uns Menschen zu zeigen, dass keiner und keine von uns Gott zu schlecht ist, um sich um uns zu kümmern. Für jede und jeden wäre es jammerschade, wenn gerade er oder sie verlorengehen sollte.

Auch Sie sollen zu dem grossen Volk gehören, das Gottes Hilfe annimmt und ihm fröhlich dafür dankt. Und wenn Gott uns geholfen hat, dann sollen andere durch uns erfahren, dass Christus auch ihr Helfer und Retter ist. Der wunderbare Wohltäter für alle.

S Wort chunnt is Härz
und us em Härz is Läbe

Herr, dir sig Dank

für dis heilige Wort.

Präg mir's is Gedächtnis

und schriib's i mis Härz.

Hilf, dass i's bhalte

und bewege wie d Maria,

bis es Händ het und Füess

und Fleisch wird i mir

und mis Läbe für anderi

zum Brief macht vo dir.

Jeremia 31,33; Lukas 2,19;
2 Korinther 3,2f

Ich werde ihnen ihre Schuld vergeben: ihren Ungehorsam und ihre Auflehnung gegen mich. Jeremia 33,8

Im hebräischen Grundtext ist das Vergeben der Schuld mit einem Bild ausgedrückt: „Ich will sie reinigen", heisst es da. Ich werde nie vergessen, wie mir vor vielen Jahren unser damals fünfjähriges Pflegekind an der Haustüre entgegenkam und strahlend sagte: „Jetz hani di ganzi Wält putzt!" Sie streckte mir ihren kleinen Reisbesen entgegen und wiederholte, mit diesem Besen habe sie die ganze Welt geputzt. Die ganze Welt – das waren für sie die Treppenstufen vor der Haustüre und der Plattenweg ums Haus herum.

Vor der eigenen Türe wischen, das ist auch im übertragenen Sinn eine gute Sache. Da hat jeder und jede schon genug zu tun. Nur geht es bei diesem Wischen vor unserer eigenen Tür nicht nur um Staub und dürres Laub. Da geht es um Schmutz von ganz anderer Art: um das Ungeordnete und Unbereinigte in unserem Leben. Das ist nicht nur ein bisschen Staub, den wir leicht weg-wischen können. Da liegt all jener Unrat, den die Bibel Sünde nennt, und blockiert den Weg zwischen uns und Gott. Damit wird keiner und keine selbst fertig, geschweige denn mit dem Schmutz der ganzen Welt.

Aber Gott wird damit fertig: „Ich werde ihnen ihre Schuld vergeben: ihren Ungehorsam und ihre Auflehnung gegen mich." Gott hat sein Wort gehalten und seinen Sohn Jesus Christus mit der grossen Reinigungsaktion beauftragt. „Siehe, das Lamm Gottes, das die Sünde der Welt hinwegträgt", sagte Johannes der Täufer von ihm (Joh 1,29). Allen Schmutz, alle Sünde, allen Ungehorsam und alle Auflehnung, alles was blockierend zwischen uns und Gott liegt, hat Jesus weggeschafft. Er klopft an unsre Tür und sagt: Ich habe am Kreuz die Sünde der Welt getragen. Auch deine Sünde. Steh dazu und vertrau meinem Wort: „Dir sind deine Sünden vergeben."

Der Herr ist gerecht, denn ich bin seinem Wort ungehorsam gewesen. Klagelieder 1,18

Menschliche Klagelieder haben viele Themen und Strophen. Es gibt Klagelieder, die aus lauter Selbstvorwürfen bestehen. Am häufigsten sind wohl die Klagelieder über das, was andere falsch gemacht haben: Sie haben mich im Stich gelassen, übervorteilt, hintergangen, beleidigt, verletzt. Häufig ist auch die Klage über das Schicksal: Ich habe immer Pech. Warum trifft es gerade mich? Womit habe ich das verdient? Statt Schicksal sagen dann manche auch ‚Gott‘. Warum hat Gott das zugelassen? Wo bleibt da seine Gerechtigkeit? Wo die Barmherzigkeit und Liebe?

Solche Strophen gibt es auch in den Klageliedern Jeremias. Aber hier klingt ein ganz anderer Ton an. Da werden nicht andere Menschen oder das Schicksal oder Gott angeklagt. Da wird Gott Recht gegeben: „Der Herr ist gerecht." Und da ist Einsicht in die eigene Schuld: „Ich bin seinem Wort ungehorsam gewesen."

Aber die Einsicht in die eigene Schuld äussert sich nicht in der Form von Selbstvorwürfen. Sie wird vor Gott eingestanden: „Ich bin seinem Wort ungehorsam gewesen." Ich habe nicht auf ihn gehört. Ich erkläre mich schuldig und will mich nicht selbst entschuldigen oder rechtfertigen. Bedingungslose Kapitulation also? Ja, aber nicht so, dass ich am Boden zerstört liegenbleibe.

Wie das ist, wenn ich Gott allein Recht gebe, sagt eine Liedstrophe von Otto Riethmüller (1889–1938):

Zeig uns dein königliches Walten,
bring Angst und Zweifel selbst zur Ruh.
Du wirst allein ganz Recht behalten.
Herr, mach uns still und rede du!

Wenn ich Gott Recht gebe, fängt nicht ein kleinliches Kritisieren und Verurteilen an, sondern sein grosszügiges Vergeben und Zurechthelfen. Wie gut, dass ich still werden und ihn mit mir reden lassen darf.

Die Barmherzigkeit des Herrn hat noch kein Ende, sondern sie ist alle Morgen neu, und seine Treue ist gross.

Klagelieder 3,22

Dieses Bekenntnis hat einen Liederdichter der Reformationszeit zu dem bekannten Morgenlied inspiriert: „All Morgen ist ganz frisch und neu des Herren Gnad und grosse Treu" (Johannes Zwick, 1496–1542).

Wir können den Morgen ganz unterschiedlich erleben: Als den neuen Tag mit seinen Möglichkeiten, zu denen wir dankbar und froh erwachen. Oder als böses Aufwachen zu Sorgen, Belastungen und Ängsten. Das alte Morgenlied erinnert uns an die biblische Zusage: Du darfst an jedem Morgen mit Gottes Gnade und Treue rechnen, „ganz frisch und neu". Also nicht nur, wenn ich gesund, fröhlich und dankbar erwache, sondern auch an einem mühsamen Tagesanfang nach durchwachter oder durchlittener Nacht.

Unsere Stimmungen wechseln, Gottes Einstellung und Verhalten zu uns nicht. Seine Barmherzigkeit ist jeden Morgen unverbraucht und unerschöpflich neu für uns da – „den langen Tag". Sie geht nicht zu Ende, wo wir mit unserer Geduld und Zuversicht am Ende sind. Wir dürfen uns darauf verlassen: Es gibt Hoffnung auch für mich, weil Gott mir treu geblieben ist und mir treu bleiben wird, den lieben langen Tag und auch an bösen langen Tagen.

Darum ist auch ein schwerer Tag nicht einfach ein schwarzer Tag. Von Gott her fällt Licht ins Dunkle. In weiteren Strophen des Morgenliedes wird er als der schöne Morgenstern besungen, der sein Licht auch in uns anzündet. Er vertreibt die Finsternis und behütet uns vor Ärgernis und Blindheit. Er lässt uns an seiner Hand gehen und so „wandeln als am lichten Tag". In der Offenbarung des Johannes (22,16) sagt der erhöhte Christus von sich: „Ich bin der helle Morgenstern." In ihm haben wir Gottes Versprechen, dass er uns gnädig ist und treu bleibt: „All Morgen, den langen Tag" und bis an unserem letzten Tag.

Lasset uns unsere Herzen als Opfer darbringen vor Gott im Himmel.

Klagelieder 3,41

Billiger geht es nicht. Ein Opfer, das nicht ganze Hingabe an Gott zum Ausdruck bringt, wäre für Gott zu wenig. Welche Freude könnte Gott an einem korrekt und pünktlich dargebrachten Dankopfer haben, wenn der Mensch, der es darbringt, gar nicht einsieht, wofür er Gott danken soll, und in Wirklichkeit unzufrieden ist? Was könnte ein Sühnopfer bewirken, wenn der Mensch, der es darbringt, seine Schuld nicht einsieht, wenn sie ihm gar nicht leid tut und er sich auch nicht vornimmt, seinen Fehler künftig zu vermeiden? Welchen Sinn könnte irgendein Opfer haben, wenn es nur eine Ersatzleistung sein sollte für das, was wir Gott eigentlich schuldig sind: uns selbst, unser Herz?

Sollen wir es also besser bleiben lassen? Lieber nicht beten, weil es ja auch geheuchelt sein könnte? Lieber nicht zum Gottesdienst gehen, weil wir ja scheinheilig gehen könnten? Lieber nicht Busse tun, weil sie vielleicht unecht sein könnte? Wäre das nicht wenigstens ehrlich?

Gewiss, aufrichtig sein ist besser als heucheln, ehrlich sein besser als Scheinheiligkeit. Aber wollen wir uns vor Gott wirklich darauf berufen, dass wir wenigstens aufrichtig undankbar, echt uneinsichtig, unbussfertig und unbelehrbar seien? Aufrichtig zu danken, ehrlich um Vergebung zu bitten und entschieden zu Gott umzukehren, dazu fordert uns Gottes Wort auf.

Das Evangelium sagt uns, dass Gott nicht nur Opfer von uns verlangt. Das für uns alle gültige Opfer hat Jesus Christus schon dargebracht. Wir sind eingeladen, „mit Freudigkeit hinzutreten zum Thron der Gnade, damit wir Barmherzigkeit empfangen". Aber wir sind dann auch aufgefordert, „Gott allezeit das Lobopfer darzubringen, die Frucht der Lippen, die seinen Namen bekennen" (Hebr 4,16; 13,15). Alle unsere Opfer können nur Lobopfer sein – Zeichen unseres Dankes für die durch Christus empfangene Barmherzigkeit.

Ich, der Herr, rede; und was ich ankündige, das trifft ein. Es lässt nicht lange auf sich warten. Ich sage ein Wort und ich setze es in die Tat um. Ezechiel 12,25

Das sagt Gott selbst. Der Prophet Ezechiel soll seinen Volksgenossen ausrichten, dass Gott ihre ungläubigen Redensarten gehört hat. Ezechiel hatte Gottes Gericht angekündigt, aber man glaubte ihm nicht. Die Leute sagten: Bis jetzt ist jedenfalls nichts passiert, es wird auch morgen und übermorgen nichts passieren. Immer diese schrecklichen Prophezeiungen – wer wollte sie denn noch ernst nehmen?

Aber jetzt doppelt Ezechiel im Auftrag Gottes nach. Wer seine Botschaft in den Wind schlägt und lächerlich macht, wird sich noch wundern. Was der Prophet ankündigt, das sind nicht nur die Albträume eines Schwarzmalers. Es sind die Worte Gottes. Gott selbst sagt: „Ich bin der Herr. Was ich sage, wird geschehen. Ich setze mein Wort in die Tat um."

Das galt nicht nur damals für die prophetische Gerichtsbotschaft des Ezechiel. Es gilt für alles, was Gott sagt. Es gilt auch für seine Verheissungen. So wie die Gerichtsbotschaft keine leere Drohung ist, so sind auch die Verheissungen nicht leere Versprechen. Gott meint, was er sagt, und er hält, was er verspricht. Seine Worte sind nicht ungedeckte Schecks, Gott löst sie ein. Gott wird tun, was er sagt.

Auch heute ist es leicht, Gottes Wort in Frage zu stellen und in Zweifel zu ziehen. Es ist schwer zu verstehen, dass Gott dem Weltgeschehen mit all den schrecklichen Dingen, von denen wir täglich hören, immer noch zuschaut und den Lauf lässt. Wo bleibt seine Gerechtigkeit, wann endlich kommt sein Reich des Friedens? Fragen sind nicht verboten. Aber sie sollen uns nicht dazu verführen, das Wort Gottes überhaupt in Frage zu stellen. Es ist Verlass darauf, wie auch Jesus uns sagt: „Himmel und Erde werden vergehen; meine Worte aber werden nicht vergehen" (Mk 13,31).

Ich habe keine Freude daran, wenn ein Mensch wegen seiner Vergehen sterben muss. Also kehrt um, damit ihr am Leben bleibt! Ezechiel 18,32

Umkehren ist im Alten und im Neuen Testament ein zentraler Begriff. Wie die Propheten hat auch Jesus zur Umkehr aufgerufen. Schon beim ersten öffentlichen Auftreten ist das sein Thema gewesen: „Kehrt um und glaubt an das Evangelium!" (Mk 1,15). In der Übersetzung von Martin Luther heisst es an dieser Stelle: „Tut Busse und glaubt an das Evangelium!"

Das Wort Busse bedeutet aber in der heutigen Umgangssprache nicht mehr das, was die Bibel damit meint. Wir denken vielleicht an eine Polizeibusse für eine Übertretung im Strassenverkehr. Das biblische Wort meint aber die Umkehr und Neuorientierung unseres Denkens und Lebens; eine Lebenswende, wie sie der verlorene Sohn erlebt hat, von dem Jesus im Gleichnis erzählt. Er hat innegehalten auf seinem verkehrten Weg, er ist in sich gegangen und hat erkannt, dass es nur *einen* Weg gibt, der ihn aus dem selbstverschuldeten Elend hinausführt: die Umkehr und Heimkehr zum Vater. Gott freut sich wie der Vater über den wiedergefundenen Sohn: „Dieser mein Sohn war tot und ist wieder lebendig geworden" (Lk 15,24).

Wer Gott den Rücken kehrt und ihm davonläuft, gleicht einem Wanderer im Nebel, der nicht weiss, dass sein Weg früher oder später in einem Abgrund endet. Der Ruf zur Umkehr will uns vor dem Absturz bewahren. Wenn wir uns Gott zuwenden und auf die Wegweiser achten, die er uns in seinem Wort gibt, dann sind wir auf dem Weg zum Leben. Das macht Gott und uns Freude.

Umkehren ist wie das Umwenden eines Blattes in meinem Lebensbuch. Ich darf Altes und Verpfuschtes hinter mir lassen, eine neue Seite aufschlagen und mit Gottes Hilfe ein gutes neues Kapitel zu schreiben beginnen. Gott möchte, dass es gut kommt mit unserer Lebensgeschichte. Darum lädt er uns ein: „Kehrt um, damit ihr am Leben bleibt!"

Der Herr, der mächtige Gott, hat gesagt: Ich selbst will jetzt nach meinen Schafen sehen und mich um sie kümmern.

Ezechiel 34,11

Dieses Versprechen hat Gott einst dem Volk Israel gegeben, aber erfüllt hat er es für alle Menschen. Durch seinen Sohn Jesus Christus ist er als der gute Hirte in die Welt gekommen. Jesus hat die Menschen mit Gottes Augen gesehen und er hat mit Gottes Herzen gefühlt. Die Evangelien sprechen davon: „Als Jesus die Volksmenge sah, fühlte er Erbarmen mit ihnen, denn sie waren abgequält und erschöpft wie Schafe, die keinen Hirten haben" (Mt 9,36). Von sich selbst sagt Jesus, er sei gekommen, „um zu suchen und zu retten, was verloren ist" (Lk 19,10).

Wir leben in einer Welt, die geprägt ist von Egoismus und Rücksichtslosigkeit. Die Grossen und Reichen machen es vor. Viele schimpfen über sie – und machen es ihnen im Kleinen nach. Auch in unserem reichen Land gibt es die neue Armut; es gibt die ‚working poor‘, denen es bei allem Fleiss für das Nötigste zum Leben nicht reicht. Vergessene und Verlorene gibt es auch unter den Stellenlosen, für deren Fähigkeiten und Arbeitskraft sich niemand interessiert. Behinderte, Kranke und Betagte leiden unter dem Gefühl, sich selbst und den andern nur noch eine Last zu sein.

Die Verlorenheit, in der Jesus die Menschen antrifft, hat viele Formen. Er sieht auch die, die sich in Schuld verstrickt haben, die ihren Lebenssinn verfehlen, die unter der Trennung von Gott leiden – auch wenn sie es selbst gar nicht so sehen. Jesus sieht es so, weil er uns Menschen mit den Augen Gottes sieht. Aber er sieht nicht nur unsere Verlorenheit. Als der gute Hirte *sucht* er das Verlorene. Er heilt die Wunden. Er vergibt die Schuld. Er gibt dem Verachteten seine Würde, auch dem Ärmsten seinen Wert. Wir alle sind es ihm wert gewesen, dass er sein Leben hingegeben hat, um uns zu suchen und zu retten.

Wir liegen vor dir mit unserem Gebet und vertrauen nicht auf unsere Gerechtigkeit, sondern auf deine grosse Barmherzigkeit. Daniel 9,18

Von drei menschlichen Tätigkeiten spricht dieser Satz: vom Liegen, vom Beten und vom Vertrauen.

Liegen: Man möchte meinen, das sei keine Tätigkeit, eher das Gegenteil, gleichbedeutend mit Nichtstun. Man legt sich hin zum Ausruhen und zum Schlafen. Aber vielleicht wissen Sie gut, wie anstrengend das Liegen sein kann: Liegen müssen, wenn man krank ist. Wach liegen, wenn man schlafen möchte, vielleicht weil man von Schmerzen geplagt oder von Sorgen umgetrieben wird. Liegen – das kann eine intensive Übung sein, die viel Kraft kostet. Aber in unserem Bibelwort wird nicht über das Liegenmüssen geklagt. Hier sagen Menschen zu Gott: „Wir liegen *vor dir*." Das macht einen grossen Unterschied, ob ich nur daliege oder mir bewusst mache, dass ich *vor Gott* liege, in seiner Gegenwart, und das Gespräch mit ihm aufnehmen kann im Gebet.

Beten: Dass auch das eine Tätigkeit ist und nicht nur ein Ersatz dafür, das merken wir daran, dass uns das Beten oft schwer fällt. Es kann schwerer sein, eine Gebetspause einzulegen, als verbissen weiterzuarbeiten. Darum können unfreiwillige Liegezeiten eine Chance sein, um das Gespräch mit Gott aufzunehmen. Wir reden mit ihm über Sorgen und Ängste, aber auch über die Menschen, an denen uns liegt. Wir dürfen sie im Gebet Gott anvertrauen. Und so tun wir auch das Dritte:

Vertrauen: Wir vertrauen auf Gott und seine grosse Barmherzigkeit. Gottes Barmherzigkeit hat einen Namen. Diesen Namen können wir anrufen: den Namen Jesus Christus. Auf ihn dürfen wir uns berufen, wenn wir mit Gott reden. In seinem Namen dürfen wir Gottes grosse Barmherzigkeit in Anspruch nehmen, wenn wir für uns und für andere beten. Wie gut, dass wir nicht auf unsere eigene Gerechtigkeit vertrauen müssen. Wie wunderbar, dass wir mit Gottes grosser Barmherzigkeit rechnen können.

Du hast mein Leben aus dem Verderben geführt, Herr, mein Gott!

Jona 2,7

So betete der ungehorsame Jona im Bauch des Fisches, der ihn verschlungen hatte. Also nicht nur um Rettung gefleht hat Jona, sondern Gott schon dafür gedankt. Das Verderben, aus dem allein Gott ihn retten kann, ist nicht nur der Fisch, der ihn verschluckt hat; nicht nur die Tiefe des Meeres, in der er versunken ist; nicht erst die Todesangst, die ihn erfasst hat. Das Verderben hatte angefangen mit seinem Ungehorsam gegen Gott.

Jona hatte einen Auftrag von Gott bekommen, aber der passte ihm nicht. Er versuchte, Gott davonzulaufen. Aber das kommt nie gut. Der Weg von Gott weg endet immer im Verderben.

Jetzt redet Jona wieder mit Gott. Er dankt ihm für die Rettung aus dem Verderben. In seiner Todesangst hat er wieder beten gelernt. Nicht immer ist es so, wie das Sprichwort sagt: „Not lehrt beten." Aber man *kann* und *darf* in der Not beten lernen. Dann kann gerade ein Tiefpunkt oder Nullpunkt in unserem Leben zum entscheidenden Wendepunkt werden.

Das können wir nicht nur bei Jona lernen; das sagt uns Jesus. Besonders eindrücklich hat er es im Gleichnis vom verlorenen Sohn gesagt. Man könnte es auch das Gleichnis vom wartenden Vater nennen. Gott wartet. Er wartet auf die Menschen, die ihm den Rücken gekehrt haben wie Jona.

Wenn Sie sich in der Angst oder Ausweglosigkeit Gott zuwenden und ihn um Hilfe anrufen, ist das kein billiger Ausweg. Es ist Ihre Rettung. Wagen Sie es nur! Dann ist keine Situation hoffnungslos. Dann kommt gewiss auch für Sie irgendwann der Augenblick, wo Sie aufatmen und Gott danken können: „Du hast mein Leben aus dem Verderben geführt, Herr, mein Gott!"

Der Herr fragte Jona: Hast du ein Recht dazu, so zornig zu sein? Jona 4,4

Merkwürdig: Auch nach seiner wunderbaren Errettung durch Gott war Jona durchaus nicht motiviert für seinen Auftrag. Gott hat ihn nach Ninive gesandt, um die gottlosen Menschen dort zur Umkehr zu rufen. Obwohl ihn sein ungehorsames Davonlaufen beinahe das Leben gekostet hätte, hat er nur widerwillig in Ninive gepredigt. Er hat nicht verstanden, wieso Gott sich für diese gottlose Stadt interessiert. Er hat nicht eingesehen, warum er sich um gottlose Leute kümmern sollte. Er hat sich um niemand kümmern wollen, ausser um sich selbst.

Das zeigt sein Verhalten, als der Strauch, unter dem er Schutz vor der Hitze suchte, auf einmal verwelkt ist. Da hat Jona gejammert – gejammert über das traurige Aussehen des verwelkten Strauches, aber mehr noch, weil er nun in der heissen Sonne keinen Schattenplatz mehr hat. Da hat Gott ihn gefragt: Siehst du denn nicht, Jona, wie die Menschen, die ohne Gott leben, dahinwelken und verderben? Ist dir das denn egal? Mir nicht!

Heute würde Gott ihn vielleicht fragen: Kümmert es dich nicht, Jona, dass so viele deiner Mitmenschen der Macht des Bösen zum Opfer fallen, als Süchtige ihr Leben kaputtmachen oder oberflächlich in den Tag hinein leben, ohne Sinn und ohne Ziel? Wie kannst du jammern über ein bisschen Sonnenhitze auf deinem Kopf – und die Not deiner Mitmenschen lässt dich kalt! Sag es ihnen doch, dass Gott auf sie wartet. Und lass sie etwas davon spüren, dass Gott sie liebt.

Gott möchte, dass auch uns die Not unserer Mitmenschen berührt. Nicht nur den unzufriedenen Jona, sondern auch uns fragt Gott: Um wen sorgst du dich, ausser um dich selbst? Teile meine Sorge um die Menschen – das ist die beste Therapie gegen die Unzufriedenheit und das Jammern!

Ich will, spricht der Herr, eine feurige Mauer rings um Jerusalem her sein. Sacharja 2,9

Diese Worte nehmen uns zurück in die Zeit nach der Heimkehr der judäischen Bevölkerung aus der Gefangenschaft in Babylonien, gegen Ende des 6. Jahrhunderts vor Christus. Da hat man das zerstörte Jerusalem, den Tempel und auch die Stadtmauer wieder aufgebaut. In dieser Situation hat Sacharja seine prophetischen Botschaften verkündigt.

Gott hat ihm ein wunderbares Zukunftsbild von Jerusalem gezeigt. Einst wird Jerusalem sich nicht mehr vor Feinden schützen und gegen Fremde abriegeln müssen. Es wird eine offene Stadt ohne Mauern sein, in der alle Platz finden, die in ihr wohnen möchten. In dieser ungeschützten offenen Stadt wird sich trotzdem niemand unsicher fühlen. Denn Gott verheisst: „Ich will eine feurige Mauer rings um Jerusalem her sein." Gott selbst wird die für alle offene Stadt beschützen, wie keine menschlichen Sicherheitsmassnahmen es könnten.

Für das Jerusalem von heute, auf das nicht nur Israel und die Juden Anspruch erheben, sondern auch die palästinensische Bevölkerung und die ganze muslimische Welt, ist die offene Stadt mit der feurigen Mauer immer noch ein Zukunftsbild. Gottes Verheissung bleibt gültig, auch wenn wir uns nicht vorstellen können, wann und wie Gott sie erfüllen wird.

Aber Gott verheisst auch uns seine schützende Macht. Er kann schützen und bewahren, wo uns alle Vorsichtsmassnahmen und Versicherungen keine Sicherheit geben können. Paulus hat es so gesagt: „Wenn Gott für uns ist, wer kann dann gegen uns sein?" (Röm 8,31).

Wenn wir bei Gott geborgen sind, müssen wir uns nicht abgrenzen und einigeln. Die Mauern, die wir selbst um uns herum aufrichten, machen uns nur einsam und immer ängstlicher. Die feurige Mauer, die Gott für uns sein will, lässt unser Vertrauen wachsen und macht Offenheit möglich.

Es soll nicht durch Heer oder Kraft, sondern durch meinen Geist geschehen, spricht der Herr. Sacharja 4,6

„Nicht durch Heer oder Kraft" – das hat der Prophet Elija einmal sehr eindrücklich erfahren. Nach der blutigen Auseinandersetzung mit den Baalspriestern auf dem Berg Karmel flüchtete er in die Wüste und fiel in eine Depression. Er überlebte nur durch Gottes Bewahrung und Fürsorge. Auf dem Gottesberg hatte er dann eine neue Begegnung mit Gott. Es gingen ihr dramatische Naturereignisse voraus: ein Sturm, ein Erdbeben, ein Feuer. Aber der Herr war nicht im Sturm, nicht im Erdbeben, nicht im Feuer. Nach dem Feuer kam ein stilles, sanftes Sausen. Als Elija es hörte, verhüllte er sein Angesicht. Und dann, in der Stille, redete Gott mit ihm (1 Kön 18). Im Hören auf Gottes Reden in der Stille empfing Elija neue Glaubensgewissheit, neue Aufträge und neue Kraft, sie auszuführen. Er lernte, was später Sacharja predigte: Nicht durch Heer oder Kraft, nicht durch meinen Kampf und Krampf kommt die Sache Gottes voran, sondern durch seinen Geist.

Gott wirkt im Stillen, auch heute. Der heilige Geist ist nicht gewalttätig. Zwar hat Jesus gesagt: „Mir ist alle Gewalt gegeben im Himmel und auf Erden." Aber sein Geist vergewaltigt nicht. Die Gewalt, die Jesus hat, ist die Vollmacht von Gott, uns zu sich zu ziehen und uns heimzuholen zum Vater. Die Herrschaft, die er ausübt, ist die sanfte Herrschaft des ‚Lammes', die Herrschaft dessen, der für die Menschen gelitten und sein Leben in den Tod gegeben hat – ohne zu klagen, ohne sich zu wehren.

So wirkt Gott: unscheinbar, manchmal verborgen. Sein Geist ist nicht vor allem dort am Werk, wo spektakuläre Wunder geschehen, sondern oft im Stillen und Verborgenen. „Nicht durch Heer oder Kraft, sondern durch meinen Geist, spricht der Herr." Er sagt auch zu uns: Verrenne und verzehre dich nicht im eigenen Kampf und Krampf! Wolle nicht Wunder erzwingen. „Der Geist weht, wo er will", nicht wo wir wollen. Aber wehen will er. Erwarten wir ihn und öffnen wir uns seiner stillen Kraft.

So spricht der Herr: Ich kehre wieder auf den Zion zurück und will zu Jerusalem wohnen, dass Jerusalem eine Stadt der Treue heissen soll. Sacharja 8,3

Unsere Städte werden immer mehr zu Betonwüsten, ertrinken im Verkehr, ersticken an den Abgasen, werden immer unwohnlicher. Architekten, Soziologen und Politiker entwerfen Konzepte für die Stadt von morgen. Die Stadt von morgen soll nicht die autogerechte, sondern die menschengerechte Stadt sein. Sie soll auch jenen Menschen gerecht werden, die sich für ihre Rechte nicht wehren können: die Betagten zum Beispiel und die Kinder. Alte Männer und Frauen sollen sich darin wohlfühlen und die Kinder Platz zum Spielen haben. So hat es Sacharja gesehen (V. 4f).

Wer sorgt sich aber darum, dass *Gott* in der Stadt von morgen zu seinem Recht kommt, so dass er darin wohnen kann und mag? Wir können die Stadt von morgen noch so kreativ planen und noch so modern bauen – sie wird nur in dem Mass gerecht, menschlich und wohnlich sein, wie Gott in ihr und unter ihrer Bevölkerung zu seinem Recht kommt. Wo Gott hinkommt, wo Menschen ihm Raum geben und bewusst in seiner Gegenwart leben, da gestaltet sich ihr Zusammenleben neu und anders. Das kommt in dem neuen Namen zum Ausdruck, den Gott selbst der Stadt gibt, in der er wohnt: „Stadt der Treue" soll sie heissen.

Was ist das für eine Stadt? Zunächst ist die Heilige Stadt gemeint, ein erneuertes Jerusalem. Aber das neue Jerusalem ist zugleich ein Bild für die nach Gottes Plan und Willen geordnete menschliche Gemeinschaft. Gott hat uns sein Reich des Friedens verheissen, das Vaterhaus mit den „vielen Wohnungen" (Joh 14,2), die ewige Stadt in seiner neuen Welt. Aber in dem Mass, wie wir Gott schon hier und jetzt in unserer Stadt oder in unserem Dorf bei uns Raum geben und uns an seinen Weisungen orientieren, werden unsere Städte und Dörfer schon heute friedlicher, wohnlicher, menschlicher.

Sie sollen mein Volk sein und ich will ihr Gott sein in Treue und Gerechtigkeit. Sacharja 8,8

Immer wieder lesen wir in der Bibel, dass Gott den Menschen dieses Versprechen gegeben hat: Ich will euer Gott sein! Ich will dein Gott sein! Manchmal hat er das zu einem Einzelnen gesagt, wie zu Abraham oder Mose. Aber in der Regel hat sich das Versprechen an das Volk Israel gerichtet: „Ich bin der Herr, dein Gott, der dich aus Ägypten, aus dem Sklavenhaus geführt hat. Du sollst keine anderen Götter neben mir haben." So stellte sich Gott am Sinai vor, als er Israel durch Mose die Zehn Gebote gab. Später hat er sich durch die Propheten immer wieder in Erinnerung rufen lassen. Die Erinnerung war nötig, denn Israel hat Gott vergessen, hat ihm nicht mehr vertraut, nicht mehr an ihn geglaubt, hat ihn kaum noch gekannt.

Aber Gott hat sein Versprechen nicht vergessen. Darum sagt er es Israel durch Sacharja neu: „Sie sollen mein Volk sein und ich will ihr Gott sein." Und noch einmal ganz neu hat er es durch seinen Sohn Jesus Christus gesagt, und jetzt gilt sein Versprechen für *alle* Menschen: Ich will euer Gott sein! Er sagt es auch zu uns ganz persönlich: Ich will dein Gott sein!

Das also will Gott. Die Frage ist: Wollen wir das auch? Manchmal reden wir von Gottes Willen so, als ob wir darüber gar nichts wissen könnten. Wenn etwas Schlimmes geschieht, das wir nicht verstehen, fragen wir: Kann das Gottes Wille sein? Gewiss, wir verstehen nicht alles, was Gott tut oder zulässt. Aber das für uns Entscheidende über den Willen Gottes können wir sehr wohl wissen, weil er es uns durch sein Wort sagt: „Ich will euer Gott sein", ich will dein Gott sein! Viel Schlimmes in der Welt und im persönlichen Leben geschieht ja dann, wenn wir Menschen nicht wollen, was Gott will: nämlich dass er unser Gott ist.

Lassen wir zu, dass er unser Gott ist. Etwas Besseres könnten wir gar nicht wollen.

Vor diesen Tagen war der Menschen Arbeit vergebens. Ich will euch erlösen, dass ihr ein Segen sein sollt. Fürchtet euch nur nicht und stärkt eure Hände! Sacharja 8,10.13

Da wird ein Vorher und ein Nachher geschildert, das unterschiedlicher nicht sein könnte. *Vorher:* Das war vergebliches Arbeiten von Mensch und Tier; da waren lauter Feinde und kein Friede, ein Gegeneinander von jedem gegen jeden. *Nachher:* Das ist Säen im Frieden und Ernten im Segen. Da macht das Arbeiten Sinn und Freude, weil die Mühe sich lohnt.

Diese neue Zukunft hat Gott den aus Babylon nach Jerusalem zurückgekehrten Israeliten verheissen. Durch seinen Propheten ermutigt er sie, den Wiederaufbau der Stadt voranzutreiben und das Leben in ihr wieder lebenswert zu machen. „Fürchtet euch nicht und stärkt eure Hände" – das ist nicht nur ein Appell, die Resignation zu überwinden, die Ärmel hochzukrempeln, in die Hände zu spucken und auf die Zähne zu beissen. Es ist zugleich eine Verheissung und Aufforderung, mit dem Beistand und Segen Gottes zu rechnen. Ohne eigene Mühe geht es nicht, aber an Gottes Segen ist alles gelegen.

In ähnlicher Weise hat der Apostel Paulus die Christen in Korinth ermutigt: „Darum seid fest, unerschütterlich und nehmt immer zu in dem Werk des Herrn, weil ihr wisst, dass eure Arbeit nicht vergeblich ist in dem Herrn" (1 Kor 15,58).

Jetzt sind wir es, die diese ermutigenden Worte aus dem Alten und aus dem Neuen Testament lesen. Vielleicht haben wir den Zuspruch gerade heute nötig: Stärkt eure Hände! Eure Arbeit ist nicht vergeblich! Das gilt nicht nur für besondere Aufgaben im Dienst für Gott. Es gilt auch für alltägliche Pflichten und Verantwortungen, auch für Mühsames und Belastendes. Nichts ist umsonst, was wir „im Herrn", in der Verbundenheit mit Christus, tun. Er stärkt unsere Herzen und unsere Hände. Er segnet uns und lässt uns für andere ein Segen sein.

Siehe, dein König kommt zu dir, ein Gerechter und ein Helfer.

Sacharja 9,9

Was für eine schöne Aussicht ist das, in was für eine freudige Erwartung kommen wir da, wenn sich ein solcher Gast bei uns ankündigen lässt: ein König, ein Gerechter, ein Helfer! Als *König* kommt er, aber nicht stolz und prunkvoll, sagt der Prophet, sondern bescheiden, ja arm. Nicht auf dem hohen Ross kommt er geritten, sondern auf einem Esel. Als ein *Gerechter* kommt er, aber nicht als einer, vor dem man sich schämen oder fürchten muss. Nicht als ein Selbstgerechter, der überall nur das Falsche und Verkehrte bei uns sieht. Nicht als ein wandelnder Vorwurf für alle, die nicht so gerecht sind wie er.

Er ist eben zugleich ein *Helfer*, der Helfer schlechthin, der Helfer von Gott. Er sieht die Not der Menschen, auch die selbstverschuldete Not, aber er kommt nicht um anzuklagen oder zu verurteilen. Er kommt als Helfer. Er ist der Retter von Gott.

Der Prophet Sacharja kündigt hier offensichtlich jenen König, jenen Gerechten, jenen Helfer an, der in Jesus Christus zu uns Menschen gekommen ist. Jesus hat nicht nur das Unrecht konstatiert, die Ungerechten kritisiert, die Sünder angeprangert und verurteilt. Er hat den Ungerechten zurechtgeholfen, er hat den Sündern vergeben, er hat ihnen seine Gerechtigkeit geschenkt. Darin besteht sein Helfen und Retten.

Auf die Ankunft dieses Königs Jesus Christus warten und hoffen wir. Wir warten und hoffen darauf, dass er seine Königsherrschaft endgültig aufrichtet, seine Gerechtigkeit gegen allen Widerstand durchsetzt und alles zurechtbringt. Jesus hat uns versprochen, dass er schon jetzt bei uns ist alle Tage. Schon jetzt schenkt er uns seine Gerechtigkeit, schon jetzt ist er unser Helfer, schon jetzt will er unser König sein. Schon jetzt sollen wir uns auf sein endgültiges Kommen ausrichten, indem wir uns hier und jetzt seiner Herrschaft unterstellen.

Lasst euer Licht leuchten vor den Menschen, dass sie eure guten Werke sehen und euren Vater im Himmel preisen.

Matthäus 5,16

Das sind Jesus-Worte aus der Bergpredigt. Sie tönen fast wie das alte, einfache PR-Rezept „Tue Gutes und rede davon!" – aber eben nur fast. Jesus hat zu seinen Jüngern gesagt, sie seien für die Welt so unentbehrlich wie das unscheinbare Salz, aber auch so unübersehbar wie eine Stadt auf dem Berg und wie das Licht auf dem Leuchter, das ein ganzes Haus hell macht.

Was soll denn da leuchten, was sollen die Menschen sehen? „Eure guten Werke", sagt uns Jesus. Die guten Werke dürfen aber nicht der frommen Selbstdarstellung vor Gott und den Menschen dienen. Davor hat Jesus ausdrücklich gewarnt: Wer Wohltätigkeit übt, soll das nicht ausposaunen, um von den Leuten dafür gelobt zu werden. Die Aufforderung, unser Licht nicht unter den Scheffel zu stellen, sondern es leuchten zu lassen vor den Menschen, unterscheidet sich vom Rezept „Tue Gutes und rede davon" in einem entscheidenden Punkt. Das Ziel ist nicht, dass man von uns und unseren guten Taten redet, sondern dass darüber Gott, der Vater im Himmel, gepriesen wird. Das Ziel ist, dass die Menschen durch uns und durch das, was wir tun, etwas von der Güte Gottes sehen und erfahren.

Vielleicht braucht es dazu dann auch erklärende Worte. Aber wir sollten nicht erwarten, dass die Menschen sich freuen, wenn wir ihnen Schönes und Frommes über Gott sagen. Freuen werden sie sich, wenn sie in dem Guten, das wir tun, etwas von Gottes Güte und Menschenfreundlichkeit spüren. Also lassen auch Sie heute ihr Licht vor den Menschen leuchten. Tun Sie Ihren Mitmenschen Gutes, damit sie etwas von Gottes Güte sehen und spüren. Tun Sie es, auch wenn es vielleicht niemand sieht und Ihnen keiner dafür dankt. Sie tun es ja nicht, damit man Sie dafür preist. Sie danken damit Gott für das Gute, das er an Ihnen getan hat und tut. Er sieht es und freut sich daran.

Gott lässt seine Sonne aufgehen über Böse und Gute und lässt regnen über Gerechte und Ungerechte. Matthäus 5,45

Was für eine Verschwendung, könnte man bei diesen Worten aus der Bergpredigt Jesu sagen. Die Bösen und die Ungerechten haben das doch nicht verdient! Dass Gott in seiner verschwenderischen Güte auch die Bösen und die Ungerechten leben lässt, manchmal sogar besser leben lässt als die Guten und die Gerechten, das ist oft schwer verständlich. So schwer verständlich wie das, was im Gleichnis vom Sämann, das Jesus erzählt hat, der Sämann macht: Er sät nicht nur auf das gute Land, sondern auch auf den Fels, auf den Weg und unter die Dornen.

Gott ist reich und darum grosszügig in seinem Schenken, verschwenderisch in seiner Güte. Er lässt seine Sonne aufgehen und lässt regnen auch über denen, die es nicht verdient haben. Aber wer hätte es denn verdient? Ich jedenfalls erlebe viel mehr Gutes, als ich verdient habe.

Viele Menschen stellen die Frage: „Womit habe ich das nur verdient?", wenn es ihnen nach ihrer Meinung schlechter geht, als sie es verdient haben. Ich möchte mir bewusstmachen, wie viel Gutes ich erlebe, das ich nicht verdient habe: die Gesundheit zum Beispiel, die Liebe meiner Frau, die Anhänglichkeit meiner erwachsenen Kinder und meiner Enkelkinder; die Freundschaft und Freundlichkeit vieler Mitmenschen, mit denen ich leben darf; den Lebensmut und die Freude an viel Schönem, das mir begegnet – alles nicht verdient!

Wozu schenkt es mir Gott? Wozu lässt er seine Sonne unverdienterweise auch über Ihnen scheinen? Paulus gibt im Römerbrief (2,4) die Antwort: Damit wir uns durch Gottes Güte zur Busse leiten lassen – zur Umkehr und Hinwendung zu Gott, zur Demut und zur Dankbarkeit. Gott möchte, dass diese Früchte auch bei Ihnen wachsen. Darum lässt er jeden Morgen neu die Sonne seiner Güte und Freundlichkeit über uns und allen Menschen aufgehen.

Geheiligt werde dein Name. Matthäus 6,9

Das ist die erste Bitte im „Unser Vater", das Jesus seine Jünger beten lehrte. Im Judentum hütet man sich davor, den heiligen Gottesnamen auszusprechen – den Namen, mit dem Gott sich Mose vorstellte, als der ihn fragte, wie er heisse. Wo im hebräischen Bibeltext die vier Buchstaben stehen, die man auf Deutsch mit „Ich bin, der ich bin" wiedergeben kann, wird an ihrer Stelle ein Wort gelesen, das „Herr" bedeutet. Auch in unsern Bibelausgaben heisst es an diesen Stellen „der Herr". Es besteht ja immer die Gefahr, dass Gottes heiliger Name entheiligt wird, sobald er über menschliche Lippen kommt. Auch und gerade, wenn fromme Menschen ihn im Munde führen, denen er leicht von der Zunge geht. „Du sollst den Namen des Herrn, deines Gottes, nicht missbrauchen!", mahnt das dritte Gebot.

Aber den Namen Gottes heiligen kann ja nicht heissen: ihn aus Angst vor dem Missbrauch verschweigen. Der Name Gottes soll angerufen und ausgerufen werden. Nirgends wird das deutlicher als in den biblischen Psalmen. Da wird Gott mit immer neuen Namen gepriesen als der Herr und Helfer seines Volkes.

Jesus hat im ‚hohepriesterlichen Gebet' seinen Auftrag mit den Worten zusammengefasst: „Ich habe deinen Namen den Menschen offenbart" (Joh 17,6). Gottes Name – das sind nicht nur Buchstaben. Das ist Gott selbst, sein Wesen, seine Liebe, die er uns in Jesus offenbart hat. Wenn wir beten: „Dein Name werde geheiligt", dann sagen wir damit: Vater, ich will Jesus ernst nehmen und deine Liebe annehmen. Und ich möchte, dass Jesus allen Menschen bekannt wird und viele deine Liebe annehmen. Hilf mir deine Liebe weitergeben durch Wort und Tat. So will ich dich und deinen heiligen Namen bekennen und ehren.

Wenn wir so beten und schon jetzt so leben, wird Gottes Name durch uns geheiligt.

Dein Wille geschehe wie im Himmel so auf Erden.

Matthäus 6,10

Was geschieht, wenn Gottes Wille geschieht? Es gibt fromme Redensarten, aus denen man schliessen könnte, wenn Gottes Wille geschehe, geschehe immer ein Unglück. Wenn etwas Schlimmes, Trauriges, Unfassbares geschehen ist, versucht man es damit zu erklären, dass es Gottes Wille gewesen sein müsse. Aber nicht alles, was geschieht, ist Gottes Wille. Viel Böses und Trauriges müsste nicht geschehen, wenn die Menschen nach Gottes Willen fragen und sich danach richten würden. Gottes Wille ist eben buchstäblich das, was Gott *will:* Was er beabsichtigt, was er vorhat, was er sich wünscht, was er von uns erwartet, was ihm gefällt und ihn freut.

Wenn wir wissen möchten, was Gottes Wille ist, dann müssen wir auf das hören, was die Bibel darüber sagt. „Gott will, dass allen Menschen geholfen werde und sie zur Erkenntnis der Wahrheit kommen" (1 Tim 2,4). Das ist der Wille Gottes! „So sehr hat Gott die Welt geliebt, dass er seinen einzigen Sohn dahingab, damit alle, die an ihn glauben, nicht verloren werden, sondern das ewige Leben haben" (Joh 3,16). Das ist der Wille Gottes!

Um diesen Willen Gottes ist es gegangen, als Jesus im Garten Gethsemane gebetet hat: „Mein Vater, wenn es möglich ist, lass diesen Leidenskelch an mir vorübergehen. Aber nicht wie ich will, sondern wie du willst" (Mt 26,39). Am Kreuz hat Jesus den Willen Gottes zu unserer Rettung erfüllt.

Und was heisst das dann für mich, wenn ich Jesus diese Bitte nachspreche: „Vater, dein Wille geschehe"? Es heisst: Ja, Vater, ich lasse gerne für mich gelten, was Jesus nach deinem Willen auch für mich getan hat. Ja, Vater, ich bin bereit, es meinen Mitmenschen weiterzusagen, was dein guter Wille auch für sie ist. Hilf mir, Vater, das Gute zu tun, das ich tun kann, und lass doch bald den Tag kommen, an dem nichts Böses mehr geschieht, sondern nur noch dein guter Wille – wie im Himmel, so auf Erden.

Es werden nicht alle, die zu mir sagen: Herr, Herr! in das Himmelreich kommen, sondern die den Willen meines Vaters im Himmel tun. Matthäus 7,21

Wahrscheinlich hat Jesus das zu Menschen gesagt, die von ihm begeistert gewesen sind. Sie haben ihm fasziniert zugehört. Sie haben seine anschaulichen Predigten gerühmt, die so ganz anders waren als die trockenen Lehrvorträge ihrer Rabbiner in den Synagogen. Sie haben sich von Jesus angesprochen gefühlt, haben ihm Komplimente gemacht und für ihn geschwärmt.

Jesus aber hat nüchtern gesagt: Mit Begeisterung und Beifall ist es nicht getan. Eine nur theoretische Zustimmung zu dem, was ich sage, ist zu wenig. Ich möchte, dass ihr euer Leben ändert und es dem Willen Gottes entsprechend gestaltet. Von meinen Nachfolgern und Nachfolgerinnen erwarte ich, dass man durch die Art und Weise, wie sie leben, eine Ahnung davon bekommen kann, wie es ist, wenn Menschen sich Gottes Herrschaft unterstellen. Sagt nicht nur „Herr, Herr" zu mir, sondern tut, was ich euch sage!

Trifft das auch uns? Müssten wir unsere Gebetssprache überprüfen, ob wir uns vielleicht angewöhnt haben, die Anrede „Herr Jesus" dauernd und gedankenlos zu wiederholen wie irgendein anderes Füllwort? Uns selbstkritisch fragen, ob unser Glaube nur fromme Theorie ist, oder ob unser Leben wirklich geprägt ist von dem, was Jesus, der Herr, uns sagt?

Jesus würde seine Kritik heute gewiss auch an die richten, die *anderen* vorwerfen, mit dem Herr-Herr-Sagen sei es nicht getan – und damit von sich selbst weglenken, sich selbst beruhigen, sogar stolz denken: Ich bin wenigstens nicht so scheinheilig wie die! Als ob wir uns für das Nichttun von Gottes Willen damit rechtfertigen könnten, dass wir wenigstens nicht „Herr, Herr" gesagt haben!

Tun, was Jesus sagt, und ihn als unseren Herrn bekennen, das gehört zusammen. Möge er selbst uns helfen, dass es bei Ihnen und bei mir so ist – oder so wird.

Die Jünger weckten Jesus auf und sprachen: Herr, hilf, wir kommen um! Da stand er auf und bedrohte den Wind und den See. Da wurde es ganz still. Matthäus 8,25f

Jesus hat in Kafarnaum am See Gennesaret lange gepredigt und mit vielen Menschen gesprochen. Dann bricht er mit den Jüngern zur Überfahrt ans andere Ufer auf. Jesus ist müde und schläft ein. Er schläft ruhig weiter, als das Boot in einen schweren Sturm gerät und unterzugehen droht. Die Jünger wecken ihn und fordern ihn auf: „Herr, hilf, wir kommen um!" Aber sie kommen nicht um. Jesus steht auf und bringt Wind und Wellen durch seinen Befehl zur Ruhe. „Da wurde es ganz still." Die Jünger aber fragt er: „Ihr Kleingläubigen, warum seid ihr so furchtsam?"

Wie den Jüngern damals, so geht es auch uns, wenn wir mit den Wellen kämpfen. Aber auch uns fordert Jesus zum Glauben heraus. Wenn wir mit ihm unterwegs sind, lässt er uns doch nicht umkommen! Der Reformator Ulrich Zwingli hat das auch erlebt. Seine Erfahrung hat er so beschrieben:

„Wenn ich lange genug gekämpft und mich gemüht habe, so dass ich ungeduldig und verzweifelt bin, dann kann mir keine bessere Hilfe werden als die Erinnerung an Christus. Wenn ich ihn erfasse, so entkomme ich fröhlich schwimmend dem Schiffbruch, dem ich fast zum Opfer gefallen wäre. Ich sage mir nämlich: Der Gott, der seinen eigenen Sohn für dich gegeben hat, kann dir nichts abschlagen. Nun beginnen Angst und Hitze zu schwinden, die Seele wird ruhig, und alles in mir atmet auf. Wenn es soweit ist, sage ich meinem Gott und Vater Dank durch unseren Herrn Jesus Christus."

Hat Zwingli das nicht schön gesagt: „Fröhlich schwimmend dem Schiffbruch entkommen!" Die Erinnerung an Jesus Christus ist auch für uns die Hilfe im Sturm. So entkommen wir dem Schiffbruch – wenn es denn sein muss „fröhlich schwimmend"!

Ich bin nicht gekommen, Gerechte zu rufen, sondern Sünder.

Matthäus 9,13

Jesus hat damit auf die Kritik der Pharisäer geantwortet. Sie haben ihm sein Interesse für die Zöllner und andere verachtete Leute von damals übel genommen. Besonders anstössig fanden sie es, dass Jesus sich mit solchen Leuten zum Essen an *einen* Tisch setzte. Warum er gekommen sei, die Sünder zu Gott zurückzurufen und nicht die Gerechten, das begründet Jesus im gleichen Zusammenhang mit dem Bild vom Arzt: „Nicht die Gesunden brauchen den Arzt, sondern die Kranken." Für Jesus ist das selbstverständlich: Als der von Gott gesandte Helfer und Arzt ist er für die Kranken, für die Schwachen, die Versager, die Schuldigen da. *Die* brauchen ihn, nicht die Starken und Gerechten.

Jesus hat die Lebensweise der Pharisäer nicht geringgeschätzt. Sie unterschied sich in vielfacher Hinsicht vorteilhaft von jener der Zöllner und Sünder. Auch unter uns gibt es tüchtige, anständige, leistungsfähige und fromme Menschen, die sich durch ihre Lebensweise vorteilhaft von andern unterscheiden.

Jesus wertet das nicht ab. Mit seiner Antwort auf die Kritik wirbt er um die Starken und Tüchtigen im Namen der Schwachen und Untüchtigen. Er möchte sie für seine Sicht gewinnen: Die Kranken brauchen doch den Arzt! Seht ihr das nicht? Siehst du, tüchtiger und frommer Mensch, denn nicht, dass die Schwachen deine Kraft brauchen, die Versager deinen Beistand, die Schuldigen deine Geduld und deine Barmherzigkeit?

Wenn wir das einsehen und zu tun versuchen, dann merken wir, wie schwer uns das fällt und wie oft es uns nicht gelingt. Und also merken wir, wo *unsere* Schwachheit liegt und was *unsere* Krankheit ist. Wir alle brauchen den grossen Arzt und Helfer, der gekommen ist, die Kranken zu heilen, die Sünder zu rufen, zu suchen und zu retten, was verloren ist.

Wenn man euch vor Gericht stellt, macht euch keine Sorgen, wie und was ihr reden sollt; denn es wird euch in jener Stunde eingegeben, was ihr sagen sollt. Matthäus 10,19

Ein Sprichwort sagt: „Reden ist Silber, Schweigen ist Gold." Aber es gibt Situationen, in denen man nicht schweigen darf, auch und gerade wenn es um das Weitersagen der frohen Botschaft von Jesus Christus geht. Darum hat Jesus seine Jünger auf Situationen vorbereitet, in denen sie herausgefordert sein werden, klar zu ihrem Glauben zu stehen. Sie müssen damit rechnen, angeklagt und vor Gericht gestellt zu werden. Was sollen sie dann sagen?

Für Sie und mich ist das vielleicht eine Situation, in die wir nie kommen werden. Hoffentlich nicht. Aber wer kann das wissen? Für viele Christen ist Verfolgung um des Glaubens willen harte Realität. Ihr Schicksal darf uns nicht kalt lassen. Sie haben unsere Gebete nötig und Zeichen unserer Solidarität, wo es möglich ist. Aber am hilfreichsten für solche Situationen ist das, was Jesus seinen Jüngern versprochen hat: „Macht euch keine Sorgen, wie und was ihr reden sollt; denn es wird euch in jener Stunde eingegeben, was ihr sagen sollt." Nicht Schlagfertigkeit ist dann nötig, sondern Geistesgegenwart. Das ist aber immer schon so.

Ich erinnere mich an eine Situation, in der es mir an Geistesgegenwart fehlte. In einem Supermarkt sah ich einen Mann in einem schwarzen T-Shirt mit dem Aufdruck auf Brust und Rücken: „Gott hasst mich." Leider verpasste ich die Möglichkeit, ihm zu sagen, dass auch für ihn das Gegenteil wahr ist: „Gott liebt dich!" Anders war es auf einer Autofahrt. Da kam ich mit einem Unbekannten in kurzer Zeit in ein Gespräch, das ihn tief berührte. „Ich wünschte, ich könnte noch lange mit Ihnen weiterfahren", sagte er, als wir uns nach einer halben Stunde trennen mussten.

Jesus wird uns Geistesgegenwart schenken, wenn wir im Kontakt mit ihm stehen und auf Empfang bleiben.

Kommt her zu mir alle, die ihr mühselig und beladen seid; ich will euch erquicken. Matthäus 11,28

Mein Künstlerfreund Kurt Pauletto und ich haben uns jeder auf seine Weise mit den Fragen um die göttliche Dreieinigkeit beschäftigt. Ich habe meine Gedanken in einem trinitarischen Gebet zusammengefasst (siehe S. 199). Der Künstler hat seinen Vorstellungen mit Stift und Pinsel Gestalt gegeben. Er hat Gesichter gezeichnet und gemalt: Gesichter von Männern, von Frauen und von Kindern. Auf einigen Bildern sind es nur zwei, auf anderen mehr als drei. Es ist schwierig, die Trinität Gottes zu verstehen und zu erklären, geschweige denn, sie anschaulich zu machen.

Doch in dem Bild „Der Heiland" (die Benennung stammt von mir) ist alles einfach und klar. Gott hat sich uns in dem Menschen Jesus von Nazaret offenbart. Als Heiland lädt Jesus alle Mühseligen und Beladenen ein: „Kommt her zu mir!" Das grössere Gesicht lässt sich durch das schattenhafte Kreuz dahinter als das Antlitz Jesu identifizieren. Seit frühester Zeit wurde Christus in Mosaiken, Buchmalereien und Gemälden durch ein Kreuz hinter seinem Kopf gekennzeichnet.

Die zwei anderen Gesichter haben etwas Kindliches. Um Gott zu kennen und zu Gott zu kommen, müssen wir nicht alles über Gott wissen und verstehen. Wir müssen werden wie die Kinder. „Wenn ihr nicht umkehrt und werdet wie die Kinder, so werdet ihr nicht ins Himmelreich kommen", hat Jesus gesagt (Mt 18,3).

Wer bei Jesus ist wie diese Kinder, der ist bei Gott. „Wer mich gesehen hat, der hat den Vater gesehen" (Joh 14,9). Christus nimmt uns hinein in seine Beziehung mit dem Vater: „Ihr werdet erkennen, dass ich in meinem Vater bin und ihr in mir und ich in euch" (Joh 14,20).

Wir können uns selbst und anderen die Dreieinigkeit Gottes nicht erklären. Aber wir können *Gott* erklären, dass wir uns hineinnehmen lassen in die Beziehung zu ihm, zu der Jesus uns einlädt. Wir könnten es ihm erklären mit dem trinitarischen Gebet.

140

Kurt Pauletto: Der Heiland, 2007
Zeichnung, schwarze Tusche laviert
auf Aquarellpapier 40 x 30 cm

Nehmt auf euch mein Joch und lernt von mir, denn ich bin sanftmütig und von Herzen demütig. So werdet ihr Ruhe finden für eure Seelen. Matthäus 11,29

Jesus lädt uns zerstreute und gestresste Menschen ein, sein Joch auf uns zu nehmen, damit wir zum Frieden und zur Ruhe kommen. Mit einem Joch verbinden wir eher gegenteilige Vorstellungen. Mit einem Joch spannte man früher zwei Tiere zusammen, damit sie einen Wagen zogen oder eine Last schleppten. Das Joch ist zu einem Bild geworden für das Lastentragen, für die Übernahme von Pflichten, für das Eingespanntsein in Verantwortlichkeiten. Als fremdes Joch ist es ein Bild für Zwang und Ungerechtigkeit.

Wenn Jesus sagt: „Nehmt auf euch mein Joch!", so ist das kein Widerspruch zum Angebot von Ruhe und Frieden. Die Ruhe, die er verspricht, ist nicht einfach ein Ausspannen und Abschalten, auch nicht ein definitives Abwerfen von Lasten und Verantwortungen. Jesus lädt uns ein zum Umspannen. Zum Zusammenspannen mit ihm unter dem Joch, unter dem er selbst steht, zum Mitgehen auf dem Weg, den er selbst geht.

Jesus schlägt uns ein Training in einer neuen Disziplin vor. Er beschreibt sie mit den Worten Sanftmut und Demut: „Lernet von mir, denn ich bin sanftmütig und von Herzen demütig." Statt sanftmütig könnte man auch übersetzen: gütig; und statt demütig auch: bescheiden, dienstbereit für Gott und die Menschen. Sich in dieser Disziplin zu üben bedeutet nicht neuen Stress, und zwar darum nicht, weil wir dabei nicht allein sind. Unter seinem Joch stehen wir in engster Verbindung mit Jesus. Das Joch, das er uns zumutet, trägt er mit uns.

Er traut auch Ihnen zu, dass Sie sein Joch mittragen. Es ist schön, sich mit Jesus in der Disziplin der Güte und Liebe zu üben. Das tut nicht nur andern wohl, das tut auch uns selber gut.

Lasst beides miteinander wachsen bis zur Ernte.

Matthäus 13,30

Im Gleichnis vom Unkraut unter dem Weizen zeigt Jesus uns Gottes grosse Geduld. Die Ernte des Himmelreiches ist nicht verloren, weil der Feind Unkraut unter den Weizen gesät hat. Sie könnte aber verdorben werden durch die Ungeduld und den falschen Eifer der Knechte, die das Unkraut vor der Zeit vom Weizen trennen möchten.

Wo fromme Menschen versucht haben, die Gottesherrschaft mit menschlichen Mitteln schon hier und jetzt durchzusetzen, haben sie der Sache Gottes immer geschadet. Wo man meint, man könne die Gemeinschaft der Heiligen nach eigenem Urteil von allen unguten Elementen säubern, geht die böse Saat der Lieblosigkeit und Engherzigkeit auf, ohne dass man es merkt.

Wie überzeugt von der Qualität des ausgestreuten guten Samens und wie zuversichtlich im Blick auf die Ernte muss der Meister sein, der seinen besorgten Knechten sagt: „Lasst beides wachsen!"

Das heisst nicht: Lasst den Acker ruhig verwildern, indem ihr schlaft und das Feld dem Feind überlasst. Aber es heisst: Vertraut auch ihr der Kraft des guten Samens. Misstraut dagegen eurem eigenen vorschnellen Urteil. Ihr könntet euch täuschen. Gutes wächst vielleicht auch dort, wo ihr es nicht oder noch nicht erkennen könnt. Nehmt euch selbst in Acht vor dem Feind, damit nicht bei euch seine böse Saat der Ungeduld und der Selbstgerechtigkeit aufgeht. Wie, wenn Gott mit euch die Geduld verlieren würde?

Wie gut, dass Gott Geduld hat und im Blick auf die Ernte so zuversichtlich ist! Also müssen auch wir als seine Knechte und Mägde nicht in Panik geraten, sondern dürfen vertrauen lernen und ‚wachsen lassen'. Wir könnten ja nur ausreissen, Wachstum bewirken können wir nicht. Gott aber kann das Gute wachsen lassen – auch dort, wo unser Kleinglaube es nicht für möglich hält.

Das Himmelreich gleicht einem Sauerteig, den eine Frau nahm und unter einen halben Zentner Mehl mengte, bis es ganz durchsäuert war. Matthäus 13,33

Jesus hat, im Unterschied zu den jüdischen Lehrern seiner Zeit, auch Frauen als Zuhörerinnen willkommen geheissen. Was muss es für eine Hausfrau bedeutet haben, wenn sie von Jesus gehört hat: Auch in deinem Alltag kommt Gott vor! In deinem Haushalt, beim Putzen und Backen, kannst du das Himmelreich entdecken.

Was für eine aufregend neue Erfahrung muss für eine Zuhörerin, die das Gleichnis vom Sauerteig aufmerksam in sich aufgenommen hat, der nächste Backtag gewesen sein! Sie hat sich beim Teigkneten an die Worte Jesu erinnert. Sie hat nicht nur auf die richtige Ofenhitze geachtet, ihr selbst ist dabei das Herz warm geworden. Sie hat nicht nur Mehl und Sauerteig im richtigen Verhältnis gemischt; in dem natürlichen Prozess, der dann in ihrem Backtrog begonnen hat, ist sie dem Geheimnis des Himmelreiches begegnet.

Wie die winzige Menge Sauerteig die grosse Mehlmasse durchdringt und den Teig aufgehen lässt, so sei es mit dem Reich Gottes, hat Jesus gesagt. Die Gottesherrschaft ist da, sie ist am Werk. Du kannst nicht immer sehen *wo*, du kannst nicht demonstrieren *wie*. Du musst warten können, aber du wirst erleben, dass das Grosse, das Gott wirkt, in keinem Verhältnis steht zu dem, was du mit deiner Mühe und Arbeit dazu beigetragen hast.

Möchten doch auch wir von Jesus diesen Blick für das Himmelreich unter uns bekommen – wenn wir an der Arbeit sind oder unterwegs, wenn wir Menschen begegnen, wenn wir Gespräche führen oder Briefe schreiben. Wie viel spannender würde unser Alltag, wenn wir von Jesus so sehen und so leben lernten! Auch in unserem Alltag kommt Gott vor und wir können das Himmelreich darin entdecken.

Das Himmelreich gleicht einem im Acker verborgenen Schatz.

Matthäus 13,44

Der grosse Schatz des Himmelreiches ist nicht in einem Museum aufbewahrt und ausgestellt. Wer ihn finden will, muss nicht zu heiligen Stätten wallfahren. Der Schatz liegt im Acker verborgen, sagt Jesus.

Der Schatz wurde vor zweitausend Jahren in den unscheinbaren Acker von Nazaret hineingelegt. Er wurde ausgestreut auf den Feldern des verachteten Galiläa. Er wurde an den Pranger gestellt auf dem verabscheuten Hügel von Golgota. Das kam vielen Menschen, denen das Himmelreich in der Person Jesu begegnete, völlig unglaublich vor: „Was kann aus Nazaret Gutes kommen?" Andere aber haben erkannt: „Du bist der Christus! Wahrlich, dieser ist Gottes Sohn gewesen."

Der Schatz liegt im unscheinbaren Acker der Kirche. Der Acker ist weithin verwildert, steinig und unfruchtbar. Er ist in unzählige Parzellen aufgeteilt worden, und manche Christen meinen, der Schatz könne nur innerhalb ihres Zaunes gefunden werden. Aber das Himmelreich ist grösser als jeder einzelne Acker und geht unter den Zäunen hindurch. Keine Kirche kann ihn ganz haben und nur für sich allein beanspruchen.

Der Schatz liegt im unscheinbaren Acker deines Lebens. Du kannst überall darauf stossen, auch und gerade an Stellen, wo du es nicht vermutet hättest. Er kann verborgen sein in einem Hindernis, vor dem du plötzlich stehst. Erst beim näheren Hinsehen stellt sich heraus, dass das Hindernis in Wirklichkeit eine Chance ist: der Ort nämlich, wo du nach Gott fragen lernst, wo dir sein Wort wichtig wird, wo du im Glauben Gottes Gnade annimmst.

Das Gleichnis vom Schatz im Acker ist eine wunderbare Verheissung: Gerade wo es krumm gelaufen ist, wo du dir aus dem Gleis geworfen vorkommst, kannst du dem Schatz am nächsten sein, weil Gott dir hier begegnen will.

Bei den Menschen ist es unmöglich, aber nicht bei Gott; denn bei Gott sind alle Dinge möglich. Matthäus 19,26

In der Skulptur „Die Steinharfe" hat der Bildhauer René Küng Gegensätze miteinander vereint. Der Stein: Inbegriff des Harten, Schweren, Starren und Stummen. Die Harfe: das Instrument der leichten und perlenden Klänge. Die Steinharfe: ein Ding der Unmöglichkeit. Oder doch mehr als eine Illusion? Eine Utopie, ein Wunschtraum, die Verkörperung der Hoffnung, dass Unmögliches möglich wird?

Vom eindringlichen Bitten oder Klagen sagt man, es sei ‚zum Steinerweichen'; selbst ein Stein müsste sich davon berühren und bewegen lassen. Ein ähnlicher bildhafter Ausdruck ist von Jesus überliefert. Als er am Palmsonntag auf einem Esel nach Jerusalem hineinritt, jubelten ihm viele Menschen zu. Sie hiessen ihn als den Messias, den Retter von Gott, den König der Heilszeit willkommen. Die religiösen Führer empörten sich und forderten Jesus auf, den begeisterten Menschen solche Huldigung zu verbieten. Jesus lehnte das ab und sagte: „Wenn diese schweigen, werden die Steine schreien" (Lk 19,40).

Die Steinharfe gibt keine Töne von sich. Aber sie ist eine Verkörperung der Hoffnung, dass Unmögliches möglich werden kann. Die Bibel fordert uns zum Glauben an den lebendigen Gott heraus, dem „kein Ding unmöglich" ist. Zu Abraham und Sara wurde das von Gott selbst gesagt, weil sie nicht glauben konnten oder wollten, dass sie in ihrem hohen Alter noch einen Sohn bekommen würden (Gen 18,14). Zu Maria sagte es der Engel, der ihr die Geburt von Jesus ankündigte. Auf Marias Einwand, sie kenne doch gar keinen Mann, sagte der Engel: „Bei Gott ist kein Ding unmöglich" (Lk 1,37). Der Prophet Ezechiel hat von dem Wunder gesprochen, dass Gott versteinerte Herzen durch seinen Geist neu und lebendig machen wird (Ez 36,26).

Die künstlerische Fantasie kann einen Stein in eine Harfe verwandeln. Die schöpferische Kraft von Gottes Geist kann Tote

René Küng: Die Steinharfe, Park des Claraspitals Basel

lebendig machen – nicht nur in der Illusion, sondern in der Realität: Von Angst Gelähmte finden neuen Mut. In Gewöhnung und Bequemlichkeit Erstarrte lernen wieder leben. Durch Unversöhnlichkeit und Hass Versteinerte können vergeben und lieben. Durch Leid und Enttäuschungen Verstummte können wieder danken und singen. Der Stein wird zur Harfe. „Bei den Menschen ist es unmöglich, aber nicht bei Gott; denn bei Gott sind alle Dinge möglich."

Dann wird der König zu denen auf seiner rechten Seite sagen: Kommt her! Euch hat mein Vater gesegnet. Nehmt Gottes neue Welt in Besitz, die er euch von allem Anfang an zugedacht hat. Matthäus 25,34

Im Gleichnis vom Endgericht überrascht der König die Gerechten mit seiner Begründung, weshalb gerade sie an Gottes neuer Welt teilhaben dürfen. Er zählt die sechs Werke der Barmherzigkeit auf: die Hungrigen speisen, die Durstigen tränken, Fremde aufnehmen, Nackte bekleiden, die Kranken und die Gefangenen besuchen. Und dann sagt er: Was ihr notleidenden Menschen Gutes getan habt, das habt ihr mir getan. Denn in ihnen und ihrer Not bin ich selbst euch begegnet.

Zu denen aber, die ihre Mitmenschen in der Not im Stich gelassen haben, wird der Richter sagen: Ihr seid nicht nur ihnen das Gute schuldig geblieben, sondern mir. Darum trifft euch Gottes Strafgericht, und seine neue Welt bleibt für euch verschlossen.

Dass Jesus als der Richter so konsequent und hart urteilen wird, kann uns schockieren. Aber es kann und soll uns auch froh machen. Wie könnte man in dieser Welt der Brutalität, der Ungerechtigkeit und des namenlosen Leidens hoffnungsvoll bleiben ohne die Gewissheit, dass einmal alles an den Tag kommt und sich niemand dem Urteil des Richters entziehen kann?

Werden wir im letzten Gericht bestehen können? Wir müssen diese ernsten Worte Jesu nicht so missverstehen, als ob wir uns den Himmel mit Taten der Barmherzigkeit verdienen könnten. Wir dürfen uns aber auch kein Urteil über andere anmassen. Jesus bietet uns allen seine Barmherzigkeit und Hilfe an. Wir werden im letzten Gericht auf sein Erbarmen angewiesen sein und dürfen darauf hoffen. Aber nur, wenn auch wir uns im Barmherzigsein üben. In jedem bedürftigen Mitmenschen wartet er darauf.

Schlafpause

schmerzfrei
schrecklos
unbesorgt

wandern in gedanken
in meinen
in seinen
im wort

schlafend
und wachend
gibt er's
den seinen

eine stunde
mit dir wachen
Jesus
wenn so
dann gerne
auch zwei

Psalm 127,2; Matthäus 26,40

Mir ist gegeben alle Gewalt im Himmel und auf Erden. Darum geht hin und macht zu Jüngern alle Völker. Lehrt sie halten alles, was ich euch befohlen habe. Und siehe, ich bin bei euch alle Tage. Matthäus 28,18–20

Alle Völker zu Jüngern machen, sie *alles* halten lehren – wer soll das alles machen? Eine Handvoll Menschen, die Jesus um sich gesammelt hat. Nicht einmal mehr alle zwölf sind da, nur noch elf, und auch von ihnen heisst es: „Einige aber zweifelten" (V. 17).

Aber es heisst eben noch an zwei andern Stellen in diesem Missionsbefehl *alle:* „Mir ist gegeben *alle* Gewalt", sagt Jesus von sich. „Und siehe, ich bin bei euch *alle* Tage", verspricht er der kleinen Schar von nur elf Jüngern. Sein Versprechen gilt für die Jünger und Jüngerinnen aller Zeiten, bis ans Ende der Tage, bis ans Ende der Welt. Also auch für heute. Also auch für uns.

Ist es da noch entscheidend, ob wir viele oder wenige sind? Spielt es noch eine grosse Rolle, ob unser Glaube unerschütterlich oder manchmal durch Zweifel angefochten ist? Wir müssen das alles nicht allein können und selber tun. Jesus hat ja gesagt: „Ohne mich könnt ihr nichts tun" (Joh 15,5). Aber hier sagt er uns: Ihr müsst nichts ohne mich tun! „Mir ist gegeben alle Gewalt; und siehe, ich bin bei euch alle Tage!"

Was *wir* tun können, das ist nur: Den Menschen sagen, dass Jesus von Gott die Macht hat, alle zu retten, die ihm vertrauen. Jesus überträgt uns kein flächendeckendes Missionsprogramm, bei dem wir nicht wissen, wo wir anfangen sollen, und das uns überfordert. Er gibt uns die Vollmacht, jedem Menschen zu sagen: Was Jesus kann und tut, das gilt auch dir!

Vielleicht lässt Jesus uns heute einem Menschen begegnen, dem wir das sagen könnten. Dann fangen wir doch bei diesem Einen an!

Siehe, ich bin bei euch alle Tage bis an das Ende der Welt.

Matthäus 28,20

Was mag der heutige Tag für eine Etappe auf Ihrem Lebensweg sein? Wenn Sie mit Jesus unterwegs sind, gilt auch Ihnen, was er seinen Jüngerinnen und Jüngern versprochen hat, als er in Gottes Welt zurückgekehrt ist. „Ich bin bei euch alle Tage" – was immer es für Tage sein mögen: sonnige oder schwarze Tage, friedliche oder stürmische; erfüllte und spannende Tage, die im Nu vergehen, oder öde und einsame Tage, die sich endlos dahinziehen – für alle Tage gilt das Versprechen, dass Jesus bei seinen Jüngerinnen und Jüngern sein wird.

Ein „Siehe" hat Jesus diesen Worten vorangestellt: „*Siehe*, ich bin bei euch alle Tage." Das ist wie ein Ausrufezeichen, wie ein Zeigefinger, der uns darauf aufmerksam macht, dass wir offene Augen brauchen, um seine Gegenwart wahrzunehmen – Augen des Glaubens. Dass Jesus bei uns ist, können wir nicht alle Tage gleich gut erkennen. Es gibt Tage, an denen wir das nur schwer glauben können, und beweisen können wir es überhaupt nicht. Oft können wir die verheissene Gegenwart Jesu nur schwer oder gar nicht zusammenbringen mit dem, was wir vor unseren leiblichen Augen haben.

Ich wünsche Ihnen solche Augen des Glaubens – oder wie Paulus im Epheserbrief (1,18) geschrieben hat: „erleuchtete Augen des Herzens". Augen, mit denen Sie die Nähe Jesu entdecken können im Alltäglichen, im Unscheinbaren, auch im Schwierigen, das Ihnen begegnet.

Aber selbst dann, wenn es Ihnen heute vorkommen sollte, als könnten Sie von der Gegenwart Jesu überhaupt nichts sehen und spüren, so gilt es doch: „Siehe, ich bin bei euch alle Tage bis an das Ende der Welt!" Es gilt, weil der Herr es gesagt hat.

151

Jesus sprach zu Simon und Andreas: Folgt mir nach; ich will euch zu Menschenfischern machen! Sogleich verliessen sie ihre Netze und folgten ihm nach. Markus 1,17f

Zwei Fischer am See Gennesaret werfen gerade ihre Netze aus, als Jesus vorbeikommt: Simon, dem Jesus später den Namen Petrus gibt, und Andreas, sein Bruder. Eine folgenschwere Begegnung. Jesus sagt, er wolle sie zu Menschenfischern machen. Was haben sie sich wohl darunter vorgestellt? Was ein Fischer ist, das haben sie gewusst, das war ihr Handwerk. Aber ein Menschenfischer? Jesus gibt ihnen keine Stellenbeschreibung. Er sagt ihnen nicht, was für Voraussetzungen sie dafür mitbringen müssen oder wie sie sich für diese Aufgabe vorbereiten sollen. Sie müssen sich nicht zuerst für den neuen Job qualifizieren. Menschenfischer sein – andere zu Jesus bringen –, das ist kein Job, das ist eine Berufung.

„Folgt mir nach", sagt Jesus, dann werde ich „euch zu Menschenfischern machen". Er mutet ihnen zu, sich ohne Vorbehalt und Aufschub ihm anzuschliessen. Die zwei Brüder wissen nicht, auf was sie sich da einlassen. Sie gehen mit Jesus im Vertrauen darauf, dass er es weiss.

In einem frühchristlichen Mosaik in Ravenna wird diese Szene eindrücklich dargestellt: Die beiden Fischer sind noch im Boot und mit ihren Netzen beschäftigt. Jesus steht am Ufer und ruft sie. Ihre Gesichter zeigen, dass sie noch nicht verstehen, was mit ihnen geschehen soll. Aber sie tragen nicht mehr ihre Arbeitskleider, sondern sind durch ihr Gewand schon als Apostel gekennzeichnet. Sie sehen und verstehen sich selbst noch nicht so. Aber Jesus sieht sie schon so.

Haben Sie sich schon einmal überlegt, ob Jesus vielleicht auch mit Ihnen noch etwas anderes vorhat, als was Sie jetzt sind und jetzt tun? Erklären Sie Jesus Ihre Bereitschaft dazu. Bitten Sie ihn, dass er es Ihnen zeigt. Und dann lassen Sie sich darauf ein. Nur so werden Sie es erfahren.

Jesus sprach zu ihr: Meine Tochter, dein Glaube hat dir geholfen; geh hin in Frieden und sei gesund von deiner Plage!

Markus 5,34

Wir erfahren nichts über diese Frau, als dass ein schweres Leiden sie schon zwölf Jahre lang geplagt hat. Ein Frauenleiden, ein ständiger Blutverlust; nicht nur etwas Lästiges und Peinliches, sondern nach den damaligen Vorstellungen auch etwas Anrüchiges, das sie isolierte. Die Frau galt im religiösen Sinn als unrein und hätte gar nicht unter die Leute gehen dürfen. Darum kommt sie von hinten zu Jesus und hofft, dass niemand es bemerkt – auch Jesus nicht –, wenn sie sein Kleid berührt. Sie hofft, dass seine wunderbare Kraft, die andere gesund gemacht hat, auch sie heilen wird. Und – o Wunder! Wie sie sein Kleid berührt, da spürt sie: Ich bin geheilt!

Aber – o Schreck! Jesus merkt es, er wendet sich um und will wissen, wer ihn berührt hat. Er will, dass die heimliche Kontaktnahme zur persönlichen Begegnung wird. Die Frau ‚outet‘ sich. Sie fühlt sich auf einmal frei, über ihre Not zu reden. Sie geniert sich nicht: „Sie warf sich vor ihm nieder und sagte ihm die ganze Wahrheit." Und sie hört Wunderbares von Jesus: „Meine Tochter, dein Glaube hat dir geholfen, geh hin in Frieden und sei gesund von deiner Plage!" Meine Tochter – sei gesund! Was für eine liebevolle Anrede: Meine Tochter! Was für ein befreiendes Wort: Sei gesund! Das ist ein Heilwerden an Leib und Seele.

So ist es, wenn wir mit Jesus in Berührung kommen. Er nimmt uns und unsere persönliche Lebensnot ernst und nimmt uns an – auch und gerade mit dem, was uns peinlich ist, was wir verdrängen und verstecken möchten, was uns hemmt und isoliert. Sein Zuspruch macht uns rein, heil und frei. Jetzt ist das Leben nicht mehr geprägt von Mängeln und Defiziten, von Angst und Vereinsamung, sondern bestimmt von seiner Liebe und von seiner heilenden Kraft.

Es ist nicht recht, den Kindern das Brot wegzunehmen und es den Hunden vorzuwerfen. – Herr, aber auch die Hunde bekommen ja die Brocken, die die Kinder unter den Tisch fallen lassen. Markus 7,27f

Jesus befindet sich in Tyrus, im Gebiet des heutigen Libanon, im Heidenland. Eigentlich hätte er inkognito bleiben wollen, aber eine Frau, die von ihm gehört hat, bittet ihn, ihre kranke Tochter zu heilen. Sie traut ihm zu, dass er die sozialen und religiösen Grenzen überschreiten wird, die sie als Frau und Nichtjüdin von ihm, dem jüdischen Mann, trennen.

Aber Jesus weist die Frau zunächst brüsk ab: Es sei nicht recht, das Brot den Hunden zu geben statt den Kindern. Erstaunlich, dass die Frau nicht enttäuscht und beleidigt weggeht. Offenbar hat sie verstanden, was Jesus meint: Es sei noch nicht an der Zeit, sein Wirken auf die Völkerwelt ausserhalb von Israel auszuweiten. Er müsse das Himmelsbrot zuerst den Kindern, das heisst dem von Gott erwählten Volk Israel bringen, er dürfe es ihnen nicht zugunsten der Heiden vorenthalten. Aber die Frau ist mutig und schlagfertig und macht aus dem Bild von den Kindern und den Hunden ein Gegenargument: Die Hunde fressen ja nur, was die Kinder unter den Tisch fallen lassen.

Jesus ist beeindruckt – nicht nur von ihrer Schlagfertigkeit, sondern von ihrem Glauben: dem Glauben, dass das Himmelsbrot, das Jesus selbst ist, für alle reicht – nicht nur für die Kinder, sondern auch für die Hündlein unter dem Tisch; nicht nur für die Juden, sondern auch für die Heiden, für alle Menschen. „Das war ein Wort!", hat Jesus der Frau geantwortet. „Geh nach Hause; der böse Geist ist aus deiner Tochter ausgefahren."

Was sagen *wir*, wenn Jesus auf unsere Bitten nicht gleich eingeht? Sagen wir enttäuscht: Dann eben nicht! Oder halten wir daran fest wie diese Frau: Herr, das Himmelsbrot, deine Gnade, deine Hilfe, deine rettende Macht, sie reicht doch auch für mich und für meine Sorgenkinder!

Er hat alles gut gemacht; er macht, dass die Tauben hören und die Stummen sprechen.   Markus 7,37

Gut gemacht! So ein Kompliment hört man gern, Anerkennung tut gut. Wie oft sagen Sie zu jemand: „Das hast du gut gemacht!"? Mit anerkennenden Worten sind wir in der Regel eher geizig. Wenn jemand etwas falsch gemacht hat, kommentieren wir das gerne, wenn auch nicht dem Betreffenden, so doch Dritten gegenüber. *Alles* gut machen kann ja kein Mensch. Wer das Haar in der Suppe sucht, wird es immer finden. Schade, wenn wir darüber das Gute übersehen und den Dank dafür schuldig bleiben.

Alles gut macht nur Gott. Im biblischen Schöpfungsbericht heisst es nach jedem Schöpfungstag: „Gott sah, dass es gut war." Und am Ende schaut Gott alles an, was er gemacht hat, „und siehe, es war sehr gut". Genau das sagen die Menschen von Jesus und dem Wunder, das er an einem Taubstummen getan hat: „Er hat alles gut gemacht." Da ist ein behindertes, leidendes Geschöpf Gottes geheilt worden; das kann nur Gottes eigenes Werk sein.

Gott bekommt von uns viel anderes zu hören als Dank und Anerkennung, vielleicht auch von Ihnen. Sie hätten viele Wünsche an Gott, aber er erfüllt sie nicht. Es geschieht so viel Ungutes in der Welt; warum verhindert Gott es nicht? Das hätten die Menschen auch damals sagen können. Aber nun haben sie miterlebt, wie Jesus aus einem Taubstummen einen hörenden und redenden Menschen gemacht, ihm ein neues Leben und eine neue Zukunft geschenkt hat. Und sie haben begriffen: Gott selbst ist in diesem Jesus unter uns. Unsere Schwächen und Gebrechen sind für ihn nicht Anlass zu Geringschätzung und Kritik. Sie sind ihm Anlass, uns zu helfen.

Auch Ihre Mängel und Schwächen sind ihm Anlass zum Helfen. Wenn Sie seine Hilfe erlebt haben, werden Sie dankbar zustimmen: „Er hat alles gut gemacht." Er, nicht ich. Und dann können Sie auch Ihren Mitmenschen für das Gute danken – obwohl sie nicht alles gut machen.

O du meine Güte

Was nennst du mich gut
niemand ist gut
ausser Gott allein
Aber Jesus
blickte ihn an
und gewann ihn lieb

Wie gut
dass der Gute
sich nicht zu gut ist
dem mit den vielen
unguten Gütern
gut zu sein

O du meine Güte
ich bin nicht gut
aber du bist mir gut
Wie gut dass ich dein bin
wie gut dass du mein bist
o du meine Güte

Ich bin dein
weil du dein Leben
und dein Blut
mit zugut
in den Tod gegeben

Du bist mein
weil ich dich fasse
und dich nicht
o mein Licht
aus dem Herzen lasse

Lass mich
lass mich hingelangen
wo du mich
und ich dich
ewig werd umfangen

Markus 10,17–22   *Paul Gerhardt (1607–1676)*

Jesus, du Sohn Davids, erbarme dich meiner! Markus 10,47

Das rief in Jericho der blinde Bettler Bartimäus, als man ihm sagte, Jesus gehe vorbei. Und als man ihn bedrohte, er solle doch schweigen, schrie er umso lauter: „Sohn Davids, erbarme dich meiner!" Jesus blieb stehen. Er liess ihn zu sich rufen und heilte ihn. Bartimäus konnte wieder sehen. Sein ganzes Leben wurde durch die Begegnung mit Jesus neu.

Wie kam es dazu, und wie kann es auch bei uns dazu kommen? Sind auf unserer Seite fromme Vorleistungen nötig oder doch mindestens eine religiöse Veranlagung? Offenbar nicht. Bei dem Blinden in Jericho ist es seine Lebensnot gewesen, die den Anlass zur Begegnung mit Jesus gegeben hat. Also ist auch meine Lebensnot, worin immer sie bestehen mag, kein Hindernis für die Begegnung mit Jesus. Im Gegenteil, ich darf sie zum Grund und Anlass nehmen, mich an Jesus zu wenden.

Was könnte denn Sie daran hindern, mit Ihrer persönlichen Lebensnot zu Jesus zu kommen und ihn um Hilfe zu bitten? Vielleicht stehen auch Ihnen Menschen im Weg: Fromme vielleicht, lieblose Christen, von denen Sie enttäuscht worden sind. Aber wie barmherzig Jesus ist, das erfahren Sie nur, wenn Sie sich über solche Enttäuschungen mit Menschen hinweg an ihn wenden: „Herr, erbarme dich meiner!"

Aber es könnte ja sein, dass Sie der Begegnung mit Jesus selbst im Weg stehen. Sie zögern vielleicht, mit Ihrer Lebensnot zu ihm zu gehen, weil Sie ahnen, dass er Ihre eigene Diagnose und Ihre Therapievorschläge nicht einfach übernehmen würde. Dass er Ihnen zunächst die Augen dafür öffnen würde, dass die Heilung tiefer ansetzen muss, als Sie im Moment noch zugeben möchten. Lassen Sie sich trotzdem auf die Konsultation bei diesem wunderbaren Arzt ein. Durch diese Worte aus der Bibel ist er jetzt bei Ihnen vorbei gekommen. Er kennt Ihre Lebensnot und will Ihnen helfen. Lassen Sie doch zu, dass er sich über Sie erbarmt!

Menschwerdung
wunderbar natürlich

Ganz natürlich ging es zu
als MARIA aus Nazaret in Betlehem
das Kind zur Welt brachte
in Windeln wickelte
und in eine Krippe legte

Ganz wunderbar ging es zu
als GOTT ein Mensch wurde
und arm zur Welt kam
als Herr und Heiland für alle
in Krippe und Kreuz

Wunderbar natürlich ging es zu
wenn JESUS Lahme und Blinde heilte
mit Sündern am Tisch sass
die Kinder segnete
und vom Himmelreich sprach

Wunderbar natürlich geht es zu
wenn WIR neu geboren als Gottes Kinder
wie Jesus mit dem Vater leben
in seinem Namen reden
und wandeln in seinem Geist

Lukas 2,7; Johannes 3,3–8

Da erging das Wort Gottes an Johannes, den Sohn des Zacharias, in der Wüste. Lukas 3,2

Unter den kleinen Leuten sucht Gott sich die Menschen, die er braucht. Nach der langen Epoche, in der es in Israel keine Propheten mehr gegeben hat, wendet sich Gott nicht an einen der Grossen in der damaligen Politik, die vom Evangelisten Lukas mit historischer Genauigkeit aufgezählt werden. Nicht den Kaiser in Rom und keinen von seinen Statthaltern kann Gott für sein Vorhaben brauchen. Aber auch nicht den in Jerusalem amtierenden Hohenpriester. Durch Johannes, den bisher unbekannten Sohn eines unbedeutenden Priesters, will Gott neu zu den Menschen reden.

Gott ist nicht auf menschliche Grösse angewiesen. Was Menschen im Urteil der Mitmenschen gross und wichtig macht, ist oft für das Wirken Gottes gerade nicht dienlich, sondern hinderlich.

In der Wüste erging das Wort des Herrn an Johannes. Wenn Gott Neues unter den Menschen tut, fängt dieses Neue oft in der Wüste an. Mose war in der Wüste, als Gott ihm im brennenden Dornbusch begegnete. Israel hat seine entscheidenden Gotteserfahrungen in der Wüste gemacht. Jesus wurde in der Wüste für sein öffentliches Wirken vorbereitet.

Das gehört zu Gottes Strategie beim Einwirken auf die Welt auch heute: Er macht menschlich gesehen unbedeutende Leute zu seinen Sprecherinnen und Sprechern. Wenn er uns in die Wüste führt, dann dazu, dass wir auf seine Stimme neu und besser hören lernen. Dass wir neu und tiefer verstehen, was er in Jesus Christus getan hat und tut. Dass wir ihm nicht mit unserer Grösse im Weg stehen, sondern bescheidene Wegweiser zu ihm sind wie Johannes der Täufer.

Johannes hat von sich weg auf Christus gewiesen. Als man ihn fragte, wer er sei, sagte er: Ich bin nicht der Christus, nicht Elija, kein Prophet, nur ein Rufer in der Wüste (Joh 1,20–23). „Er muss wachsen, ich aber muss abnehmen" (Joh 3,30).

159

Das Volk fragte Johannes: Was sollen wir tun? Er antwortete: Wer zwei Röcke hat, der gebe einen dem, der keinen hat; und wer Speise hat, der tue ebenso.

Lukas 3,10f

Zum Teilen als Echtheitsbeweis der Umkehr hat Johannes der Täufer die Menschen aufgefordert. Nahrung teilen, Kleider abgeben an andere, die Mangel leiden, das sind auch heute aktuelle Beispiele für die Solidarität der Reichen mit den Armen. Ein anderes Beispiel steht mir vor Augen, wenn ich an Max denke. Max war ein alleinstehender alter Mann, der von einem ebenfalls betagten Ehepaar aus seiner Verwandtschaft aufgenommen und betreut wurde, solange es ging. Da ist unter Angehörigen etwas geteilt worden, was heute rar und teuer geworden ist: Raum zum Wohnen und Leben.

Vielleicht würde Johannes heute dieses Beispiel wählen. Wer Platz hat, der teile ihn mit dem, der keinen hat. Wer die Möglichkeit hat, einen unselbständig gewordenen Angehörigen zu Hause zu betreuen, schiebe ihn nicht ab in eine fremde Umgebung.

Aber es geht nicht nur um das Platzhaben für Betagte, sondern auch für Kinder, für Jugendliche, für Fremde. Wer ein Haus hat, wer einen Garten hat, der halte die Tür offen – nicht nur für die eigenen Kinder oder gar nur für den Hund. Kinder und Jugendliche, die sich an Orten aufhalten dürfen, wo sie sich wohlfühlen und bewegen können, müssen nicht Aggressionen ausleben an Orten und in Milieus, die ihnen nicht gut tun.

Den Lebensraum miteinander zu teilen, kann ein Umdenken und Opfer erfordern. Solches Umdenken und solche Opfer hat Johannes von den Menschen gefordert, die ihn gefragt haben, was Gott von ihnen erwarte. Auch wir sind aufgefordert, uns zu überlegen, ob es in unserem Lebenskreis nicht irgendwo einen Max oder einen Maxli gibt, der darauf wartet, dass wir umdenken und teilen lernen.

Der Geist des Herrn ruht auf mir, weil er mich gesalbt hat, den Gefangenen Freiheit zu verkünden. Lukas 4,18

Dieser Satz stammt ursprünglich aus dem Buch Jesaja im Alten Testament (Jes 61,1). Jesus hat ihn in der Synagoge von Nazaret zitiert und die Zuhörenden mit dem Nachsatz überrascht: „Heute ist dieses Schriftwort erfüllt vor euren Ohren." Freiheit für die Gefangenen – das ist das Angebot einer grossen Amnestie: Strafen sollen erlassen, Fesseln gelöst, Kerkertüren geöffnet werden. Ein umfassendes Freiheitsangebot, wie nur Gott es machen kann. Jesus hat die Prophetenworte aufgenommen und sie auf sich bezogen. Das ist sein Auftrag, dazu ist er durch Gottes Geist bevollmächtigt: „Den Gefangenen Freiheit zu verkünden."

Die Evangelien berichten davon, wie Jesus gebundene Menschen frei gemacht hat: Er hat Kranke von ihrer Schwachheit erlöst, indem er sie geheilt hat. Er hat Blinden die Augen aufgetan und ihnen aus der Nacht ins Licht geholfen. Er hat Aussätzige rein gemacht und sie aus der Isolation in die menschliche Gemeinschaft zurückgeführt. Er hat schuldig gewordenen Menschen die Vergebung ihrer Sünden zugesprochen und sie aus ihrer Angst vor Gott oder von ihrem Trotz gegen Gott erlöst.

Heute bezeugen ehemals Drogensüchtige, dass sie durch den Glauben an Jesus Christus dauerhaft aus ihrer Abhängigkeit frei geworden sind. Glaubhafte Statistiken belegen, dass es bei ihnen seltener zum Rückfall kommt als bei Klienten in anderen Entzugsprogrammen. Bei Jesus ist Hoffnung auf Befreiung auch von Bindungen wie Internetsucht oder Pornokonsum. Was aus eigener Kraft nicht möglich ist, das ist möglich bei Gott. Das ist möglich, wenn uns die Bindung an Jesus von den fatalen Bindungen an üble Gewohnheiten und Begierden frei macht.

Jesus hat die Vollmacht, auch Ihre Fesseln zu lösen. Vielleicht haben Sie es selbst schon oft versucht, aber Sie haben es nicht geschafft und haben resigniert. Die Bindung an Jesus wird auch Sie in die Freiheit führen.

Herr, ich bin es nicht wert, dass du unter mein Dach gehst; sprich nur ein Wort, so wird mein Knecht gesund. Lukas 7,6f

In Kafarnaum hat ein römischer Hauptmann die Verantwortlichen der Synagogen-Gemeinde zu Jesus geschickt mit der Bitte, Jesus möge sich um seinen erkrankten Knecht kümmern. Die legen ein gutes Wort für den Römer ein; er sei es wert, dass Jesus komme und ihm helfe, denn in Kafarnaum verdanke man ihm die Synagoge. Aber der Hauptmann selbst sieht es anders. Er schickt Jesus Freunde entgegen und lässt ihm ausrichten, er sei nicht würdig, dass Jesus in sein Haus komme. Und es sei gar nicht nötig, denn auch er als Offizier müsse ja einem Untergebenen nur befehlen, dann gehorche der aufs Wort. So brauche doch auch Jesus den krankmachenden Kräften nur zu befehlen, dass sie von seinem Knecht weichen. Jesus ist beeindruckt von diesem Vertrauen in die Wirkkraft seines Wortes, und der kranke Knecht wird gesund, ohne dass Jesus in jenes Haus geht.

Diese Geschichte soll uns ermutigen, für Menschen zu beten, deren Nöte uns bekannt sind. Auch wir dürfen Jesus für kranke Angehörige, für Freunde, für Bekannte oder Nachbarn um Hilfe bitten und darauf vertrauen, dass Jesus ihnen helfen kann und helfen will.

Kommen Ihnen die Worte des Hauptmanns bekannt vor? Sie haben sie vielleicht bei der Feier des Abendmahls oder der Eucharistie schon oft selbst gesprochen, allerdings leicht abgewandelt: „Herr, ich bin nicht würdig, dass du unter mein Dach kommst; aber sprich nur ein Wort, so wird meine Seele gesund." So bete ich am Tisch des Herrn als einer, der selbst Hilfe braucht und sich von Jesus das rettende Wort sagen lassen möchte.

Seine Worte sind immer Lebenshilfe für Leib und Seele. Bitten Sie ihn nur getrost darum, für sich selbst und für andere: Herr, du brauchst nur ein Wort zu sprechen. Bitte, sprich es, und uns ist geholfen!

Aus Liebe

Herr, was soll sie machen mit ihrer Liebe?
Sie hat teure Salbe gekauft
und deine Füsse gesalbt
Sie hat geweint und dir
die Füsse mit Tränen genetzt
Sie hat deine Füsse geküsst
und mit ihrem Haar getrocknet
aus Liebe

Herr, was hast du gemacht mit ihrer Liebe?
Du hast sie zu dir kommen
und bei dir weinen lassen
Du hast ihr Opfer angenommen
und ihr nichts vorgeworfen
Du hast ihr die Sünden vergeben
und sie in Schutz genommen
Du hast ihren Glauben gesehen
und ihr deinen Frieden geschenkt
aus Liebe

Herr, was wird sie machen mit deiner Liebe?
Lass sie barmherzig sein
wie du dich ihrer erbarmt hast
Lass sie vergeben wie du vergibst
und trösten wie du tröstest
Lass sie weinen mit den Weinenden
und fröhlich sein mit den Fröhlichen
aus Liebe

Lukas 7,36–50

Da wurde Jesus gesagt: Deine Mutter und deine Brüder stehen draussen und wollen dich sehen. Lukas 8,20

Maria und ihre anderen Söhne sind von Nazaret nach Kafarnaum herübergekommen, viele Stunden weit. Schon lange hat sich Jesus nicht mehr daheim gezeigt. Was sie über ihn gehört haben, erfüllt sie mit Sorge. Muss er sich denn immer mit den Schriftgelehrten anlegen, als ob er alles besser wüsste? Nein, sie sind nicht gekommen, um ihm zuzuhören. *Er* soll sich doch endlich etwas sagen lassen. Sein Wanderleben und Predigen aufgeben, nach Hause kommen, sich nicht immer nur um fremde Leute kümmern, sondern seiner Mutter beistehen, wie es sich für den ältesten Sohn gehört.

Wie einst seine Familie in Nazaret, so stossen sich auch heute viele Menschen daran, dass Jesus mehr sein soll als ein Mensch ,wie du und ich'. Nicht nur der Sohn der Maria, sondern ,Gottes und Marien Sohn'. Sie stossen sich daran, dass sein Wort mehr gelten soll als die Worte aller anderen Lehrer der Menschheit – nämlich als Gottes direktes, persönliches, verbindliches Wort an jeden Menschen. Nicht ein volles Haus wie dort in Kafarnaum hindert sie daran, zu Jesus zu kommen. Aber ihr Kopf ist voll von eigenen Vorstellungen von ihm und Vorbehalten gegen ihn.

Nun waren da an der Haustür in Kafarnaum Leute, die es Jesus meldeten: „Deine Mutter und deine Brüder stehen draussen und wollen dich sehen." Die Leute an der Türe wehrten nicht ab: Jetzt geht das nicht, jetzt könnt ihr ihn nicht stören! Sie gehen und sagen es Jesus.

Ich möchte diesen Leuten gleichen. Wie sie, so möchte ich in den Menschen, die kritisch oder aufbegehrend draussen stehen, Suchende und Fragende erkennen. Ich möchte Menschen mit Jesus in Verbindung bringen. Das fängt auch heute nicht damit an, dass ich auf sie einrede und ihre falschen Vorstellungen und Erwartungen zu korrigieren versuche. Es fängt damit an, dass ich mit Jesus über sie rede und sie ihm empfehle.

Fürchte dich nicht, glaube nur! Lukas 8,50

Jesus hat das zum Vater eines todkranken Mädchens gesagt, zu Jairus, dem Synagogenvorsteher von Kafarnaum. Auf dem Weg zu dem kranken Kind lässt Jesus sich von einer Frau aufhalten. Sie hat nur diskret sein Gewand berühren wollen, aber Jesus nimmt sich Zeit für sie, spricht mit ihr und heilt sie von einem jahrelangen Leiden. Da bringt man Jairus die traurige Nachricht, seine Tochter sei inzwischen gestorben. Er brauche Jesus nicht mehr zu bemühen, die Hoffnung sei umsonst gewesen, die Hilfe komme zu spät.

Umsonst, zu spät – das sind entmutigende Worte, Worte des Unglaubens. Sie können eine fatale Wirkung haben. Gedanken des Unglaubens können auch aus dem eigenen verzagten Herzen aufsteigen: Es hat doch alles keinen Sinn mehr. Es ist zu spät. Mir kann doch niemand helfen, auch der Glaube nicht, auch Gott nicht. Wozu noch beten?

Jesus hat die entmutigenden Worte gehört. Wunderbar, wie er darauf reagiert. Er fordert Jairus auf: Höre nicht auf die Stimme des Unglaubens! Lass dich nicht entmutigen. Gib die Hoffnung nicht auf. „Fürchte dich nicht, glaube nur!"

Das sagt Jesus auch zu uns: Höre nicht auf die entmutigenden Worte der Menschen. Ergib dich nicht deinen eigenen ungläubigen Gedanken. Du hast vielleicht eine bittere Enttäuschung erlebt, eine grosse Hoffnung begraben müssen. Du bist erschüttert – vielleicht über dich selbst.

Aber gerade jetzt sagt Jesus: „Fürchte dich nicht, glaube nur!" Rechne nicht nur mit den bitteren Tatsachen, rechne mit mir und meiner Gegenwart! Orientiere dich nicht nur an den menschlichen Prognosen, orientiere dich an mir und meinen Möglichkeiten! Höre nicht auf die entmutigenden Stimmen. Ich komme mit dir an den Ort deiner Not und werde dir helfen. „Fürchte dich nicht, glaube nur!"

Am nächsten Tag zog er zwei Denare heraus, gab sie dem Wirt und sprach: Pflege ihn; und wenn du mehr ausgibst, will ich dir's bezahlen, wenn ich wiederkomme. Lukas 10,35

So endet das Gleichnis vom barmherzigen Samariter. Jesus fügt die Frage an, wer dem Überfallenen der Nächste gewesen sei, und sagt dann zu seinem Gesprächspartner: „Geh hin und tu desgleichen." Darum geht es auch heute, wenn wir diese Geschichte lesen. Aber mich würde ihre Fortsetzung interessieren: Was wird passieren, wenn der Samariter wiederkommt? Im Gleichnis von den anvertrauten Pfunden fordert der Herr bei seiner Rückkehr von den Knechten Rechenschaft darüber, was sie damit gemacht haben. Was trifft der Samariter an, wenn er zum Wirt zurückkommt?

Wir haben uns im Hausbibelkreis verschiedene Situationen vorgestellt. Zum Beispiel, dass der Genesene längst weitergereist ist und seinem Wohltäter nochmals danken lässt. Oder dass der Wirt dem Samariter die zwei Denare zurückgibt, weil er sich an der guten Tat beteiligen will. Oder dass der Samariter die Mehrkosten begleicht, dem Wirt ein grosszügiges Trinkgeld und dem Genesenen ein Reisegeld gibt und zu ihm sagt: Hilf auch du andern in der Not; das ist der Dank, den ich erwarte. Auf die Idee, dass der Samariter entgegen seinem Versprechen nicht zurückkommen könnte – darauf kam niemand!

In Jesus ist uns der barmherzige Samariter begegnet, hat uns aufgehoben und verbunden wie den Überfallenen. Jesus hat uns die Fürsorge für Menschen in Not aufgetragen und uns Gaben dafür gegeben wie dem Wirt. Er sagt auch zu uns: „Ich will dir's bezahlen, wenn ich wiederkomme."

Dass Jesus uns umsonst wirken und warten lässt – nein, das ist unmöglich! Jesus wird als der barmherzige Samariter auch den Schluss des Gleichnisses in die Tat umsetzen. Er wird wiederkommen und uns fragen, ob auch wir „desgleichen" getan haben. Wenn ja, dann werden wir erfahren, wie reich er belohnt.

Maria setzte sich dem Herrn zu Füssen und hörte seiner Rede zu. Lukas 10,39

Bei keinem anderen Rabbi wäre das möglich gewesen. Die jüdischen Gesetzeslehrer liessen keine Frauen zum Unterricht zu. Jesus hätte auch Martha, Marias Schwester, gerne dabei gehabt, aber nur Maria hat sich zu ihm gesetzt. „Sie hat das gute Teil erwählt." Bei Jesus sein dürfen, bei ihm still werden, auf ihn hören, sich von ihm beschenken lassen – wie gut tut das!

Bei Jesus sein. Einfach bei ihm sein wie bei einem guten Freund, wie bei der besten Freundin. Ihm nichts vormachen und nichts vor ihm verbergen müssen. Bei ihm sein dürfen mit allem, was mich bewegt und belastet, und dabei wissen: Wenn ich bei ihm bin, kann alles gut werden.

Bei Jesus still werden. Wie schön, dass ich bei ihm nicht immer etwas sagen oder tun muss. Wenn ich nicht weiss, wie oder worüber ich mit Jesus reden sollte, darf ich schweigen. Er weiss ja alles. Bei ihm still werden – wie schön!

Auf Jesus hören. In der Stille eröffnet er das Gespräch. Maria „hörte seiner Rede zu". Es war kein langer, schwieriger Vortrag. Sie hat sich von Jesus persönlich angesprochen gewusst, so wie auch wir beim Hören seiner Worte merken können: Das hat er jetzt zu mir gesagt. Er tröstet mich, er ermutigt mich, er fordert mich heraus.

Von Jesus beschenkt werden. Ihm abnehmen, was er uns schenken will: seine Gegenwart, seine Freundschaft, sein Wort, seine Liebe. Martha hat Jesus ihre Liebe durch eifriges Dienen zu beweisen versucht. Auch das hat seine Zeit: unser Dienst am Nächsten aus Liebe zu Jesus. Aber wir können andern nur das weitergeben, was wir uns von ihm haben schenken lassen.

Darum ist es auch für uns nicht nur schön und wohltuend, sondern das eine Notwendige: Sich wie Maria zu Jesu Füssen setzen. Bei ihm sein. Still werden. Auf ihn hören. Uns von ihm beschenken lassen.

Herr, lehre uns beten! Lukas 11,1

Der Evangelist Lukas erzählt, wie Jesus sich zum Beten zurückgezogen hat. Aber offenbar haben ihn seine Jünger beten gehört und ihn dabei beobachten können. Das hat in ihnen den Wunsch geweckt: So müsste man beten können! So möchten wir auch beten dürfen! Sie sind zu Jesus gegangen und haben gesagt: Wir möchten auch so beten, wie du betest. „Herr, lehre uns beten!" Und Jesus hat sie gelehrt. Er hat gesagt: So dürft auch ihr beten, beten wie ich. Mein Vater im Himmel will auch euer Vater sein.

Der Evangelist Matthäus hat die Erinnerung an das Gebet des Herrn in einem anderen Zusammenhang überliefert. Bei ihm ist die Anleitung zum Beten ein Teil der Bergpredigt. Jesus hat fromme Leute bei ihrem wortreichen Beten beobachtet und zu seinen Jüngern gesagt: So wie sie sollt ihr nicht beten! Und dann hat er sie gelehrt: Ihr aber sollt *so* beten!

Beim Vergleichen fällt auf, dass sich der Wortlaut des „Unser Vater" bei Lukas und Matthäus nicht ganz deckt. Das ist ein Hinweis darauf, dass es eben nicht auf das genaue Repetieren von Wörtern ankommt und schon gar nicht auf ihre möglichst häufige Wiederholung. So beten die Heiden und die Heuchler, hat Jesus gesagt. Sie meinen, es komme auf die schönen und richtigen oder auf die vielen Worte an. Aber Beten ist keine Kunst, keine Fleissübung, keine fromme Leistung. Beten kann jedes Kind, weil Beten heisst: mit dem Vater im Himmel reden.

Das ist das Neue gewesen am Gebet des Herrn. Das haben die Jünger von ihm lernen wollen: zu Gott im Himmel „unser Vater" sagen. Unkompliziert und ungeniert über alles mit Gott reden. Wie ein Kind mit seinem Vater, den es kennt und dem es vertraut.

Auch wir dürfen so beten. Wir dürfen ihm seine Worte nachsprechen und dann mit unsern eigenen Worten weiterfahren, dem Vater alles sagen, was uns bewegt. Jesus lädt uns dazu ein: So sollt ihr, so dürft ihr beten! Beten wie ich zu meinem und eurem Vater im Himmel.

Wer bittet, der empfängt; und wer sucht, der findet; und wer anklopft, dem wird aufgetan. Lukas 11,10

Bitten, suchen, anklopfen – zugeben, dass wir auf Gott angewiesen sind, das gehört zum Menschsein. „Gottes zu bedürfen ist des Menschen höchste Vollkommenheit" (Sören Kierkegaard). Aber funktioniert es mit dem Bitten, Suchen und Anklopfen? Bekommen wir immer, was wir wollen? Wenn wir es so verstehen, dann haben wir es missverstanden als ein blosses Wünschen und Fordern. Was heisst denn: Bitten, suchen, anklopfen?

Bitten heisst: Ich weiss, dass ich keine Ansprüche bei Gott geltend machen kann und nichts zu fordern habe. Aber ich appelliere an Gottes Reichtum und Güte und rechne damit, dass er mich daran teilhaben lässt. Vielleicht nicht so, wie ich es mir wünschte, aber so, dass ich Grund zum Danken bekomme.

Suchen heisst: Ich halte meine Augen offen, bin offen auch für Überraschungen. Ich weiss nicht immer im Voraus, was ich finden werde, aber ich halte Ausschau danach, wie mir in dem, was ich erlebe oder erleide, Gott begegnet.

Anklopfen heisst: Sich beharrlich bei Gott melden, aber nicht poltern, nicht die Tür einrennen wollen. Bescheiden anklopfen in der demütigen und geduldigen, aber unbeirrbaren Zuversicht, dass Gott zur rechten Zeit die Tür auftun wird.

Wenn wir so bitten, so suchen, so anklopfen, dann müssen wir nicht Angst haben, Gott halte uns für aufdringlich und unverschämt. Für Gott ist nicht unser Bitten und Suchen und Anklopfen das Problem – das wird ihm nie zuviel – sondern dass wir an seiner Tür vorbeigehen und die Hilfe anderswo suchen.

Im Beten bekennen wir unsere Abhängigkeit von Gott und seinem Schenken. Im Suchen motiviert uns die Zuversicht, dass es sinnvolle Ziele und verborgene Schätze in unserem Leben gibt. Im Anklopfen üben wir Bescheidenheit und geduldiges Warten. In allem vertrauen wir auf die Zusage Jesu: Es lohnt sich!

Wem viel gegeben worden ist, von dem wird auch viel verlangt. Je mehr einem Menschen anvertraut wird, desto mehr wird von ihm gefordert. Lukas 12,48

Das tönt nach Leistungsdruck. Wir denken an die heutzutage so enormen Anforderungen in Ausbildung und Beruf. Wer den geforderten Notendurchschnitt nicht erreicht, scheidet aus. Wer die erwarteten Umsatzzahlen nicht bringt, dem wird gekündigt. Doch was Jesus sagt, hat nichts mit solchem Erwartungs- und Leistungsdruck zu tun. Es geht um das, was *Gott* von uns erwartet. Aber ist es nicht noch viel schwieriger, ja unmöglich, *seine* Erwartungen zu erfüllen?

Nein, sagt uns Jesus. Gott verlangt nichts Unmögliches, denn er gibt ja die Gaben dazu. Von dem, dem Gott viel gegeben hat, erwartet er auch viel. Aber eben nur so viel, wie er ihm gegeben hat. Also überfordert er uns nicht. Die Erwartungen, die Gott an uns stellt, entsprechen ganz genau den Gaben, die wir von ihm empfangen haben. Paulus hat das einmal so gesagt: „Von einem Haushalter fordert man nicht mehr, als dass er für treu befunden wird" (1 Kor 4,2).

Gott überfordert uns nicht. Er orientiert sich in seinen Erwartungen an uns nicht an irgendwelchen Leistungsnormen, sondern an den Gaben, die er uns gegeben hat. Das macht uns zwar verantwortlich, aber es entlastet uns auch. Wenn Kranke oder Betagte darunter leiden, dass sie so vieles nicht mehr tun können, dass sie manche Erwartungen beim besten Willen nicht erfüllen können, dann dürfen auch sie sich durch diese Worte von Jesus trösten lassen. Nur so viel, wie uns gegeben ist, erwartet Gott von uns. Er überfordert uns nicht.

Wir sollen uns bewusstmachen, was Gott uns anvertraut hat. Alles haben wir von ihm – unsere Zeit, unsere Fähigkeiten, unsere Gesundheit. Gott erwartet, dass wir sorgfältig und verantwortungsbewusst damit umgehen. Was er von uns verlangt, das hat er uns immer schon geschenkt.

Du solltest aber fröhlich und guten Mutes sein; denn dieser dein Bruder war tot und ist wieder lebendig geworden, er war verloren und ist wiedergefunden. Lukas 15,32

Das sagt im Gleichnis der Vater zum älteren Sohn. Er wollte nicht dabei sein, als der jüngere Bruder, dieser Gauner und Vagant, mit einem Fest daheim wieder willkommen geheissen wurde, als wäre nichts gewesen. Der Vater geht zu ihm hinaus und bittet ihn, doch hereinzukommen und sich mitzufreuen. Jesus lässt offen, wie die Geschichte ausgegangen ist. Er überlässt es uns, wie wir uns den Ausgang vorstellen. Ich habe ihn mir so ausgedacht:

„Da wandte sich der Sohn unwillig vom Vater ab und lief davon. Immer weiter lief er in seinem Zorn, bis er die Musik nicht mehr hören und das Vaterhaus nicht mehr sehen konnte. Dann setzte er sich erschöpft auf einen Stein und brütete lange vor sich hin.

Auf einmal hörte er von weit weg die Stimme eines Tieres. Ein Schaf musste sich verlaufen oder verletzt haben. Sofort war er hellwach und machte sich auf die Suche, bis er es fand. Als er das erschöpfte und zitternde Lamm sah, fühlte er Erbarmen mit ihm, nahm es auf seinen Arm und drückte es an die Brust. Und plötzlich wusste er: So hat es der Vater mit meinem Bruder gemacht; er konnte nicht anders. Er legte sich das Lamm über die Schultern und trug es den weiten Weg nach Hause.

Im Heimwärtsgehen schwand sein Zorn immer mehr. Als er schon nahe beim Haus war, sah er den jüngeren Bruder auf sich zukommen. Da winkte er ihm zu und rief: Willkommen daheim, Bruder! und gab ihm das Lamm, das er gefunden hatte, zum Geschenk. Ein bisschen wenig zum Anfangen, sagte er lachend, aber der Segen des Vaters wird uns beide reich machen. Komm, lass uns zusammen essen und fröhlich sein!"

Ja, so möchte Jesus, dass solche Geschichten bei uns ausgehen. Machen wir dem Vater im Himmel die Freude – ihm und uns!

Sind nicht die zehn rein geworden? Wo sind aber die neun? Hat sich sonst keiner gefunden, der wieder umkehrte, um Gott die Ehre zu geben, als nur dieser Fremde? Lukas 17,17f

Zehn aussätzige Männer haben Jesus um Hilfe gebeten: „Jesus, lieber Meister, erbarme dich unser!" Jesus hat Erbarmen mit ihnen gehabt und hat ihnen geholfen. Aber nicht so, dass er sie durch ein Wort oder eine Berührung geheilt hat. Er hat sie zu den Priestern geschickt, die so etwas wie die Gesundheitsbehörde waren: „Geht hin und zeigt euch den Priestern! Und es geschah, als sie hingingen, da wurden sie rein."

In der Fortsetzung der Geschichte erfahren wir, dass das Heilungswunder ein eher enttäuschendes Nachspiel hat. Nur einer von den zehn Geheilten kehrt zu Jesus zurück, um ihm zu danken. Und zwar ausgerechnet der unter ihnen, von dem man es am wenigsten erwartet hätte: ein Samariter, ein Fremder. Aber Jesus verwundert sich nicht über diesen Einen, der zurückkommt und ihm dankt. Er verwundert sich über die neun anderen, die es nicht tun. Jesus fragt ihn nach den andern: „Sind nicht die zehn rein geworden? Wo sind aber die neun?"

Der Dankbare soll sich also nichts auf seine Dankbarkeit einbilden. Er soll mit Jesus die Sorge um die neun anderen teilen. Denn die Rettung kommt bei ihnen ja nicht wirklich zum Ziel, wenn nicht auch sie zu ihrem Retter zurückkehren, bei ihm bleiben, ihm nachfolgen, seine Jünger werden – und dann seine Sorge teilen um die, die es noch nicht sind.

Gehören wir zu denen, auf die Jesus noch wartet? Oder sind wir schon zu ihm umgekehrt, um unserem Retter zu danken? Unser Dank freut ihn. Aber er möchte, dass wir seine Sorge um die Menschen teilen, auf die er noch wartet. – Wer könnte das sein? Suchen wir nicht zu weit. Es sind unsere Weggefährtinnen und Schicksalsgenossen. Bleiben wir ihnen nahe. Vielleicht können wir es heute einer oder einem von ihnen sagen: Jesus wartet auf dich!

Lasst die Kinder zu mir kommen und hindert sie nicht, denn solchen gehört das Reich Gottes. Lukas 18,16

Mütter wollen mit ihren Kindern zu Jesus kommen. Aber die Jünger treten ihnen in den Weg. Nicht irgendwelche Gegner von Jesus, die etwas gegen ihn und seinen Einfluss auf die Menschen haben, sondern seine Jünger, seine Anhänger und Nachfolger. So kann es Kindern auch heute gehen: Erwachsene stehen ihrem Kontakt mit Jesus und ihrem Vertrauen zu Gott im Weg. Kinder von autoritären Vätern können sich auch den Vater im Himmel nicht anders vorstellen als hart und streng. Es gibt auch in den christlichen Gemeinden negative Vater- und Mutterfiguren. Es gibt fantasielose Religionslehrerinnen und moralisierende Pfarrer, die bei den Kindern und Jugendlichen die Freude an Gott gar nicht aufkommen lassen. Sie muss dann niemand aus der Kirche verscheuchen, sie bleiben von selbst weg. Als Väter oder Mütter, als Verwandte oder Nachbarn – wir Erwachsene müssen uns fragen, ob wir Kindern den Weg zu Gott erschweren oder versperren.

Aber vielleicht fallen Ihnen jetzt negative Erfahrungen ein, die Sie als Kind selbst gemacht haben. Manchen Menschen dienen solche Negativ-Erfahrungen ein Leben lang als Entschuldigung für ihr Desinteresse am Glauben und ihre Distanzierung von Gott. Aber als Erwachsene sind wir selbst dafür verantwortlich, wie wir uns zu Jesus und seiner Botschaft vom Reich Gottes einstellen. Da stehen sich manche selbst im Weg. Sie halten sich für zu aufgeklärt und zu vernünftig, um an Gott zu glauben. Sie bilden sich ein, dass sie Gott und seine Hilfe nicht brauchen, weil es ja gut geht auch ohne ihn. Oder sie meinen, sie seien nicht gut genug, um mit Gott in Kontakt zu treten.

Jesus nimmt uns alle Vorwände und Entschuldigungen aus der Hand. Er heisst uns vertrauensvoll und ungeniert zu ihm kommen, unvoreingenommen und neugierig wie Kinder. „Denn solchen gehört das Reich Gottes."

Zachäus, steig eilend herunter; denn ich muss heute in deinem Haus einkehren. Lukas 19,5

Zachäus war der Oberzöllner von Jericho. Man hasste ihn, weil er korrupt war und mit der römischen Besatzungsmacht kooperierte. Als der berühmte Rabbi Jesus durch die Stadt zog, wollte Zachäus ihn unbedingt sehen. Aber kleingewachsen wie er war, hatte er in der Menschenmenge keine Chance dazu. Darum lief er voraus und kletterte auf einen Maulbeerfeigenbaum. Als Jesus dort vorbeikam, blieb er unter dem Baum stehen, blickte zu Zachäus hinauf und lud sich selbst bei ihm als Übernachtungsgast ein: „Ich muss heute in deinem Haus einkehren."

Das stand nicht im Terminkalender des Oberzöllners Zachäus von Jericho. Aber es stand in Gottes Heilsplan für den trotz seines lukrativen Postens einsamen Mann. Gott hat einen Heilsplan für jeden Menschen. Denn „Gott will, dass alle Menschen gerettet werden und zur Erkenntnis der Wahrheit kommen" (1 Tim 2,4).

Manche meinen, zu dieser Erkenntnis könnten sie irgendeinmal kommen: Später, im Alter vielleicht, wenn sie zum Nachdenken Zeit haben. Oder in einer Notlage, in der man nur noch beten kann und einsieht, dass man auf Gott und seine Hilfe angewiesen ist.

Aber den persönlichen Heilsplan machen wir nicht selbst. Gott schenkt uns die besonderen Zeiten und Gelegenheiten, wo er uns begegnen will und wir seine Stimme hören, so wie Zachäus sie gehört hat. Dann kann der Termin nicht aufgeschoben werden.

„Ich muss *heute* in deinem Haus einkehren", hat Jesus zu ihm gesagt. Jetzt, heute, oder vielleicht nie mehr kann Zachäus ganz persönlich Gott begegnen. Heute, da Jesus ihn anspricht und bei ihm einkehren will, um sein Leben zu verändern.

Lassen wir das Heute nicht ungenutzt vorübergehen, wenn Jesus zu uns sagt: „Ich muss heute bei dir einkehren!" Er will uns wie Zachäus zu freien, neuen Menschen machen. Er möchte, dass auch mir und meinem Haus – meiner Familie, meinen Nachbarn, meinen Freunden – Heil widerfährt, Heil nach Leib und Seele.

Der Menschensohn ist gekommen, zu suchen und zu retten, was verloren ist. Lukas 19,10

Das hat Jesus als Gast im Haus des Zachäus gesagt. Das sei sein Auftrag: das Verlorene zu suchen und zu retten. Jesus hat es erklärt und bekräftigt, weil er kritisiert und angegriffen worden ist. Fromme Menschen haben seinen Kontakt zu den Zöllnern und anderen Sündern missbilligt. Sie haben sich darüber empört, dass er sich ausgerechnet bei dem korrupten Obergauner Zachäus selbst eingeladen und bei ihm übernachtet hat. Warum er das getan hat, ja tun *musste*, das hat Jesus mit diesem Satz erklärt und gerechtfertigt: Dazu bin ich gekommen, dazu hat mich mein Vater in die Welt gesandt, das ist mein Auftrag – „zu suchen und zu retten, was verloren ist".

Den frommen Kritikern hat Jesus das erklären müssen. Dem Zachäus nicht. Zachäus hat es erfahren. Die Begegnung mit Jesus hat sein Leben total verändert. Ohne dass Jesus ihn dazu aufgefordert hat, ist ihm klar geworden, was bei ihm anders werden muss. Er hat sich spontan und öffentlich verpflichtet, Unrecht so weit wie möglich wieder gut zu machen und seinen Reichtum mit den Armen zu teilen. Jesus hat ihm nicht beibringen müssen, dass er verloren sei und gerettet werden müsse. Er hat ihm keine Bedingungen gestellt. Er hat zu dem verhassten Zöllner ohne Freunde nur gesagt: „Ich muss heute bei dir einkehren" und hat ihm seine Freundschaft geschenkt.

Er hat auch sonst mit den im Leben gescheiterten und darum verachteten Menschen nicht über ihre Verlorenheit und die Notwendigkeit ihrer Rettung gesprochen. Er hat sie spüren lassen, dass Gott sie sucht und liebt. Durch ihn haben die Verlorenen erlebt, dass sie gefunden und gerettet sind.

Ich möchte nicht zu den Kritikern gehören, denen Jesus das erst noch beibringen muss. Sie wohl auch nicht. Aber wenn es nötig ist, wollen wir uns daran erinnern lassen, wozu er gekommen ist: „Zu suchen und zu retten, was verloren ist."

Flügel hab ich
aber vergessen
dass ich fliegen kann
Hände hab ich
und weiss nicht was tun

Augen hab ich
doch schau ich nicht auf
Lippen hab ich
nur kommt nichts rüber

Hab ich ein Ohr
zu lauschen
vielleicht
dass er mir alles
noch einmal sagt

O Wunder
er denkt an mich
er redet mit mir
er macht mich sehend
er gibt mir Worte
er braucht meine Hände

Beflügelt
bin ich
denk ich
an ihn

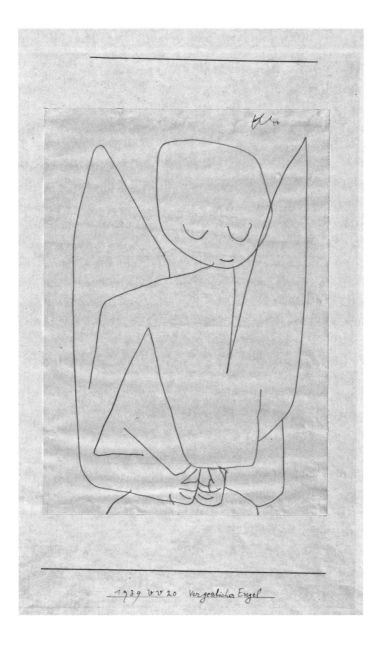

Paul Klee: Vergesslicher Engel, 1939, 880
Bleistift auf Papier auf Karton 29,5 x 21 cm
Zentrum Paul Klee, Bern

Von seiner Fülle haben wir alle genommen Gnade um Gnade.
Johannes 1,16

So steht der Satz in der Luther-Bibel. In anderen Übersetzungen heisst es: „Aus seiner Fülle haben wir alle *empfangen* Gnade um Gnade." Beide Übersetzungen sind richtig. Beide Wörter drücken etwas von dem aus, worum es geht.

Empfangen – das bringt zum Ausdruck, dass die Gnade Gottes sein Geschenk ist: nichts, was man verdienen kann; nichts, worauf irgendjemand Anspruch hätte; nichts, was man sich einfach selbst nehmen könnte.

Aber ein Geschenk kann einem angeboten werden und man geht doch leer aus, weil man es nicht annimmt. Darum ist das Empfangen der Gnade Gottes auch ein *Nehmen*. Als mir, als uns die Gnade Gottes angeboten worden ist, sagt Johannes, da haben wir die Annahme des Geschenks nicht verweigert und nicht versäumt. Wir alle haben es angenommen.

Ob dieses „wir alle" auch für Sie gilt? Sicher ist, dass das Angebot der Gnade Gottes allen und also ganz gewiss auch Ihnen gilt. Was Sie damit persönlich bis jetzt gemacht haben, weiss ich nicht, aber Sie wissen es. Wenn Sie es angenommen haben, dann danken Sie Gott dafür! Wenn Sie auf Gottes Angebot noch nie eingetreten sind, dann tun Sie es doch! Es ist genug und mehr als genug Gnade bei Gott, genug auch für Sie.

„Aus seiner Fülle haben wir alle empfangen", sagt Johannes. Gottes Gnade wird nicht weniger, wenn wir sie für uns in Anspruch nehmen. Denken Sie doch nicht, dass Gott so viel Gnade, wie Sie brauchen, nicht hat, oder dass es die Gnade, die Sie nötig hätten, gar nicht gibt. Gott hat sie und er will sie Ihnen schenken: „Gnade um Gnade". Also immer neue Gnade – gerade so, wie Sie sie nötig haben: Gnade, die Sie tröstet. Gnade, die vergibt, die Sie entlastet und aufrichtet. Gnade, die Ihnen Kraft und neue Hoffnung und Ihrem Leben wieder Sinn gibt. Eben: Gnade um Gnade.

Der Menschensohn muss erhöht werden, damit jeder, der glaubt, in ihm ewiges Leben hat. Johannes 3,14f

Jesus hat das zu Nikodemus gesagt, einem Pharisäer, der in der Nacht zu ihm gekommen ist. Jesus hat mit ihm von seiner bevorstehenden Erhöhung ans Kreuz gesprochen. Zur Erklärung hat er Nikodemus an eine Geschichte aus dem Alten Testament erinnert, an die Geschichte von der ‚ehernen Schlange' (Numeri 21,4–9). Sie muss dem schriftgelehrten Pharisäer bekannt gewesen sein. Jesus erklärt ihm: „Wie Mose in der Wüste die Schlange erhöhte, so muss der Menschensohn erhöht werden, damit jeder, der glaubt, in ihm ewiges Leben hat."

Die Israeliten hatten damals gegen Mose aufbegehrt und sich über die kargen Lebensbedingungen in der Wüste beklagt. Zur Strafe für ihr Murren wurden sie von Giftschlangen geplagt. Mose richtete im Auftrag Gottes ein Hoffnungsbild in der Gestalt einer Schlange auf. Wer zu diesem Zeichen der Hoffnung aufschaute, wurde gerettet.

So ist das Kreuz Jesu das Zeichen der Hoffnung und der Rettung für alle, die gläubig zu ihm aufblicken. Jesus hat sich selbst ans Kreuz erhöhen lassen und ist durch sein Sterben zum Retter für alle Menschen geworden.

Mit dem Erhöhtwerden hat Jesus aber auch schon seine Auferweckung aus dem Tod und seine Himmelfahrt angedeutet. Gott hat durch die Auferweckung aus dem Tod und durch die Erhöhung zu seiner Rechten bestätigt, dass er das Opfer seines Sohnes angenommen und in Kraft gesetzt hat für alle, die daran glauben. Als der von Gott Erhöhte gibt Jesus allen, die ihm vertrauen, Anteil an seinem unvergänglichen, ewigen Leben. Schauen auch Sie auf zum „Anfänger und Vollender unseres Glaubens" (Hebr 12,2). Vertrauen Sie ihm und freuen Sie sich an dem neuen Leben, das er Ihnen schenkt!

Als Jesus den Gelähmten liegen sieht und erkennt, dass er schon eine lange Zeit leidet, sagt er zu ihm: Willst du gesund werden? Johannes 5,6

Viele kranke Menschen drängten sich um den Teich Bethesda in Jerusalem. Man sagte, das Wasser sei heilkräftig, und es kam vor, dass Kranke davon gesund wurden.

Jesus kommt dorthin und sieht den Mann, von dem man ihm sagt, er sei schon 38 Jahre lang gelähmt gewesen. Jesus spricht ihn an und sagt, was noch keiner zu ihm gesagt hat: „Willst du gesund werden?" Vielleicht hat der Mann zuerst gemeint, da wolle sich einer über seinen Zustand lustig machen. Resigniert antwortet er, er habe ja keinen Menschen, der ihm helfe. Andere habe er durch das heilkräftige Wasser gesund werden sehen, aber ihm helfe niemand. Eine ausweichende Antwort auf die klare Frage, die Jesus ihm gestellt hat. Will er überhaupt noch gesund werden? Möchte er gehen können, oder sind Wunsch und Hoffnung in ihm gestorben?

Jesus fordert ihn heraus: „Steh auf, nimm deine Bahre und zeig, dass du gehen kannst!" Der Mann nimmt die Herausforderung an, und siehe da: „Er wurde gesund, nahm seine Bahre und konnte gehen." In der Begegnung mit Jesus geschah das Wunder, dass er wieder gehen wollte – und es auch konnte.

In der Begegnung mit Jesus wird auch heute Unmögliches möglich. Resignierte und lebensmüde Menschen finden wieder Mut zum Leben. Sie erfahren die heilende Kraft des Glaubens an Leib und Seele. Und wenn es nicht die körperliche Heilung ist, so finden sie im Glauben an Jesus ein Ja zu ihren Grenzen. Sie finden den Mut zum Weitergehen und erfahren, dass es mit Gottes Hilfe immer wieder geht.

Ich wünsche auch Ihnen im Glauben neuen Mut zum Weitergehen und die Erfahrung, dass es mit Gottes Hilfe immer wieder geht.

Siehe, du bist gesund geworden; sündige hinfort nicht mehr, dass dir nicht etwas Schlimmeres widerfahre. Johannes 5,14

Der Mann, den Jesus am Teich Bethesda geheilt hat, ist weggegangen und in der Menge verschwunden. Jesus findet ihn im Tempel wieder und gibt ihm diese Ermahnung mit. Der Mann hätte es vielleicht passender gefunden, wenn Jesus andere ermahnt hätte. Zum Beispiel die Menschen, die ihn dort am Teich immer im Stich gelassen haben und über die er sich bei Jesus beklagt hat: „Herr, ich habe keinen Menschen." Oder die frommen Leute, die ihn nach seiner Heilung dann gleich kritisiert haben, weil er seine Bahre nach Hause getragen hat, was man an einem Sabbat doch nicht dürfe. Aber Jesus ermahnt nicht die anderen, sondern den Geheilten.

Offenbar hat er sich für seinen Helfer nicht näher interessiert. Als ihn die Leute fragen, wer ihm befohlen habe, seine Bahre am Sabbat umherzutragen, sagt er nur, es sei der gewesen, der ihn geheilt habe. Wer Jesus und wo Jesus jetzt ist, weiss er nicht. Aber Jesus hat ihn nicht aus den Augen verloren. Als er ihn im Tempel trifft, sagt er zu ihm: „Sündige hinfort nicht mehr!"

Das bedeutet nicht, dass ihm nun auch Jesus kleinliche Vorschriften macht, wie es fromme Mitmenschen sofort haben tun wollen. Nein, der Geheilte muss jetzt nicht ängstlich aufpassen, dass er ja keinen falschen Schritt macht. Aber er soll nie vergessen, wer ihm geholfen hat. Er darf sich seinen Glauben an Jesus nicht nehmen lassen. Er soll sich immer daran erinnern, dass er sein neues Leben allein Jesus und seinem Wort verdankt. Ihn, seinen Retter zu vergessen, das wäre das „Schlimmere", das ihm widerfahren könnte.

Jesus spricht sein rettendes Wort auch zu uns. Wenn wir seine Hilfe erfahren haben, ist es lebenswichtig, dass wir unseren Helfer nicht vergessen und den Kontakt mit ihm nicht wieder verlieren. Nur im Bleiben bei Jesus und im Hören auf sein Wort können wir das Neue bewahren, das er uns schenkt.

Herr, wohin sollen wir gehen? Du hast Worte des ewigen Lebens. Johannes 6,68

Mich beeindruckt, dass Jesus seinen Nachfolgern ausdrücklich freigestellt hat, wie sie es mit der Beziehung zu ihm halten wollen. Ob sie bei ihm bleiben oder ihn lieber wieder verlassen wollen. Es hatte damals eine Absetzbewegung von Jesus gegeben, so etwas wie eine ‚Abstimmung mit den Füssen'. Viele Mitläufer, die eine Zeitlang mit ihm unterwegs gewesen waren, verliessen ihn wieder. Sie hatten sich wohl falsche Vorstellungen von Jesus und seinen Absichten gemacht und waren darum von ihm enttäuscht. Oder sie hatten nicht gedacht, dass die Zugehörigkeit zu Jesus Konsequenzen für ihre Lebensgestaltung haben würde. Weil sie dazu nicht bereit waren, trennten sie sich lieber wieder von ihm.

Jesus hält niemanden zurück. Er fragt sogar seine engsten Freunde und Weggefährten: „Wollt ihr auch weggehen?" Wer bei ihm bleibt, muss wissen, dass er oder sie das will, und muss auch wissen warum.

Petrus und die, für die er stellvertretend antwortet, wissen es: „Herr, wohin sollen wir gehen? Du hast Worte des ewigen Lebens." Du allein, Herr, hast Worte, die mehr sind als nur Worte. Worte des Lebens hast du, Worte des ewigen Lebens. Worte, die wahres, göttliches Leben zugänglich machen für alle, die sie hören und annehmen.

Diese Lebensworte haben in Jesus Fleisch und Blut angenommen. Er verkörpert das Leben aus Gott, und er teilt es mit uns, wenn wir bei ihm bleiben und mit ihm gehen.

In der Wirklichkeit der Nachfolge wird dann noch manche Idealvorstellung zerbrechen, die wir uns davon gemacht haben. Auch Petrus hat das erfahren müssen. Nachfolge ist nur möglich dank der geduldigen und barmherzigen Seelsorge Jesu. Aber auch dann, wenn wir versagt haben, hat er ein Wort des Lebens für uns: das Wort der Vergebung und der Liebe.

Wen da dürstet, der komme zu mir und trinke! Johannes 7,37

Durch die ganze Bibel hindurch ist die Quelle oder der Brunnen ein Bild für die Lebenskraft, die uns aus der Verbindung mit Gott zufliesst. Gott kann Wasser fliessen lassen mitten in der Wüste, ja aus dem Felsen; das Volk Israel hat es auf seiner Wanderung durch die Wüste erlebt.

In den Psalmen hören wir den Hilferuf von Menschen, die am Verdursten sind: „O Gott, dich suche ich, meine Seele dürstet nach dir; mein Leib schmachtet nach dir wie dürres, lechzendes Land ohne Wasser." Aber wir finden auch das dankbare Bekenntnis: „Bei dir ist die Quelle des Lebens" (Ps 63,2; 36,10).

Wie können wir Menschen nur so blöd sein zu meinen, Gott als die Lebensquelle nicht nötig zu haben! Beim Propheten Jeremia lesen wir, wie Gott sich über diesen Wahnsinn verwundert: „Mich, die lebendige Quelle, verlassen sie und machen sich rissige Zisternen, die das Wasser nicht halten" (Jer 2,13).

An einem alten Brunnen hat Jesus mit einer Frau über ihr verwüstetes Leben gesprochen und ihr das rettende Wasser angeboten, das er selbst ist. Die schöne Geschichte steht ebenfalls im Johannes-Evangelium (4,1–42). Und hier also diese Einladung an alle Menschen: „Wen da dürstet, der komme zu mir und trinke!" Jesus lädt uns ein: Komm zu mir, lass mich deinen Durst stillen: den Durst nach Leben und Liebe, nach Gnade und Vergebung, nach Hoffnung und neuer Kraft!

Lassen Sie ihn das Wasser des Lebens hineingiessen gerade dort, wo Ihr Leben dürr, trostlos, verdorben, sinnlos geworden ist. Setzen Sie sich neben ihn wie jene Frau am Brunnen und lassen Sie sich von Jesus erquicken durch die Erfahrung seiner Nähe und durch das Hören auf seine Worte. Lesen Sie die Bibel, gehen Sie zum Gottesdienst und erleben Sie, wie der Gang zur Lebensquelle erfrischt!

Wer unter euch ohne Sünde ist, werfe den ersten Stein auf sie. Als sie aber das hörten, gingen sie weg, einer nach dem andern, die Ältesten zuerst. Johannes 8,7.9

Fromme Männer habe eine Frau zu Jesus gebracht; sie sei auf frischer Tat beim Ehebruch ergriffen worden. Sie wollen ihm eine Falle stellen. Wenn er gegen die Steinigung der Frau ist, widerspricht er dem Gesetz des Mose. Jesus durchschaut das böse Spiel und gibt allen Beteiligten die Chance, sich ins Licht der Wahrheit zu stellen und seine Vergebung zu erfahren. – Wie hätte die Geschichte *auch* ausgehen können?

Zum Beispiel so: Als sie es hörten, gingen sie einer nach dem andern weg. Als die Frau sah, dass sie allein zurückgeblieben war, während Jesus noch immer in den Sand schrieb, nahm sie die Gelegenheit wahr und schlich ebenfalls davon. Als Jesus sich aufrichtete, war niemand mehr da als er allein.

Oder so: Als sie es hörten, gingen sie einer nach dem andern weg. Als die Frau sie so davonschleichen sah, lief sie ihnen nach und beschimpfte sie laut: Endlich hat euch einer gezeigt, was ihr seid – verdammte Heuchler!

Oder so: Als sie es hörten, gingen sie einer nach dem andern weg. Dem Letzten, der sich seiner eigenen Schuld bewusst geworden war, tat die Frau leid. Er reichte ihr zögernd die Hand und zog sie mit sich fort.

Am besten so: Als sie es hörten, erschraken sie und senkten einer nach dem andern schuldbewusst den Kopf. Als Jesus sich aufrichtete und sie schweigend dastehen sah, sprach er zu der Frau und zu den Männern: Ich verurteile euch nicht. Tut auch ihr es nicht! Geht, sündigt von jetzt an nicht mehr!

Gebet: Herr Jesus, wenn ich schuldig vor dir stehe, sagst du auch zu mir: Ich verurteile dich nicht. Ich danke dir für dein Erbarmen und will es auch den andern gönnen, auch denen, die unbarmherzig sind mit mir. Ich überlasse sie dir und deinem gerechten und gnädigen Urteil.

Ich bin das Licht der Welt. Wer mir nachfolgt, wird nicht wandeln in der Finsternis, sondern wird das Licht des Lebens haben. Johannes 8,12

Eine bekannte Redensart sagt, dass wir, wenn wir geboren werden, das Licht der Welt erblicken. Aber je mehr uns dann die Augen aufgehen, je länger wir uns umsehen in der Welt, in die wir hineingeboren worden sind, desto mehr Finsternis nehmen wir wahr. Erst wenn uns die Augen für Christus aufgehen und wir auf ihn schauen, erblicken wir in Wahrheit das Licht der Welt. Das ist wie eine neue Geburt. Durch den Glauben an Jesus Christus, durch unsere Verbindung mit ihm, werden wir von neuem geboren. Da beginnt ein neues Leben. Wir folgen Jesus nach. Wir lernen von ihm. Wir orientieren uns an ihm und seinen Worten. Wir tun, was er uns sagt. Wir werden seine Nachfolgerinnen und Nachfolger.

„Wer mir nachfolgt, wird nicht wandeln in der Finsternis, sondern wird das Licht des Lebens haben", sagt Jesus. Was für ein Unterschied: ob wir im Finstern umhertappen und ständig Gefahr laufen, uns zu verirren, oder ob wir im Licht gehen und den Weg sehen! Zwar wissen wir auch in der Nachfolge Jesu nicht im Voraus, wohin der Weg morgen und übermorgen führen wird. Aber wenn wir uns ihm anvertrauen und anschliessen, haben wir die Gewähr dafür, dass er uns den Weg zeigt und uns ans Ziel führt.

Das gilt auch für den mühsamen Auf- oder Abstieg, auf dem Sie sich vielleicht heute befinden. Es gilt auch für die Talsohle, in der Sie schon so lange unterwegs sind und die Sie gerne endlich hinter sich hätten. Schliessen Sie sich Jesus im Glauben vertrauensvoll an. Er geht Ihnen voraus, aber er läuft Ihnen nicht davon. Er reicht Ihnen seine starke Hand. Er hilft Ihnen über Hindernisse hinweg und bewahrt Sie in Gefahren. Er ist bei Ihnen als das Licht der Welt, wie er es versprochen hat – heute und alle Tage bis an das Ende der Welt.

Weder dieser hat gesündigt noch seine Eltern, sondern die Werke Gottes sollen an ihm offenbar werden. Johannes 9,3

Jesus und seine Jünger treffen in Jerusalem einen Bettler an, der blind geboren worden ist. Die Jünger wollen wissen: Wessen Schuld ist das? Hat er selbst oder haben seine Eltern gesündigt, dass Gott ihn so bestraft hat? Jesus sagt: Falsch gefragt! Gottes Absicht mit den Menschen ist nicht das Bestrafen, sondern das Helfen und Retten. Fragt also nicht bei jedem Unglück: Womit hat der oder die das verdient? Oder auch: Womit habe ich das verdient? Die richtige Frage lautet: Was hat Gott jetzt vor?

Das ist eine grosse Entlastung, dass wir bei fremdem Leid oder im eigenen Unglück nicht Schuldige suchen müssen. Wir müssen weder andere noch uns selbst anklagen. Wir sollen uns für das öffnen, was Gott wirken, zeigen, verändern, schenken will – auch und gerade durch eine schwierige Erfahrung, durch eine Belastung, durch Notlagen und Notzeiten im Leben.

Die Heilung des Blindgeborenen ist ein Beispiel und Gleichnis für das, was Jesus an allen Menschen tun will. Wir sind von Natur aus blind für Gott und sein Wirken. Uns allen mussen die Augen aufgetan werden für das wahre Licht, für Jesus, das Licht der Welt. Nicht um uns unsere Blindheit vorzuwerfen, ist er gekommen, sondern um uns davon zu heilen.

Das ist es, was wir unbedingt wissen müssen. Manchmal ahnen wir zwar auch, dass es einen Zusammenhang zwischen Schuld und Schicksal in unserem Leben gibt, aber dass wir uns dann selbst anklagen, hilft uns nicht weiter. Und mit unseren Urteilen und Vorurteilen ist anderen Menschen in ihrem Unglück auch nicht geholfen. Aber das ist die Hilfe: In eigenem und fremdem Unglück zu wissen, dass Gott nicht strafen und verderben, sondern heilen und retten will. Wo wir Jesus begegnen, dürfen wir das glauben und von ihm erwarten – für uns und für andere.

Er legte mir einen Teig auf die Augen, und ich wusch mich, und nun sehe ich. Johannes 9,15

Dreimal wird der Blindgeborene gefragt, wie es gekommen sei, dass er jetzt sehen könne. Er erzählt, wie ihm Jesus mit Speichel Staub auf die Augenlider geklebt und ihn zum Teich Schiloach geschickt habe, sich die Augen zu waschen. Das habe er getan, und dann habe er sehen können.

Seine Schilderung ist mehr als ein medizinisches Therapieprotokoll. Der Vorgang ist ein Bild für ein geistliches Geschehen. Der Blinde wird zum Wasser geschickt, um sich den Schmutz abzuwaschen, der nicht nur auf seinen Augen, sondern auf seinem ganzen Leben liegt. Der Schmutz ist das, was ihn blind macht für Gott: die Sünde, die ihn von Gott trennt und ihn in der Finsternis festhält. Das Waschen der Augen ist ein Bild für die Reinigung von der Sünde, die auch uns in der geistlichen Blindheit festhält.

Jesus weiss, welcher Staub auf unseren Augen, wie viel Schmutz auf unserem Leben liegt. Er fordert auch uns auf: Geh, wasche dich! Das bedeutet: Bekenne dich zu dem, was dein Leben finster und deine Augen blind macht für Gott. Lass dir von Jesus sagen, wie du rein und heil werden kannst, nämlich durch das Geschenk seiner Vergebung.

Der Blindgeborene hätte sagen können: Was soll das? Die Augen waschen, das hilft mir doch nicht! Aber er hat getan, was Jesus gesagt hat, und so ist er sehend geworden.

Für manche Menschen scheint das heute zu einfach, und zugleich empfinden sie es als demütigend und unzumutbar: sich vor Gott zu ihrer Schuld zu bekennen und von Jesus das Geschenk der Vergebung anzunehmen.

Doch alles Diskutieren und Argumentieren hilft aus der Blindheit nicht heraus. Jesus sagt uns, wie wir sehend werden, und das Wunder geschieht, wenn wir tun, was er uns sagt.

Das ist fürwahr verwunderlich, dass ihr nicht wisst, woher er ist, und er hat mir doch die Augen aufgetan. Johannes 9,30

Das sagt der Blindgeborene, den Jesus sehend gemacht hat, zu den Pharisäern. Sie haben ihn genervt, weil sie ihn immer weiter über seine Erfahrung mit Jesus ausgequetscht haben und ihm doch nicht haben glauben wollen. Sie haben ihn in theologische Diskussionen verwickelt und ihm zu beweisen versucht, er habe sich täuschen lassen. Sie werfen ihm vor, er stehe als Parteigänger von Jesus auf der falschen Seite. Einer, der so wie Jesus den Sabbat missachte, könne seine Vollmacht nicht von Gott haben und verdiene kein Vertrauen.

Der geheilte Bettler ist seinen Gegnern in diesem Wortgefecht intellektuell weit unterlegen. Er hat nur ein einziges Argument, das aber ist stärker als alle ihre Einwände: „Er hat mir doch die Augen aufgetan!" Das wiederholt er unbeirrt und gibt seiner Verwunderung darüber Ausdruck, dass sie die Bedeutung dieses Wunders nicht verstehen.

Jesus möchte alle Menschen von ihrer Blindheit heilen, aber wenn wir meinen, alles schon richtig zu sehen und besser zu wissen, kann er uns nicht helfen. Bei den Pharisäern in dieser Geschichte sehen wir, wie das Nichtsehen-Wollen schliesslich zum Nichtsehen-Können führt. Beim Geheilten hingegen können wir beobachten, wie das einfache Bekenntnis zu dem, was Jesus an ihm getan hat, das Interesse und das Verständnis für seinen Helfer wachsen lässt. Er wird auch zunehmend mutiger, sich zu Jesus zu bekennen.

Ich möchte so wie er in einem Prozess zunehmender Klarheit und wachsender Überzeugung stehen, indem ich mich dankbar und unbeirrt zu Jesus bekenne. Ich darf dabei auf seine Verheissung vertrauen: „Wer mir nachfolgt, der wird nicht in der Finsternis wandeln, sondern er wird das Licht des Lebens haben" (Joh 8,12).

Ich bin die Tür. Wenn jemand durch mich hineingeht, wird er gerettet werden, und er wird ein- und ausgehen und Weide finden. Johannes 10,9

Türen haben eine Doppelfunktion: Sie ermöglichen den Ausgang oder sie eröffnen einen Zugang. Wenn Jesus sich mit einer Tür vergleicht, denke ich zunächst an einen Notausgang. Notausgänge können lebensrettend sein. Darum müssen sie in öffentlichen Gebäuden signalisiert und jederzeit frei zugänglich sein.

Jesus Christus ist aber nicht einer neben anderen möglichen Notausgängen, nicht eine Adresse unter vielen, an die wir uns in der Not wenden können. Er ist der Helfer und Retter von Gott, der wahre und einzige. Er ist unsere Zuflucht in jeder Not. Er ist der wahre Notausgang, auch und gerade in der allerletzten Not, im Tod.

Der Notausgang führt nicht ins Nichts. Jesus als die Tür ist zugleich der Eingang. In einem Osterlied heisst es: „Jesus lebt! Nun ist der Tod mir der Eingang in das Leben." Das verspricht Jesus allen, die sich ihm anvertrauen, im Blick auf den Durchgang durch die letzte Wand, die unser irdisches Leben begrenzt: „Ich lebe und auch ihr werdet leben!" (Joh 14,19).

Der Eingang zum Leben ist Jesus aber nicht erst dann, sondern schon jetzt. Wer durch diese Tür geht, wird „Weide finden". Nicht materiellen Überfluss, der über die Leere und Sinnlosigkeit des Lebens nur hinwegtäuscht, nicht Spass und Unterhaltung bis zum Überdruss. Nein, „Weide" lässt Christus uns finden: Speise und Trank, das Lebensbrot und die Lebensquelle, Leben aus dem Ursprung, Leben aus Gott, ewiges Leben.

Wenn uns sonst alle Türen verschlossen wären – Christus, die Tür, steht immer für uns offen: als Notausgang in jeder Not, auch in der letzten, und als Eingang in das wahre, erfüllte und unvergängliche Leben, schon hier und heute.

Das offene Tor

Eine Verheissung für alle,
die sich fragen, wo der Weg weitergeht.
Für Wagemutige,
die mit dem Kopf durch die Wand möchten.
Für Verunsicherte,
die nicht mehr aus und ein wissen.
Für Enttäuschte,
die nur Sackgassen vor sich sehen.

Jesus Christus spricht:
„Ich bin die Tür!
Wer durch mich hineingeht, wird gerettet
und wird ein- und ausgehen und Weide finden."

Die Tür steht offen.
Wir werden erwartet.
Jede und jeder ist willkommen.

Warum zögern oder vorübergehen?
Es ist das Tor zur Freiheit und zum Leben.
Hier fängt der Heimweg zu Gott an.
Jetzt ist alles Suchen und Mühen gesegnet:
„Der Herr behütet deinen Ausgang und Eingang
von nun an bis in Ewigkeit."

Johannes 10,9; Psalm 121,8

René Küng: Das Tor, Bethesda-Park Basel

Ich bin der gute Hirte. Johannes 10,11

Das sagt Jesus von sich selbst. Er hält uns keinen Vortrag darüber, wie ein guter Hirt sein sollte, damit wir uns auf die Suche nach einem solchen Hirten machen oder irgendwelche Hirten an diesem Massstab messen. Wir sollen jetzt nicht an andere Hirten und auch nicht an uns selbst in unserer Hirtenrolle denken, sondern auf Jesus hören, der zu uns sagt: Ich bin der gute Hirte, ich bin es auch für dich!

Was für eine frohe Botschaft für alle menschlichen Hirten, denen oft und gerne gesagt wird, wie sie sein müssten, und die ja selbst wissen, dass sie nicht die Hirten sind, die sie sein sollten. Wer müsste nicht eingestehen, dass er oder sie in ihrer Hirtenrolle vielfach versagt haben: als Eltern oder Lehrpersonen in der Erziehungsaufgabe, als Vorgesetzte gegenüber den Mitarbeitenden, als politisch Engagierte gegenüber den Mitbürgerinnen und Mitbürgern. Was für eine Wohltat, dass Jesus nicht sagt: Als Hirten, als Verantwortungsträger, als Führungspersonen solltet ihr, müsstet ihr doch ... Jesus sagt: Ich bin der gute Hirte auch für euch!

Was für eine frohe Botschaft für alle, die von menschlichen Hirten enttäuscht worden sind oder keinen gefunden haben, der sich um sie kümmert! Was für eine Wohltat, dass Jesus nicht sagt: Ihr müsstet euch eben bessere Hirten suchen! Er sagt: Ich bin der gute Hirte auch für dich! Ich kenne dich, ich habe dich bei deinem Namen gerufen, du bist mein!

So kommt seine Herde zusammen. Sie entsteht nicht durch den Zusammenschluss der Guten und Frommen. Der gute Hirte sucht das Verlorene. Er heilt, was krank und verwundet ist. Er richtet die Geknickten auf, auch die geknickten und frustrierten menschlichen Hirten, die in ihrer Hirtenrolle versagt haben. Was für eine Wohltat, dass wir nicht nach besseren Hirten suchen oder uns in unserer Hirtenrolle selbst verbessern müssen. Der gute Hirte ist da und sagt: Ich bin es auch für dich. Komm, folge mir nach!

Habe ich dir nicht gesagt: Wenn du glaubst, wirst du die Herrlichkeit Gottes sehen? Johannes 11,40

Jesus hat das am Grab seines Freundes Lazarus zu Martha gesagt, einer der beiden Schwestern von Lazarus. Martha hatte Jesus für ihren todkranken Bruder zu Hilfe gerufen. Aber die Hilfe kam zu spät. Als Jesus kommt, liegt Lazarus schon vier Tage im Grab. Aber Jesus tritt an das Grab und sagt: „Hebt den Stein weg!" Martha ist entsetzt: Das hilft doch jetzt nichts mehr. Sie warnt Jesus: „Er riecht ja schon!" Sie kann sich nicht vorstellen, dass Jesus auch Macht hat über den Tod. Und das, obwohl Jesus ihr gesagt hatte: „Wer an mich glaubt, wird leben, auch wenn er stirbt", und obwohl Martha darauf geantwortet hatte: „Ich glaube, dass du der Christus bist" (V. 25ff).

So kann es uns gehen am Grab lieber Menschen oder in Gedanken an unseren eigenen Tod. Tot ist tot, sagt unser Verstand. Aber Jesus lässt unsern Einwand nicht gelten. Er hat die Vollmacht, Tote durch sein schöpferisches Wort zu einem neuen Leben zu erwecken. „Ich bin der Erste und der Letzte und der Lebendige, und ich habe die Schlüssel des Todes und des Totenreiches" sagt der erhöhte Christus (Offb 1,17f). Seine Vollmacht ist zeichenhaft an Lazarus schon wirksam geworden.

Der Bericht von seiner Auferweckung fordert auch uns zum Glauben heraus: „Habe ich dir nicht gesagt: Wenn du glaubst, wirst du die Herrlichkeit Gottes sehen?" Was Jesus an seinem Freund Lazarus getan hat, ist ein Zeichen für das, was er an allen seinen Freunden tun wird. Er ruft uns durch den Tod hindurch zu sich. Wir werden die Herrlichkeit Gottes sehen und teilhaben dürfen an seinem unvergänglichen Leben.

Gehören Sie schon zu den Freunden und Freundinnen von Jesus? Wenn nicht, dann dürfen und sollten Sie es werden, damit auch Ihnen seine Verheissung gilt: „Wer da lebt und an mich glaubt, wird in Ewigkeit nicht sterben."

Wenn das Weizenkorn nicht in die Erde fällt und erstirbt, bleibt es allein. Wenn es aber erstirbt, bringt es viel Frucht.

Johannes 12,24

Jesus hat so von sich und seinem Sterben gesprochen. Er hat damit nicht sagen wollen, dass jede Aufopferung für andere oder für eine gute Sache sich auszahle. Das ist kein Naturgesetz. Es entspricht auch nicht unserer Erfahrung.

Das Weizenkorn, von dem Jesus spricht, ist er selbst. Wir Menschen in unserem natürlichen Wesen, mit unserer unerlösten Art, sind zum Fruchtbringen nicht in der Lage. Zwar würden wir es uns gerne so vorstellen. Steckt nicht in jedem Menschen ein guter Kern? Wenn der sich ungehindert entwickeln kann, wenn ein Mensch sich selbst verwirklicht, kommt dann nicht automatisch etwas Gutes heraus?

Gottes Wort sieht das anders. Die Bibel widerspricht der optimistischen Ansicht, dass der gute Kern in uns immer schon da sei. Die Sünde hat unser menschliches Wesen im Kern verdorben. Frucht, wie Gott sie erwartet, kann kein Mensch von sich aus bringen. Auch die schönsten Blütenträume finden ihr Ende im Grab.

Aber bei Jesus Christus ist es anders. Er ist als Weizenkorn in die Erde gefallen und hat sterbend Leben gestiftet. Er kann uns schuldigen und sterblichen Menschen sein unvergängliches Leben schenken.

Er will es auch Ihnen schenken. Vertrauen Sie darauf, dass sein Sterben am Kreuz auch für Sie geschehen ist. Dann müssen Sie Ihre Hoffnung nicht auf den angeblich guten Kern in Ihnen setzen, sondern tragen den Keim des neuen Lebens in sich, das Jesus Ihnen schenkt.

In der Verbundenheit mit ihm trägt unser Leben Frucht. Es ist die Frucht des Weizenkorns, das nun auch in uns wächst und unser Leben fruchtbar, reich und sinnvoll macht.

Wenn ich erhöht werde von der Erde, so will ich alle zu mir ziehen. Johannes 12,32

Das Erhöhtwerden, von dem Jesus spricht, hat ihn nicht von uns entfernt. So ist es unter uns Menschen, wenn einer höhergestellt wird: Einer wird befördert, die anderen werden übergangen. Im Sport steht einer allein auf dem Siegerpodest, weil er alle seine Konkurrenten hinter sich gelassen hat. Bei der Erhöhung, von der Jesus spricht, ist es anders. Johannes sagt erklärend dazu: „Das sagte er aber, um anzudeuten, auf welche Weise er sterben würde" (V. 33). Vom Erhöhtwerden ans Kreuz redet Jesus also. Von dem grausamen Aufgehängtwerden auf Golgota und von seinem qualvollen Sterben am Kreuz.

Das ist aber nicht alles, was Jesus mit seinem Erhöhtwerden meint. Er ist nicht nur von seinen Peinigern ans Kreuz erhöht worden. *Gott* hat ihn erhöht. Er hat ihn ganz gross gemacht durch die Auferweckung von den Toten. Er hat den Gekreuzigten zum Sieger erklärt und ihm den Ehrenplatz an seiner rechten Seite zugewiesen. Er hat ihm den Namen gegeben, der über allen Namen steht, und ihm alle Macht gegeben im Himmel und auf Erden.

Und was macht Jesus nun an seinem Ehrenplatz und mit seiner Vollmacht? „Wenn ich erhöht werde von der Erde, so will ich alle zu mir ziehen." Er will uns alle bei sich haben. Er weckt in uns den Wunsch, zu ihm zu gehören und bei ihm zu sein. Er hilft uns, im Glauben den Schritt zu ihm hin zu tun – an seine Seite, in seine Nachfolge, in seinen Dienst. Er verspricht uns: „Wenn jemand mir dient, wird der Vater ihn ehren" (Joh 12,26).

Das gilt nicht erst am Ziel unseres Weges mit Jesus, das gilt schon jetzt, auch und gerade dann, wenn unser Weg ein Leidensweg ist. Gerade da wächst unser Verlangen nach ihm. So zieht er uns noch näher zu sich.

„*Alle* will ich zu mir ziehen", sagt Jesus. Schon hier und jetzt mit ihm gehen und einmal ganz bei ihm sein – das ist der höchste und beste Platz, den es für uns Menschen gibt.

Ihr nennt mich Meister und Herr, und ihr sagt es mit Recht, denn ich bin es. Johannes 13,13

Jesus hat den Jüngern den Meister gezeigt, indem er ihnen eine schlichte Wohltat erwiesen hat: Er hat ihnen die Füsse gewaschen. Damit ist er nicht ausnahmsweise aus seiner Rolle gefallen. Das *ist* seine Rolle, das ist er wie kein anderer: Meister im Wohltun.

Erst wenn wir die Fusswaschung so als überraschende Wohltat verstanden haben, wollen wir uns an ihre gleichnishafte Bedeutung erinnern: die Reinigung von unserer Sünde durch sein Leiden und Sterben. Seine Hingabe für uns bis ans bittere Ende am Kreuz ist mehr als nur eine Wohltat; es ist die Heilstat, die uns rettet.

Das macht ihm keiner nach. Das kann kein Mensch für den anderen tun. Aber damit die Jünger seine Heilstat verstehen lernen, hat er ihnen die Füsse gewaschen und gesagt: „Ein Beispiel habe ich euch gegeben, damit ihr tut, wie ich euch getan habe." Ich habe euch ein Beispiel dafür gegeben, wie eine schlichte Wohltat zum Gleichnis wird für meine Heilstat, die am Kreuz für alle Menschen geschehen ist. Erlösen könnt ihr einander nicht, aber einander wohltun, das könnt ihr. Und in solchem Wohltun einander zeigen, wer euer Meister ist, durch solchen brüderlich-schwesterlichen Dienst einander den Meister zeigen, das könnt ihr.

So verliert die Aufforderung zur Nachahmung seines Beispiels alles Gesetzliche, Bedrückende, Demütigende. Wir müssen uns nicht demütigen, aufopfern, uns alles gefallen lassen und alles hinnehmen. Nicht hinnehmen, sondern hingehen, einander die Füsse waschen, einander wohltun! Die Augen offen halten, damit wir merken, was den andern gerade jetzt freut, was ihm hilft und ihm wohltut. Nicht Angst haben, dass wir einander verwöhnen könnten! Jesus hat uns über die erste Meile hinaus die zweite empfohlen, weil man erst daran erkennt, dass wir seine Jünger und Jüngerinnen sind. Er, der Meister im Wohltun, hat uns ein Beispiel gegeben, damit wir einander so den Meister zeigen, wie wir ihn selbst erfahren haben.

Daran werden alle erkennen, dass ihr meine Jünger seid, wenn ihr einander liebt. Johannes 13,35

Jesus spricht in diesem Zusammenhang von der Liebe als einem neuen Gebot. Sie versteht sich also nicht von selbst. Die Liebe, die Jesus meint, ist nicht nur die natürliche Zuneigung, das Verliebtsein eines Menschen in einen andern. Dafür braucht das Neue Testament das griechische Wort *Eros*. Jesus spricht jedoch von der *Agape*, von der sich schenkenden Liebe. Mit dieser Liebe begegnet uns Gott. Er ist immer der, der uns „zuerst geliebt" hat (1 Joh 4,19). Dem Gebot der Liebe geht das Geschenk der Liebe Gottes immer schon voraus. Dass wir sie annehmen, dass wir daraus leben und sie einander weitergeben, daran werden alle erkennen, dass wir seine Jünger und Jüngerinnen sind, sagt Jesus.

Also nicht am christlichen Aufkleber am Fahrrad oder auf dem Rucksack, nicht am Fischzeichen auf dem Autoheck, nicht am Aufdruck auf dem T-Shirt und nicht am Schmuckkreuz am Hals. Nicht daran werden werden wir als Jünger und Jüngerinnen Jesu erkennbar, sondern an der Liebe.

Es gibt verschiedene Wege, Menschen mit Jesus bekanntzumachen. Worte allein genügen nicht. Sie müssen begleitet und konkretisiert werden durch die Zeichensprache der Liebe. Mahatma Gandhi soll einmal gefragt worden sein, wie man den Indern die Botschaft von Jesus besser verständlich machen könnte. Gandhi soll geantwortet haben: „Denken Sie an das Geheimnis der Rose: Sie tut gar nichts, aber sie duftet, und deshalb wird sie von allen geliebt. Duften Sie also!"

Liebe ist der Duft, der von Christen und Christinnen ausgehen soll. Unsere Mitmenschen wollen nicht Predigten über die Liebe hören. Aber wenn es bei uns nach Liebe duftet, werden sie es riechen. Und manche werden wissen wollen, woher dieser wunderbare Duft kommt. Lassen auch Sie die Liebe duften!

Schon so lange bin ich bei euch und du kennst mich nicht, Philippus? Wer mich sieht, der sieht den Vater. Johannes 14,9

Philippus sollte eigentlich nicht so verunsichert sein im Blick auf sein Wissen über Gott. Er hat es auch schon besser *gewusst*. Im Johannes-Evangelium ist öfter von ihm und seinem Glauben die Rede. Als Jesus ihn als einen der ersten Jünger in seine Nachfolge gerufen hat, da hat Philippus es gleich weitererzählt: „Wir haben den gefunden, den Mose und die Propheten verheissen haben: Es ist Jesus aus Nazaret." Und als Natanael aus Kana kritisch eingewendet hat, aus Nazaret könne doch nichts Gutes kommen, hat Philippus schlagfertig geantwortet: „Komm und sieh doch selbst!" (Joh 1,45f). Philippus hat das Wunder miterlebt, wie Jesus mit nur fünf Broten fünftausend hungrige Menschen satt gemacht hat. In Jerusalem haben ihn fremde Leute nach Jesus gefragt, weil seine Zugehörigkeit zu Jesus offenbar bekannt war (Joh 12,21).

Das also ist Philippus: ein Berufener, der wunderbare Erfahrungen mit Jesus gemacht hat und von dem andere erwarten, dass er sie mit Jesus bekannt machen kann. Aber hier erleben wir ihn als einen, der in seinem Glauben verunsichert ist und nur noch Fragen hat. Er fragt: Wo ist Gott? und bittet Jesus: „Zeige uns den Vater!"

Sind Sie vielleicht so ein Philippus? Sie wissen vieles über Gott und über Jesus und haben manche Erfahrungen im Glauben gemacht. Aber das Wissen scheint wie verschüttet, die Erinnerungen an die Erfahrungen mit Gott sind verblasst. Wenn Sie wie Philippus neu nach Gott fragen, sagt Jesus: „Wer mich sieht, der sieht den Vater." Schau nicht auf das, was dein Wissen über Gott verschüttet und deinen Glauben an Gott erschüttert hat. Schau auf mich! Schau auf das, was ich für dich und alle Menschen getan habe. Vielleicht war die Erschütterung nötig, damit du neu nach Gott fragst. Schau auf mich! Da siehst du Gottes leidenschaftliche Liebe. So ist Gott. „Wer mich sieht, der sieht den Vater."

Abba Vater
lass den Sohn in mir wachsen
durch den Geist

Heiliger Geist
lehr mich den Vater erkennen
im Sohn

Herr Jesus
mach mich eins im Geist mit dir
und dem Vater

Trinitarisches Gebet
nach Mt 28,19; Lk 10,21.22;
Joh 14,9.20.26; 17,22.23;
2 Kor 3,18; Gal 2,20; 4,6.19;
Eph 1,17; 4,3–6

Ich bin der Weinstock, ihr seid die Reben. Wer in mir bleibt und ich in ihm, der bringt viel Frucht; denn ohne mich könnt ihr nichts tun.
                                                        Johannes 15,5

Jesus will für uns das sein, was der Weinstock für die Reben ist. Unser Leben ist zum Fruchttragen bestimmt. Davon dürfen wir ausgehen, Tag für Tag. Darum muss kein einziger Lebenstag ein unfruchtbarer, verlorener Tag sein. Auch der heutige nicht, obwohl er das vielleicht zu werden scheint: Ein mühsamer Arbeitstag, bei dem nichts herausschaut. Oder ein noch mühsamerer Krankheits- oder Leidenstag, eine Wartezeit ohne Sinn. Jesus, der Weinstock, sagt uns: Lasst euch nicht beirren! Frucht wächst nicht dort, wo äusserer Erfolg messbar ist, wo Ziele erreicht werden, wo ungebrochene Leistungsfähigkeit und hundertprozentige Arbeitskraft am Werk sind.

Frucht wächst dort, wo wir als Jünger und Jüngerinnen Jesu bei unserem Herrn bleiben und aus der Verbundenheit mit ihm leben. Wo wir leben aus seiner Vergebung, aus seiner Liebe, aus seiner Kraft. Entscheidend ist nicht, was wir erleben, erleiden oder vollbringen, sondern ob es erlebt, erlitten oder vollbracht wird innerhalb dieses Lebenszusammenhangs mit unserem Herrn Jesus Christus. Durch seine Einladung zum Bleiben bei ihm, dem Weinstock, stellt Jesus unser Tun und auch unser Leiden unter seine Verheissung: „Wer in mir bleibt und ich in ihm, der bringt viel Frucht."

Bleiben setzt voraus, dass wir zu Jesus gekommen sind. Und Kommen heisst: Seine Einladung annehmen, uns Jesus im Glauben anschliessen, uns mit ihm verbinden lassen und dann durch ihn leben und aus ihm wachsen wie eine Rebe am Weinstock. Ohne ihn können wir nichts tun. Aber wir müssen ja nichts ohne ihn tun. Auch Sie dürfen zu ihm sagen: Ja, Herr Jesus, ich will nicht mehr nur aus mir selbst und für mich selbst leben; ich will aus dir, mit dir und für dich leben.

Wie mich mein Vater liebt, so liebe ich euch auch. Bleibt in meiner Liebe! Johannes 15,9

Jesus lädt uns ein, uns in das innige Liebesverhältnis hineinnehmen zu lassen, durch das er selbst mit Gott verbunden ist. Die Verbundenheit mit dem Vater ist das Geheimnis seiner Kraft und Vollmacht gewesen. Davon hat er gelebt, das war sein tägliches Brot.

Nach einer langen Fastenzeit in der Wüste, als Jesus Hunger hatte, forderte der Teufel ihn heraus mit dem Vorschlag, sich selbst zu helfen. Er brauche doch nicht zu hungern; wenn er Gottes Sohn sei, könne er doch aus Steinen Brot machen. Jesus wies den Vorschlag des Versuchers zurück und sagte: „Nicht vom Brot allein lebt der Mensch, sondern von einem jeden Wort, das aus dem Munde Gottes hervorgeht" (Mt 4,4).

Als seine Jünger ihm einmal etwas zu essen bringen wollten, sagte er: „Meine Speise ist, dass ich den Willen dessen tue, der mich gesandt hat" (Joh 4,34). Davon hat er gelebt. Im Hören auf Gott und im Tun dessen, was Gott will, ist seine Liebe zum Vater konkret geworden. In diesem Liebesverhältnis zu Gott zu bleiben, das war ihm so selbstverständlich und lebensnotwenig wie das tägliche Brot.

Und nun will Jesus also auch uns hineinnehmen in dieses Liebesverhältnis. Wie der Vater ihn liebt, so liebt Jesus uns. Und wie er in diesem Liebesverhältnis zu Gott bleibt, so sollen auch wir „bleiben in seiner Liebe". Auch für uns und unser geistliches Leben ist die enge Verbundenheit mit ihm unverzichtbar, lebensnotwendig wie das tägliche Brot.

Nur im Bleiben bei ihm kann unser Leben gelingen und fruchtbar sein. Wie die Rebschosse nur Frucht tragen können, wenn sie mit dem Weinstock verbunden bleiben, so kann auch unser Leben nur fruchtbar sein in der Verbindung mit ihm. Darum sagt er: „Bleibt in meiner Liebe!"

Nicht ihr habt mich erwählt, sondern ich habe euch erwählt und dazu bestimmt, dass ihr hingeht und Frucht bringt.

Johannes 15,16

Zwei wunderbare Tatsachen hält Jesus fest. Die eine ist, dass er uns nicht übersieht und übergeht, sondern beruft und braucht. „Ich habe euch erwählt", sagt er zu seinen Jüngern, und zwar zu allen, nicht nur zu den Begabtesten und Zuverlässigsten unter ihnen. Es ist für sie alle eine unverdiente Auszeichnung gewesen, dass er sie in sein Team aufgenommen hat. Und es ist auch für uns eine unverdiente Gnade, wenn er uns in seine Nachfolge beruft und uns an seinem eigenen Auftrag in dieser Welt beteiligt. Wo er uns doch durch und durch kennt, mit all unseren Mängeln. Und trotzdem wagt er es mit uns. Welch hohe Ehre, von ihm erwählt zu sein!

Das andere ist die Feststellung, dass wir uns nicht umsonst mit ihm zusammen für seine Sache einsetzen werden. Jesus sagt: „Ich habe euch dazu bestimmt, dass ihr hingeht und Frucht tragt." Jesus will unser Leben fruchtbar machen. Nicht ausnutzen will er uns, sondern reich machen. Unser Leben soll im Dienst mit ihm und für ihn zur Entfaltung, zum Blühen und zur Reife kommen.

Es ist die Not vieler Menschen, dass sie sich ein Leben lang abrackern und nicht wissen wozu. Manche werden von andern missbraucht und ausgenutzt. Und auch solche, die es (wie man so sagt) auf einen grünen Zweig bringen, stellen irgendwann fest, dass auf ihrem grünen Zweig doch keine Frucht wächst. Erfolg und Frucht ist nicht dasselbe. Umgekehrt kann ein bescheidenes Leben in der Nachfolge und im Dienst für Jesus uns selbst und andere reich machen.

Jesus will, dass unser Leben Frucht trägt. Dass er uns braucht, ist Gnade, nicht Verdienst. Zögern wir nicht, sondern nehmen wir die Auszeichnung mit Dank und Freude an, wenn Jesus zu uns sagt: Ich habe dich erwählt und zum Fruchtbringen bestimmt!

Wenn der Geist der Wahrheit kommen wird, wird er euch in alle Wahrheit leiten. Johannes 16,13

Statt „*alle* Wahrheit" kann man auch übersetzen: Der Geist wird euch in die „*ganze* Wahrheit" leiten. *Alle* Wahrheit, die *ganze* Wahrheit – das ist nicht die Summe unseres menschlichen Wissens, auch nicht die Antwort auf alle Fragen und die Lösung aller Rätsel. Stellen Sie sich zwei Menschen vor, die ein Gespräch unter vier Augen führen. Einer spricht seine Not aus oder gesteht dem andern eine Schuld und sagt dann: So, jetzt weisst du alles, die ganze Wahrheit.

Der Vergleich hinkt natürlich. Die ganze Wahrheit, in die uns der heilige Geist leitet, ist etwas anderes, als was ein Mensch dem andern sagt, wenn er sich öffnet und ehrlich wird. Der Geist führt uns ein in das, was Gott durch seinen Sohn Jesus Christus über sich und über uns gesagt hat. Durch Christus hat Gott uns gesagt, was er von uns Menschen denkt und wie er zu uns eingestellt ist. Er hat sich vollständig und verbindlich darüber ausgesprochen, wie es zwischen ihm und uns Menschen steht. Es gibt darüber keine Unklarheit mehr. Gott hat nichts verschwiegen und er wird auch nichts von dem je zurücknehmen, was er gesagt hat. Er hat uns in Jesus Christus die ganze Wahrheit gesagt. Der Geist hilft uns diese Wahrheit verstehen und annehmen.

So steht es von Gott aus gesehen also zwischen ihm und uns: wie er es in Jesus Christus gesagt und gezeigt hat. So barmherzig, so gnädig, so treu ist Gott. Aber auch so um uns besorgt, so leidenschaftlich an uns interessiert, so herausfordernd bemüht, uns auf den Weg des Glaubens und der Nachfolge zu bringen und uns mit einer lebendigen Hoffnung zu erfüllen.

Es gibt dann immer noch offene Fragen und ungelöste Rätsel. Aber es besteht kein Zweifel mehr daran, dass Gott uns in Jesus Christus liebt. Das ist die ganze Wahrheit. Verlassen wir uns darauf!

Ihr habt jetzt Traurigkeit; aber ich will euch wiedersehen, und euer Herz soll sich freuen, und eure Freude soll niemand von euch nehmen. Johannes 16,22

Das hat Jesus zu seinen Jüngern gesagt, als sie zu begreifen beginnen, dass er den Weg ans Kreuz und in den Tod gehen wird. Wie hätten sie da nicht traurig sein sollen? Noch verstehen sie nicht, wie sein Weggehen Grund zu grosser, bleibender Freude sein könnte. Darum sagt ihnen Jesus: Ich werde euch wiedersehen, und *dann* werdet ihr euch freuen.

„Ihr habt jetzt Traurigkeit." Vielleicht trifft das heute auf Sie zu. Wie kann doch die Traurigkeit über einen Menschen kommen, nicht nur, wenn ein geliebter Mitmensch stirbt oder bei einem anderen schweren Verlust. Oft steigt die Traurigkeit aus unbekannten Tiefen herauf, scheinbar grundlos. Auch in solche Traurigkeiten hinein sagt Jesus: „Ihr habt jetzt Traurigkeit." Er weiss es, er sieht es. Wenn wir weinen, weinen wir unter seinen Augen. Damit fängt sein Trösten an. „Euer Herz wird sich freuen." Zu den Traurigen sagt Jesus das.

Wenn ich könnte, würde ich jetzt eine Spruchkarte vor Sie hinstellen, die ich einmal von einer Tagung heimgenommen habe. Darauf steht der Satz: „Es gibt Zeiten im Leben, in denen wir Gott nichts zu bringen haben als unsere Tränen; aber indem wir sie ihm bringen, wird guter Same daraus" (Gottlob Spörri).

Es gibt die dunklen Stunden, über die wir nicht hinaussehen, in denen wir nicht glauben, nicht hoffen, sondern nur weinen können. Aber Jesus sieht auch für uns schon darüber hinaus. Denn er hat in seinem Sterben am Kreuz die dunkelste Stunde für uns alle durchlitten. Als der Lebendige spricht er zu uns durch sein Wort. Im Heiligen Geist kommt er zu uns als der Tröster.

Wenn Sie ihm nichts anderes zu bringen haben – bringen Sie Jesus Ihre Tränen. Er wird guten Samen daraus machen.

Ihr werdet bitten in meinem Namen. Ich sage euch nicht, dass ich den Vater für euch bitten will; denn er selbst, der Vater, hat euch lieb. Johannes 16,26f

Die Hemmungen und die Angst, die wir vor der persönlichen Begegnung mit Gott haben könnten und haben *müssten,* die nimmt uns Jesus ab mit einer ganz wunderbaren Begründung: „Denn er selbst, der Vater, hat euch lieb." Damit hilft uns Jesus, die Schwellenangst zu überwinden. Manche Menschen bleiben ja immer gleichsam draussen vor der Tür. Sie machen sich vielleicht viele kluge Gedanken *über* Gott, aber sie können sich nicht überwinden, bei Gott einzutreten und mit ihm persönlich zu reden. Darum bleibt es bei Ahnungen und Vermutungen, aber auch bei Befürchtungen und Missverständnissen im Blick auf Gott.

Aber warum zögern? Warum draussen bleiben? Warum nicht über die Schwelle gehen, *mit* Gott reden statt *über* ihn, ihn einfach bitten, und dabei ganz persönlich werden? Jesus macht uns Mut dazu. Gott ist ja mit uns auch ganz persönlich geworden: „Er selbst, der Vater, hat euch lieb."

Das zu glauben macht manchen Menschen Mühe. Sie denken, zuerst müssten sie selbst lieb und gut sein, müssten Gott ihre Liebe beweisen – dann hätte Gott sie vielleicht auch gern. Manche Menschen fürchten sich vor Gott, wie sie sich als Kinder vor ihrem strengen Vater gefürchtet haben, wenn sie etwas Verbotenes getan oder etwas Dummes angestellt hatten.

Jesus spricht uns Mut zu: Quält euch doch nicht mit euren Ängsten, was Gott wohl über euch denkt; was er sagen, was er machen würde, wenn ihr euch vor ihn wagtet – eben mit all euren Dummheiten und Verkehrtheiten und eurem schlechten Gewissen. *So* denkt Gott von euch und so steht er zu euch, trotz allem: „Er selbst, der Vater, hat euch lieb!" Darauf dürfen auch Sie sich berufen und mit dieser wunderbaren Referenz den Schritt über die Schwelle zu Gott hin wagen.

Dies habe ich zu euch geredet

Dies habe ich zu euch geredet,
solange ich noch bei euch bin.
Dein Wort steht fest, ob Berge weichen,
ob Erd und Himmel untergehn.
Wenn unter mir der Boden zittert,
sprich du zu mir: Ich bin's!

Dies habe ich zu euch geredet,
dass meine Freude in euch sei.
Das Leid, das eigne und das fremde,
hilf tragen mir in deiner Kraft.
In dir ist Freude auch im Leide,
wenn du mir sagst: Ich bin's!

Dies habe ich zu euch geredet,
damit ihr keinen Anstoss nehmt.
Der Zweifel nagt an meinem Glauben,
weil Böses noch und noch geschieht.
Wer wird das Teufelswerk zerstören?
Sprich du mir zu: Ich bin's!

Dies habe ich zu euch geredet,
damit ihr euch daran erinnert.
Den Kampf willst du mir nicht ersparen,
doch gibst du Anteil mir am Sieg.
Ich finde Mut zum Überwinden,
weil du mir sagst: Ich bin's!

Dies habe ich zu euch geredet,
damit ihr in mir Frieden habt.
Die Angst der Welt will mich erschrecken,
gehst du nicht mit durchs finstre Tal.
Komm zu mir einst im Sturm, dem letzten,
und ruf mir zu: Ich bin's!

Johannes 14,25; 15,11; 16,1.4.33; 6,20

In der Welt habt ihr Angst; aber seid getrost, ich habe die Welt überwunden. Johannes 16,33

Mit diesen Worten kommt Jesus zu uns wie zu den zwei Jüngern, die von Jerusalem nach Emmaus unterwegs waren. Er hörte zu, wie sie ihre Enttäuschung und ihre Ängste miteinander wälzten. Er war als der Auferstandene schon bei ihnen, bevor sie ihn erkannten (Lk 24,13ff). So kommt er jetzt zu uns und sagt in unsere Sorgen und in unseren Kummer hinein: „Ich habe die Welt überwunden!"

Jesus kommt zu uns, wie er damals in der Nacht und im Sturm auf dem See zu seinen Jüngern gekommen ist. In ihre Todesangst hinein hat er ihnen zugerufen: „Ich bin's, fürchtet euch nicht!" (Joh 6,20). So kommt er jetzt zu uns als der Retter und sagt es in unsere Ängste hinein: „Ich habe die Welt überwunden!"

Jesus weiss, in was für einer Welt wir leben, aber er sagt uns, dass er sie überwunden hat. Das bedeutet nicht, dass er nach bestandenem Kampf der Welt den Rücken gekehrt und sie sich selber überlassen hat. Er ist ja gekommen, um uns zu zeigen, wie sehr Gott die Welt geliebt hat und liebt. Er hat sich selbst hingegeben bis in den Tod, um die Welt zu retten, die Menschen zu erlösen und allen, die an ihn glauben, ewiges Leben zu schenken.

So hat er die Welt für uns überwunden – auch für Sie, wie immer Sie Ihre persönliche Lebenswelt erleben: traurig, wie die Emmaus-Jünger, oder stürmisch und bedrohlich, wie die Jünger in der Nacht auf dem See. Wie immer Ihre Lebenswelt sein mag – Jesus sagt Ihnen: „In der Welt habt ihr Angst; aber seid getrost, ich habe die Welt überwunden."

Er spricht sein wunderbares Aber in Ihre Angst hinein: „Aber sei getrost!" Du bist nicht allein. Ich überlasse dich nicht dir selber und deinen Ängsten. Ich bin bei dir! Und Sie dürfen ihm sagen: Herr, du weisst, wovor ich Angst habe. Aber du bist bei mir. Das macht mich getrost.

Soll ich den Kelch nicht trinken, den mir mein Vater gegeben hat? Johannes 18,11

Einen Siegespokal nimmt jeder gern in Empfang, um unter dem Jubel der Kameraden daraus zu trinken. Vor einem bitteren Kelch, wie er Jesus zugemutet wird, schreckt jeder wie vor einem Giftbecher zurück. Auch Jesus hat nicht mit Begeisterung danach gegriffen. Er hat den Märtyrertod nicht gesucht, sondern davor gebangt. Er hat den Vater im Gebet gefragt, ob dieses Bittere wirklich sein müsse: die Einsamkeit im Gehorsam und im Leiden, der Tod am Kreuz. Er hat sich zum Ja durchringen müssen. Er hat sich nicht einfach dem unausweichlichen Schicksal gebeugt. Er hat das Bittere aus der Hand des Vaters und im Vertrauen auf den Vater angenommen.

Auch uns bleibt Bitteres nicht erspart: Enttäuschungen durch Menschen, von denen wir es nicht erwartet hätten. Schicksalsschläge, denen wir uns hilflos ausgeliefert fühlen. Leidenswege, die wir nicht verstehen. Wie können wir das Bittere annehmen?

Dietrich Bonhoeffer ahnte schon, was für ein bitterer Kelch auf ihn wartete, als er im Gefängnis das bekannte Lied „Von guten Mächten" schrieb. Ich zögere immer, wenn ich da mitsingen soll: „Und reichst du uns den schweren Kelch, den bittern des Leids, gefüllt bis an den höchsten Rand, so nehmen wir ihn dankbar ohne Zittern aus deiner guten und geliebten Hand."

Dankbar ohne Zittern? Bonhoeffer nehme ich das ab; er hat es mit der Tat bewiesen. Für mich habe ich eine Variante gefunden, bei der ich ehrlich mitsingen kann: „Und reichst du uns den schweren Kelch, den bittern des Leids, gefüllt bis an den höchsten Rand, so nehmen wir ihn an, wenn auch mit Zittern, aus deiner guten und geliebten Hand."

Jesus hat auch gezittert im Garten Gethsemane. Ich kann Ja sagen zum Bitteren, das mir zugemutet wird, weil der Kelch aus seiner guten und geliebten und für mich am Kreuz durchbohrten Hand kommt.

Da sprachen sie zu Petrus: Bist du nicht einer seiner Jünger? Er leugnete und sagte: Ich bin's nicht. Johannes 18,25

Dreimal behauptet Petrus, dass er nicht der Freund und Jünger Jesu sei, als den man ihn erkennt. Dreimal sagt er: „Ich bin's nicht!" In der Passionsgeschichte, wie der Evangelist Johannes sie erzählt, ist die Verleugnung des Petrus das düstere Gegenbild zu der Szene im Garten Gethsemane. Dort lesen wir, dass Jesus im Zusammenhang mit seiner Festnahme dreimal sagt: „Ich bin's!"

Mit seinem „Ich bin's nicht" hat Petrus sich von Jesus distanziert. Mit seinem „Ich bin's" hat Jesus sich auch für Petrus eingesetzt: „Ich habe euch gesagt, dass ich es bin. Wenn ihr also mich sucht, so lasst diese gehen" (Joh 18,8).

Leidend und sterbend setzt Jesus sich für die ein, die ihn verlassen, verraten und verleugnen. Er bleibt dem Vater treu, er bleibt sich selbst treu, er bleibt seinen Jüngern und Freunden treu, auch wenn sie ihm untreu sind. Er liebt sie bis zuletzt. Er liebt sie bis zum bittern Ende. „Grössere Liebe hat niemand als die, dass einer sein Leben hingibt für seine Freunde" (Joh 15,13) – für solche Freunde! Er verleugnet sie nicht, denn er kann sich selbst nicht verleugnen.

Dass Jesus trotz allem zu ihnen steht, das haben die Jünger später an einem unvergesslichen Morgen am See Gennesaret erfahren. Petrus hat ihn erkannt und gesagt: „Es ist der Herr!" Jesus hat ihnen den Tisch gedeckt und sie alle eingeladen: „Kommt, haltet das Mahl!" (Joh 21,7.12).

An seinem Tisch erfahren auch wir immer neu, dass Jesus trotz allem zu uns steht. Wenn er noch und wieder zu Petrus steht, zu wem sollte er dann nicht stehen? Und wer wollte dann nicht wie Petrus zu ihm sagen: Du bist's – mein Herr und mein Heiland! Ich gehöre gern zu dir und ich stehe dazu. Du weisst, Herr, dass ich dich lieb habe.

Pilatus fragte ihn: So bist du dennoch ein König? Jesus antwortete: Du sagst es, ich bin ein König. Ich bin dazu geboren und in die Welt gekommen, dass ich die Wahrheit bezeugen soll. Wer aus der Wahrheit ist, der hört meine Stimme.

Johannes 18,37

Pilatus fragt Jesus, ob er wirklich ein König sei. Aber mit der Antwort, die er bekommt, ist der Fall nicht geklärt und erledigt. Am Ende ist Pilatus der Gefragte.

So geht es jedem, der mit Jesus ernsthaft ins Gespräch kommt: Man wird mit ihm nicht fertig. Er ist der Überlegene, er führt das Gespräch, er stellt die Fragen, er konfrontiert uns mit der Wahrheit. Jesus muss seine königliche Hoheit nicht behaupten, nicht beweisen und nicht verteidigen. Sein Wort hat auch heute Vollmacht wie damals im Gespräch mit Pilatus.

Schon immer hatten die Menschen den Unterschied zwischen seinen Worten und den Worten menschlicher Autoritäten gespürt: „Er lehrte sie mit Vollmacht und nicht wie ihre Schriftgelehrten", heisst es am Ende der Bergpredigt (Mt 7,29). Es war diese Vollmacht, vor der die Soldaten im Garten Gethsemane zurückwichen. Und er hatte doch nur gesagt: „Ich bin's", Jesus von Nazaret, den ihr sucht.

Er ist eben der König. Er musste es weder im Garten Gethsemane noch vor Pontius Pilatus erklären. Und auch wenn er mit uns spricht, so spricht der König aller Könige mit uns. Wenn er mit uns spricht, dann nicht, um alle unsere Fragen an ihn und über seine Königsherrschaft zu beantworten. Er fragt uns: Willst du auf die Wahrheit hören und sie annehmen? Unterstellst du dich meiner Königsherrschaft? Willst du mir als deinem König dienen?

Pilatus hat ausweichend mit der Gegenfrage geantwortet: „Was ist Wahrheit?" Und wie antworten wir? Stellen wir uns der Wahrheit, mit der wir in der Person Jesu konfrontiert sind?

Am Abend des ersten Tages der Woche, als die Jünger versammelt und die Türen verschlossen waren aus Furcht vor den Juden, kam Jesus und trat mitten unter sie und spricht zu ihnen: Friede sei mit euch! Johannes 20,19

Hinter verschlossenen Türen, verunsichert und voller Angst sind sie beisammen. Sie haben es nicht glauben können, als Maria Magdalena vom Grab zurückgekommen ist und gesagt hat: „Ich habe den Herrn gesehen, und das hat er zu mir gesagt" (V. 18). Aber dann geschieht es: Durch die verschlossene Tür tritt Jesus selbst in ihre Mitte und sagt: „Friede sei mit euch!" Und nachdem er ihnen seine Hände und Füsse mit den Wundmalen gezeigt hat, wiederholt er den Friedensgruss: „Friede sei mit euch!"

Das haben die Jünger nicht erwartet nach allem, was geschehen ist: Judas hat ihn verraten, Petrus hat ihn verleugnet, alle haben ihn im Stich gelassen. Und jetzt kommt Jesus mit diesem befreienden Gruss auf sie zu: „Friede sei mit euch!" Kein Wort des Vorwurfs, kein Appell, kein Befehl. Er weist sich mit den Wundmalen als der aus, der für sie gelitten hat und für sie gestorben ist. Da weicht die Angst. Freude herrscht: „Da wurden die Jünger froh, als sie den Herrn sahen."

Auch zu uns kommt Jesus nicht vorwurfsvoll und fordernd. Er erinnert uns nicht an unser Versagen, unseren Unglauben und unsere Untreue. Er erinnert uns an das, was er für uns getan hat. Er hat durch sein Leiden und Sterben am Kreuz Frieden gemacht zwischen Gott und uns Menschen.

Jesus spricht uns seinen Frieden zu. Frieden, das ist Vergebung für das quälende Gewissen. Getrostheit und Zuversicht in Zeiten der Ungewissheit. Mut und Kraft in den Bewährungsproben und Kämpfen des Lebens. Bewahrung in der Anfechtung, Licht in dunklen Stunden, Hoffnung auch an schwarzen Tagen. Frieden, das ist Freude auch im Leid. Freude, die niemand von uns nehmen kann, weil sie aus dem Frieden kommt, der höher ist als alle menschliche Vernunft.

Jesus Christus ist von Gott bestimmt zum Richter der Lebenden und der Toten. Apostelgeschichte 10,42

Das ist ein Zitat aus einer Predigt des Apostels Petrus im Haus des römischen Hauptmanns Kornelius in Cäsarea. Petrus hat als ein Augenzeuge von Jesus erzählt: Von dem, was er und die anderen Apostel mit Jesus erlebt haben. Wie Jesus am Kreuz gestorben und an Ostern von den Toten auferstanden ist. Wie der Auferstandene die Apostel beauftragt hat, die Botschaft von ihm in die ganze Welt hinaus zu tragen.

Wir würden bei dieser Predigt im Haus eines Heiden erwarten, dass Petrus sagt, Jesus Christus sei von Gott zum Retter aller Menschen bestimmt worden. Aber Petrus spricht von ihm als dem „Richter der Lebenden und der Toten".

Retter und Richter – in der Bibel ist das kein Gegensatz. Wenn Gott richtet, dann rettet er. Dass er Christus zum Richter bestimmt hat, ist befreiend. Denn es bedeutet: Ich muss nicht mein eigener Richter sein und auch nicht der Richter über andere. Ich darf das Urteilen Jesus überlassen.

Er ist kein unbarmherziger Richter. Mit Schuldiggewordenen geht er so um, wie es die Evangelien erzählen. In der Vollmacht, die Gott ihm gegeben hat, hat er immer wieder zu schuldigen Menschen gesagt: „Dir sind deine Sünden vergeben; geh hin und sündige hinfort nicht mehr." So hat er sie zu einem neuen Leben befreit.

Jesus will auch uns nicht verurteilen, sondern uns die Sünden vergeben und uns zu einem neuen Leben befreien. Auch für Sie und für mich gilt, was Petrus in jener Predigt im darauf folgenden Satz gesagt hat: „Jeder, der an ihn glaubt, wird durch den Namen Jesu Vergebung der Sünden empfangen."

Unterstellen wir uns dem gnädigen Urteil dieses Richters. Und unterlassen wir dann das Urteilen über andere. Überlassen wir es ihm!

Der Herr tat ihr das Herz auf, dass sie achthatte auf das, was Paulus redete. Apostelgeschichte 16,14

Die Frau, bei der das Herz aufging, hiess Lydia. Sie war eine Geschäftsfrau, eine Purpurhändlerin in der griechischen Stadt Philippi. Sie nahm den Apostel Paulus und seine Begleiter bei sich auf. In der Folge entstand in ihrem Haus die erste christliche Gemeinde auf europäischem Boden.

Lydia muss eine für jene Zeit erstaunlich selbständige und erfolgreiche Frau gewesen sein. Aber der Bericht über sie hebt nicht das hervor, was sie tut, sondern das, was Gott an ihr getan hat. Lydia war eine regelmässige Zuhörerin des Paulus und kam so zum persönlichen Glauben an Jesus Christus, wie Paulus es im Römerbrief beschrieben hat: „Der Glaube kommt aus der Predigt" (Röm 10,17). Er kommt aus dem Hören auf das Wort Gottes. Aber das geschieht nicht zwangsläufig. Beim Zuhören muss das Wunder geschehen, das Gott an Lydia getan hat: „Der Herr tat ihr das Herz auf."

Damit ein Mensch durch das Hören des Evangeliums zum persönlichen Glauben kommt, braucht es auch heute dieses Wunder. Wenn ich als Verkündiger nicht damit rechnen dürfte, dann hätte alles Predigen und auch das Schreiben keinen Sinn. Aber das Zuhören und Lesen steht unter der Verheissung, dass Gott das Wunder tun will. Es ist das Wunder, das er schon durch den Propheten Ezechiel versprochen hat: „Ich werde ihnen ein neues Herz und einen neuen Geist geben" (Ez 11,19).

Wo das Wunder geschieht, bleibt es nicht nur eine private Herzensangelegenheit. Dass Gott ihr das Herz auftat, hatte bei Lydia zur Folge, dass sie ihr Haus auftat für die Apostel und für die entstehende Gemeinde. Wenn unser Herz für Gott aufgeht, öffnen wir unsere Türen für die Menschen. Auch das ist ein Wunder!

Den unbekannten Gott, den ihr verehrt, ohne ihn zu kennen, den mache ich euch bekannt. Apostelgeschichte 17,23

Athen war in der Antike das Zentrum der Wissenschaft und der Philosophie. Paulus ist auf seiner zweiten Missionsreise in diese Hochburg der Weisheit gekommen. Die Athener haben sich für alles Neue interessiert und sich auf ihre Weisheit viel eingebildet. Aber für das Evangelium von Jesus Christus ist das Interesse gering gewesen. Paulus ist mit der Botschaft von einem Gekreuzigten als dem Retter der Welt von den meisten nur ausgelacht worden. Er stellt aber mit Erstaunen fest, dass man in Athen eine Vielzahl von Göttern verehrt. Um ja keinen zu übergehen, hat man auch für den „unbekannten Gott" einen Altar errichtet. Menschliche Weisheit und Furcht vor den Göttern haben sich in Athen also nicht gegenseitig ausgeschlossen. Daran knüpft Paulus in einer öffentlichen Rede an.

Auch in unserem von Wissenschaft und Technik geprägten Zeitalter blüht der Aberglaube in erstaunlichem Mass. Man kann den Leuten heute mit allem kommen, nur nicht mit der Bibel, mit dem Evangelium von Jesus Christus. Aber wie Paulus in Athen, so sind wir unseren Zeitgenossen diese Botschaft schuldig, ob sie gehört oder verspottet wird. Denn es gibt wohl unzählige Wege, auf denen die Menschen versuchen, höhere Stufen des Seins zu erlangen oder in jenseitige Welten vorzudringen. Es gibt aber nur *einen* Weg, der uns zum wahren, lebendigen, einzigen Gott führt. Es gibt nur *eine* Brücke, die uns über den Abgrund des Todes hinüber in das ewige Leben bei Gott bringt. Das ist der Glaube an Jesus Christus, den Gekreuzigten und Auferstandenen.

Manche meinen, dass Glaube und Wissen nichts miteinander zu tun haben. Aber für viele Naturwissenschafter gehört das zusammen: das ehrfürchtige Staunen und der demütige Glaube an Gott, der sich uns in Jesus Christus bekannt gemacht hat. In ihm hat er uns sein Gesicht gezeigt und sein Herz aufgetan.

Der Herr sprach durch eine Erscheinung in der Nacht zu Paulus: Fürchte dich nicht, sondern rede und schweige nicht! Denn ich bin mit dir. Apostelgeschichte 18,9f

Paulus hat in der Nacht eine Vision oder einen Traum gehabt. Christus hat zu ihm gesagt: „Fürchte dich nicht!" Vielleicht war Paulus in Angst und Sorge im Zusammenhang mit seinem missionarischen Auftrag. Mit seiner Botschaft von Jesus Christus hatte er nicht nur Glauben, sondern auch erbitterte Feindschaft ausgelöst. Auf seiner zweiten Missionsreise durch Mazedonien hatte er immer wieder flüchten müssen. Jetzt war er von Athen her nach Korinth gekommen. In den anderthalb Jahren, die er dort zubrachte, erlebte er nicht nur Schönes, sondern auch perfide Angriffe. „Mit Furcht und Zittern" sei er damals unter ihnen gewesen, hat er später in einem Brief nach Korinth geschrieben. Aber er hatte nicht nur schlaflose Nächte und vielleicht Angstträume. Eines Nachts erschien ihm Christus und sprach zu ihm: „Fürchte dich nicht, sondern rede und schweige nicht! Denn ich bin mit dir."

„Fürchte dich nicht!" Das ist für Paulus nicht nur ein Zuspruch in seine Ängste hinein gewesen. Es ist auch eine Bestätigung seines Auftrags gerade an diesem schwierigen Ort gewesen. Er soll dableiben, seine Verkündigung weiterführen, auch wenn ihm widersprochen wird. Er soll nicht auf harmlosere Themen und menschliche Weisheiten ausweichen, sondern das anstössige „Wort vom Kreuz" predigen. „Fürchte dich nicht, sondern rede und schweige nicht!" sagt ihm der Herr.

Wovon träumen Sie, wenn es schwierig ist, sich in Ihrer Lebenssituation zu Christus zu bekennen, wenn Sie auf Widerspruch und Ablehnung stossen? Träumen Sie vom Aufgeben und Weglaufen? Könnte es sein, dass Christus jetzt auch zu Ihnen spricht; dass sein Zuspruch nicht nur dem Paulus, sondern Ihnen gilt: „Fürchte dich nicht, sondern rede und schweige nicht! Denn ich bin mit dir!" – Dass Christus mit Ihnen ist, das ist kein Traum. Er hat uns versprochen: „Ich bin bei euch alle Tage!"

Und nun, was zögerst du noch? Steh auf, lass dich taufen, rufe seinen Namen an und lass dir deine Sünden abwaschen!

Apostelgeschichte 22,16

Paulus ist beim Besuch des Jerusalemer Tempels verhaftet worden. Der römische Offizier erlaubt ihm, zur aufgebrachten Volksmenge zu sprechen. Paulus stellt sich als gesetzestreuer und gut ausgebildeter Jude vor. Aber er erinnert auch an seinen blinden Eifer bei der Verfolgung der ersten Christen. Und dann erzählt er, wie Christus ihm auf dem Weg nach Damaskus erschienen ist und welche Wende das in seinem Leben ausgelöst hat. Er hebt die Rolle des Hananias hervor, der ihn in Damaskus aufgesucht und ihm geholfen hat, sein Erlebnis zu verstehen und die Konsequenzen daraus zu ziehen. Paulus soll ein Botschafter für Christus werden und nicht zögern, die ersten Schritte auf dem neuen Weg zu tun: aufstehen, Christus anrufen, ihm in der Taufe sein Leben übergeben und die Vergebung der Sünden empfangen.

Wir erleben die Begegnung mit Christus anders als Paulus. Aber auch uns passiert es, dass wir plötzlich aufgehalten werden und das Ziel, zu dem wir unterwegs gewesen sind, nicht erreichen können. Was machen wir dann mit diesem Stoppsignal? Ärgern wir uns nur über die Störung? Oder fangen wir an zu fragen, was Christus uns damit sagen will? Hören wir zu, wenn ein Bruder wie Hananias oder eine Schwester uns anspricht und herausfordert, das Stoppsignal als einen Anruf von Christus zu verstehen und in dem Hindernis eine Weichenstellung zu erkennen?

Paulus hätte – wie wir – einwenden können, die ihm zugemutete Kehrtwende sei nicht einfach. Aber Hananias hat gesagt: Doch, es ist ganz einfach! Lauf nur Christus nicht davon, wende dich ihm zu, rufe seinen Namen an, nimm das Geschenk seiner Gnade an. – Fragen auch Sie ihn nach dem Weg, den Sie gehen sollen. Und wenn er Ihnen einen Wegweiser schickt wie Hananias, dann achten Sie auf ihn.

Der Kommandant bekam es mit der Angst zu tun, weil er einen römischen Bürger hatte fesseln lassen.

Apostelgeschichte 22,29

Im damaligen Römischen Reich ging man mit Leuten, die Ruhe und Ordnung störten, nicht zimperlich um. Die Folter gehörte zu den üblichen Verhörmethoden. So wird auch Paulus gefesselt und soll durch Auspeitschung geständniswillig gemacht werden. Im letzten Augenblick kann er die Notbremse ziehen. Er sagt dem verantwortlichen Offizier, dass er ein römischer Bürger sei und nicht ohne Gerichtsurteil gefoltert werden dürfe. Der Offizier erschrickt. Er kennt die Gesetze. Sie erlauben das Foltern von Sklaven und Nichtrömern schon bei Verhaftung und Verhör, bei römischen Bürgern jedoch nur im Fall der Verurteilung. Paulus besteht auf seinem Privileg dieses minimalen Rechtsschutzes.

In einem modernen Rechtsstaat von heute darf es für Bürger und Nichtbürger, für Einheimische und Fremde, nicht zweierlei Recht geben. Ausländer dürfen vom Gesetz nicht härter angefasst werden als Schweizer. Sie haben aber auch keinen Anspruch auf besondere Nachsicht, wenn sie die für alle geltende Rechtsordnung missachten und verletzen.

Das Privileg, das Paulus für sich beanspruchte, bewahrte ihn nicht vor einem jahrelangen Gefangenenschicksal. Das Verfahren in der Provinz wurde verschleppt und wäre vielleicht eingestellt worden, wenn Paulus nicht darauf bestanden hätte, seinen Prozess an das kaiserliche Gericht in Rom weiterzuziehen. Er wollte nicht nur seinen Kopf retten; es sollte in letzter Instanz festgestellt werden, dass die Christen keine Staatsfeinde sind. Der Ausgang des Prozesses ist nicht bekannt. Immerhin hat Paulus auch in Rom noch das Evangelium verkündet.

Nicht um Rechthaberei oder privilegierte Behandlung darf es uns Christen im Umgang mit Recht und Gesetz gehen. Aber für die Freiheit, das Evangelium zu verkünden, kann der Kampf auch an dieser Front nötig sein.

Der Herr sprach zu Paulus: Fasse Mut! Wie du in Jerusalem für mich Zeugnis abgelegt hast, so sollst du auch in Rom mein Zeuge sein. Apostelgeschichte 23,11

Paulus liegt im Gefängnis. Es ist Nacht. Er ist allein mit seinen Gedanken nach einem turbulenten, enttäuschenden Tag. Ist das die letzte Chance gewesen, um den führenden Personen seines Volkes Jesus als den Messias zu bezeugen? Warum hat die Begegnung so unglücklich verlaufen und im Streit enden müssen? Hätte Paulus sich anders verhalten können, anders reden sollen? Wer kennt nicht die Frage: Was habe ich nur falsch gemacht? Man geht einen verpfuschten Tag, eine missglückte Begegnung in Gedanken immer wieder durch, ärgert sich über andere oder auch über sich selbst, fragt sich und plagt sich, schläft schlecht oder gar nicht.

Bei Paulus ist eine grundsätzliche Anfechtung hinzugekommen: Warum geht jetzt mein Zeugendienst für Christus an Israel auf diese frustrierende Weise zu Ende? Und warum muss ich jetzt statt als Missionar als ein Gefangener nach Rom gehen, wenn ich überhaupt je dahin komme? Gilt mein Auftrag an die Heidenvölker noch? Kann Christus mich vielleicht nicht mehr brauchen?

In solchen Nächten kommen auch bei uns die Zweifel: Soll das jetzt alles gewesen sein, was ich im Leben erreicht habe? Soll so viel Mühe umsonst gewesen sein? Hat Gott mich auf die Seite gestellt? Da können wir uns nicht selbst damit trösten, dass wir es doch gut gemeint und unser Bestes gegeben haben. Da kann nur der Zuspruch des Herrn trösten.

In jener Nacht hat Paulus die Nähe seines Herrn erlebt und seinen Auftrag neu vernommen: Du wirst auch in Rom mein Zeuge sein. Wo vielleicht auch wir vor einem Scherbenhaufen stehen, sagt uns der Herr: Jetzt fängt ein neues Kapitel an. Ich führe die Regie, vertraue ihr und bleib deiner Rolle treu! Da, wo du bist, freiwillig oder unfreiwillig, da sollst du mein Zeuge sein!

Die Verschwörer sagten: Wir wollen verflucht sein, wenn wir Speise zu uns nehmen, bevor wir Paulus getötet haben.

Apostelgeschichte 23,14

So reden religiöse Fanatiker. Sie sind vom Hass gegen Paulus und seine Botschaft getrieben. Sie schwören, eher vor Hunger sterben zu wollen, als diesen Christus-Prediger am Leben zu lassen. Durch welche Hassprediger sind sie aufgehetzt worden? Sie erinnern an islamistische Selbstmordattentäter, die sich lächelnd den Sprengstoffgurt umbinden und glauben, für Allah zu kämpfen, wenn sie Ungläubige oder Andersgläubige mit sich in den Tod reissen. Es ist tragisch, wie die Leichtgläubigkeit und Begeisterungsfähigkeit junger Menschen, manchmal auch die Aussichtslosigkeit ihrer Lebenssituation, skrupellos missbraucht werden.

Damals in Jerusalem ist der Mordplan misslungen. Ein Neffe von Paulus hat davon gehört und einen Weg gefunden, seinen Onkel im Gefängnis zu informieren. Paulus kann den Kontakt zum verantwortlichen Offizier vermitteln, der ohne sein Wissen das üble Spiel der Verschwörer hätte mitspielen sollen. Paulus entgeht dem Anschlag, indem er in der Nacht unter starker Bewachung nach Cäsarea verlegt wird. Durch die Aufmerksamkeit und die Zivilcourage seines Verwandten wurde der böse Plan vereitelt.

Ob der Neffe des Paulus ein Christ gewesen ist, wissen wir nicht. Jedenfalls ist er ein wacher Mitmensch gewesen, durch dessen couragierte Initiative die Untat verhindert wurde.

Wie steht es mit unserer Wachsamkeit und Zivilcourage? Wir sollen nicht überall Böses wittern, aber auch nicht blauäugig oder gleichgültig sein. Es gibt viel Böses, das wir nicht verhindern können. Aber wir können für fromme Fanatiker und die von ihnen Verführten um die Einsicht beten, dass ihr Tun nicht Gottesdienst, sondern Gotteslästerung ist. Und wir können Gott darum bitten, dass er auch heute böse Pläne scheitern lässt.

Gottes Hilfe habe ich erfahren bis zum heutigen Tag und stehe nun hier und bin sein Zeuge bei Gross und Klein.

Apostelgeschichte 26,22

Paulus hat vor einer noblen Gesellschaft über seine Erfahrungen als Botschafter des Evangeliums berichtet. Viel Schlimmes hat er erfahren. Oft ist er nur durch ein Wunder mit dem Leben davongekommen. Aber Paulus klagt nicht; er bekennt dankbar, wie er Gottes Hilfe erfahren hat.

Erstaunlich, dass ein Häftling so redet. Als Gefangener ist Paulus unterwegs zu seinem Prozess in Rom. Aber da redet ein königlich freier Mensch von seiner Begegnung mit Christus und von seinen Erfahrungen mit Gott. Der Gefangene nimmt sich die Freiheit, seine noblen Zuhörer persönlich anzusprechen, und er fordert sie heraus. Er wünscht ihnen, dass auch sie durch den Glauben an den auferstandenen Christus so werden, wie er es trotz seiner Fesseln ist, nämlich wirklich frei: frei von Schuld und Furcht, frei von Irrtum und Blindheit, frei von Stolz und Selbstgerechtigkeit.

Ich wünsche auch mir solche Unerschrockenheit und Geistesgegenwart, wie sie Paulus jenen hohen Herrschaften gegenüber bewiesen hat. Ich wünsche mir, dass ich in jedem Menschen, ob er zu den Grossen oder zu den Kleinen in dieser Welt gehört, einen Adressaten des Evangeliums sehen kann. Einen Menschen, der Christus braucht. Einen, für den Christus gestorben und auferstanden ist. Er ist der Helfer von Gott für Gross und Klein.

Ich hoffe, dass auch Sie Gottes Hilfe erfahren haben und sie darum bezeugen können. Ich kann das nur hoffen. Sie können und müssen es wissen.

Es ist niemand zu gross, es ist niemand zu klein,
es ist niemand zu arm oder reich.
Es ist niemand zu einfach und niemand zu fein;
Gottes Liebe gilt für alle gleich.

(Manfred Siebald)

Nun aber ist ohne Zutun des Gesetzes die Gerechtigkeit, die vor Gott gilt, offenbart. Römer 3,21

Paulus hat dargelegt, wie schuldig, hilflos und verloren der Mensch vor Gott dasteht – nicht nur der Heide, sondern auch der Jude. Er hat die Verirrungen geschildert, denen der gottlose Mensch verfällt, aber auch den Krampf und die Einbildung des Frommen, der meint, er könne sich mit religiöser und moralischer Anstrengung das Wohlgefallen Gottes verdienen und die Gerechtigkeit erwerben, die vor Gott gilt. Das sind alles Irrwege und Sackgassen. Was nun?

Ich höre Paulus bei seinem „Nun aber" gleichsam aufatmen. Er weiss ja, wie das ist, wenn man nach langem Suchen und Irren, nach vergeblichem Kampf und Krampf auf einmal vor einer offenen Tür steht und die Sackgasse verlassen darf. Auch ihm hat Gott die Tür aufgetan. „Nun aber ist die Gerechtigkeit, die vor Gott gilt, offenbart – durch die Erlösung, die durch Christus Jesus geschehen ist" (V. 24).

Damit hat Gott unsere Situation grundlegend verändert. Wir sind nicht mehr entweder in der Wüste der Gottlosigkeit oder in einer frommen Sackgasse, aus der wir aus eigener Kraft nicht herauskommen. Es gibt einen rettenden Weg in der Wüste, einen Ausweg aus der Sackgasse, weil Gott die Tür aufgetan hat „durch die Erlösung, die durch Jesus Christus geschehen ist".

Auch Ihnen steht in der Wüste der Weg offen, der aus Durst und Staub zur Lebensquelle bei Gott führt. Auch für Sie steht in der Sackgasse, in der Sie sich in ängstlicher Sorge und krampfhaftem Bemühen verrannt haben, die Tür zur Freiheit der Kinder Gottes offen.

„Nun aber!" Das ist so, weil Jesus Christus der Weg und die Tür ist. Aber was nun, Mensch? „Nun aber" wirst du doch nicht vor der offenen Tür stehenbleiben oder an ihr vorbeigehen! Du wirst immer wieder hindurchgehen und auch heute dankbare Schritte tun auf dem Weg des Glaubens.

So halten wir nun dafür, dass der Mensch gerecht wird ohne Werke des Gesetzes, allein durch den Glauben. Römer 3,28

Dass der Mensch vor Gott gerecht wird nicht durch das, was er tut, sondern durch das, was Gott ihm schenkt, das war für Martin Luther die befreiende Entdeckung im Römerbrief. Wie kostbar und wichtig sie ihm gewesen ist, hat er beim Übersetzen dieses Satzes auf zweifache Weise zum Ausdruck gebracht. Im griechischen Grundtext endet der Satz mit den Worten „ohne Werke des Gesetzes". Indem Luther den Satz umgestellt und „durch den Glauben" an den Schluss gesetzt hat, wird der Glaube stärker hervorgehoben. Überdies hat Luther das Wort „allein" eingefügt, das im Grundtext nicht dasteht, und damit die Aussage zusätzlich unterstrichen. Die Unterstreichung ist ganz im Sinn des Paulus, der mit Nachdruck sagt, dass wir ganz ohne menschliches Zutun, „ohne Werke des Gesetzes", eben „allein durch den Glauben" vor Gott gerecht werden.

Dieses „Allein" hat Luther auch im Blick auf die Bibel und auf Jesus Christus immer wieder betont. Wir müssen auf keine anderen Offenbarungsquellen hören als allein auf die Heilige Schrift; in ihr sagt uns Gott alles, was wir über den Weg zu ihm wissen müssen. Und es gibt keine anderen Vermittler des Heils als allein Jesus Christus.

Die angemessene Antwort des Menschen auf Gottes Angebot ist allein der Glaube. Glauben heisst: dem zustimmen, was Gott mir durch das Evangelium von Jesus Christus sagen lässt. Gott Recht geben, wenn sein Gebot mich schuldig spricht. Aber dann den unverdienten Freispruch zur Kenntnis nehmen. Den Zuspruch der Vergebung und das Geschenk der Gnade annehmen.

Nein, verdient habe ich das nicht. Aber ich will mich gerne dem gnädigen Urteil Gottes unterstellen und (mit Worten von Otto Riethmüller) zu ihm sagen: „Du wirst allein ganz Recht behalten. Herr, mach mich still und rede du!" Ich glaube, Herr, und verlasse mich auf das, was du mir sagst.

So sollte Abraham ein Vater werden aller, die glauben.

Abraham ist eine zentrale Gestalt für den Glauben der Juden, der Christen und der Muslime. Paulus argumentiert im Römerbrief, Abraham sei das alttestamentliche Vorbild dafür, dass der Mensch nicht durch seine guten Werke, sondern allein durch den Glauben vor Gott gerecht wird. Auch nach dem Koran hat Abraham Vorbildfunktion, und zwar als Anhänger des reinen Glaubens, des Glaubens an den einzigen Gott. Noch und noch wird im Koran betont, Abraham sei – im Unterschied zu seinem Vater Terach – kein Polytheist gewesen. Er habe den Irrglauben seines Vaters an eine Vielzahl von Göttern kritisiert und ihn davon abzubringen versucht. Auf Abraham gehe auch das Heiligtum der Kaaba und die Wallfahrt nach Mekka zurück.

Im Zentrum der biblischen Abraham-Überlieferung steht dagegen Abrahams Berufung durch Gott und die Verheissung, dass Gott ihn zu einem grossen Volk machen werde und dass durch ihn alle Völker der Erde gesegnet werden sollen. Damit beginnt die besondere Geschichte Gottes mit dem Volk Israel, aus dem der Messias Jesus Christus geboren wird. In ihm hat sich die Segensverheissung erfüllt, denn jetzt sind alle Völker in den neuen Bund mit Gott eingeladen. Das ist das Evangelium, das Paulus Juden und Nichtjuden verkündigt. Als von Jesus Christus selbst beauftragter Sendbote reist er durch die ganze damalige Welt.

Wer immer die frohe Botschaft von Jesus Christus annimmt, folgt Abrahams Beispiel: „Abraham hat Gott geglaubt, und das ist ihm zur Gerechtigkeit gerechnet worden" (V. 3). Durch das Evangelium ergeht der Ruf des einen Gottes an uns, der einst Abraham berufen hat. Indem wir uns in die Nachfolge Jesu rufen lassen, werden wir hineingenommen in die Heilsgeschichte Gottes, die mit Abraham begonnen hat. Und auch wir dürfen damit rechnen, dass Gott uns segnet und ein Segen für andere sein lässt – wie Abraham.

Abraham wusste aufs allergewisseste: Was Gott verheisst, das kann er auch tun. Römer 4,21

Übertreibt Paulus hier nicht? Wie kommt er dazu, uns Abraham als das grosse Beispiel des Glaubens vorzustellen? Abraham ist doch gar nicht immer so felsenfest überzeugt gewesen, dass Gott auch tun kann, was er verheisst. Im Gegenteil, er ist oft nicht gläubig, sondern ungläubig gewesen. Er hat den Verheissungen Gottes gerade nicht vertraut, er ist ungeduldig geworden und hat sich mit fragwürdigen Mitteln selbst zu helfen versucht.

Vielleicht würde mir Paulus entgegnen: Abraham hat aber gerade dadurch, dass Gott seinen Unglauben Mal für Mal beschämt hat, glauben gelernt. Er hat es nicht einfach gekonnt. Gott hat ihm dazu geholfen. Darum ist der Glaube nicht Abrahams Leistung gewesen, sondern Gottes Geschenk.

Dass Gott sich gerade mit so wenig heldenhaften Menschen einlässt und ihnen treu bleibt, auch wenn sie sich als unzuverlässige Partner erweisen, das ist das Entscheidende an Abrahams Geschichte mit Gott. Das macht den Menschen zu allen Zeiten Mut, an Gottes Treue zu glauben – viel mehr, als wenn ihnen ein unerschütterlicher Glaubensheld als Vorbild empfohlen würde.

Abraham ist also nicht so sehr ein Vorbild für einen starken Glauben, vielmehr ein Beispiel für Gottes Treue. Gerade wenn ich mich selbst nicht als einen Glaubenshelden erlebe, wird die Zusage kostbar: „Was Gott verheisst, das kann er auch tun." Was Gott bei mir angefangen hat, das kann er auch vollenden. Weil Gott durch seinen Sohn Jesus Christus Ja zu mir gesagt hat, gilt dieses Ja trotz all meiner Zweifel.

Ich muss nicht Abraham oder andere vermeintliche Glaubenshelden bewundern, beneiden oder nachzuahmen versuchen. Ich bewundere Gottes Geduld und Treue auch gegenüber mir. Ich darf damit rechnen und ihn immer wieder bitten: „Herr, ich glaube; hilf meinem Unglauben!" (Mk 9,24).

Wir rühmen uns auch der Bedrängnisse; denn die Liebe Gottes ist ausgegossen in unsre Herzen durch den heiligen Geist, der uns gegeben ist. Römer 5,3.5

Der Weg des Glaubens kann durch die Wüste führen. Es gibt Durststrecken auch im Dienst für Gott. Solche schwierige Erfahrungen nennt Paulus Bedrängnisse, und er weiss, wovon er spricht. Dass er sich der Bedrängnisse rühme, kann er nur sagen, weil er unter schwierigen Lebensumständen besonders kostbare Erfahrungen mit Gott gemacht hat. Es hat – bildlich gesprochen – auch besonders erquickenden Regen gegeben in der Wüste. Der Regen ist die Liebe Gottes, und von ihr sagt Paulus: Gott hat sie ausgegossen, nicht nur tropfenweise, sondern in Strömen. Am Kreuz seines Sohnes hat Gott seine ganze Liebe in die Welt hinein verströmt.

Der Strom von Gottes Liebe sucht seinen Weg auch zu uns. Gottes Geist öffnet uns das Herz, damit der erquickende Regen auf die Dürrezonen unseres Lebens fallen kann. Nicht nur tropfenweise, sondern in Strömen: „Denn die Liebe Gottes ist ausgegossen in unsere Herzen durch den heiligen Geist."

Der Regen von Gottes Liebe ist kräftig und ausdauernd. Er weicht den harten Acker unseres Herzens auf, so dass Neues wachsen kann. Die Wüste beginnt zu leben, wenn auch vielleicht zunächst nur unscheinbar. Paulus nennt einige der schönen Pflanzen, die dank dem Regen von Gottes Liebe in unserem Leben zu wachsen beginnen wie Pionierpflanzen an einem schwierigen Standort: Geduld, Bewährung, Hoffnung.

Ob auch wir uns dann der Bedrängnisse rühmen? Rühmen vielleicht nicht, aber wir danken Gott dafür, dass wir ihm gerade in schwierigen Zeiten nähergekommen sind, dass uns seine Liebe kostbarer geworden ist und unser Leben an Tiefgang gewonnen hat. Und wir rechnen damit, dass er unsere Hoffnung nicht zuschanden werden lässt.

Gott erweist seine Liebe zu uns darin, dass Christus für uns gestorben ist, als wir noch Sünder waren. Römer 5,8

Gott wartet nicht darauf, dass wir gute Menschen werden, um uns dann lieb zu haben. „Gott hat uns zuerst geliebt" (1 Joh 4,19). Zuerst – das heisst: immer schon geliebt, trotz allem geliebt, auch als wir noch nichts davon wussten, als wir das noch gar nicht wollten. Oder wie Paulus es sagt: Als wir noch Sünder waren, da hat Gott seine Liebe zu uns dadurch erwiesen, dass Christus für uns gestorben ist.

Das erinnert mich an das Weihnachtslied von Paul Gerhardt: „Ich steh an deiner Krippe hier". Da heisst es in einer Strophe:

Als ich noch nicht geboren war,
da bist du mir geboren
und hast mich dir zu eigen gar,
eh ich dich kannt', erkoren.
Eh ich durch deine Hand gemacht,
da hast du schon bei dir bedacht,
wie du mein wolltest werden.

Nicht nur für uns geboren, aus Liebe zu uns ein Mensch geworden ist Christus, er ist auch aus Liebe zu uns gestorben, „als wir noch Sünder waren" – als wir noch fern von Gott waren, seine Gegner, seine Feinde. Da hat Gott uns seine Liebe erwiesen, da hat er schon Frieden mit uns gemacht. Gott hat die Initiative ergriffen. In Christus streckt er allen Menschen seine Hand zur Versöhnung entgegen. Sein Friedensangebot gilt auch Ihnen, ob Sie es schon angenommen haben oder noch zögern.

Aber wer wollte denn dieses wunderbare Friedensangebot ausschlagen? Nehmen auch Sie es im Glauben dankbar an. Danken Sie Gott heute für seine unverdiente Liebe und geben Sie seine Liebe weiter: mit einem guten Wort, mit einer guten Tat – auch und gerade für Menschen, die das nicht verdient haben.

Wir rühmen uns Gottes durch unsern Herrn Jesus Christus, durch den wir jetzt die Versöhnung empfangen haben.

Römer 5,11

Gott hat Frieden mit uns gemacht. Wenn Kinder miteinander gestritten haben, können sie einander einfach die Hand hinstrecken, Frieden machen und sich wieder vertragen, als wäre nichts gewesen. Im Blick auf meine Differenzen mit Gott kann ich nicht einfach zu ihm sagen: Komm, machen wir wieder Frieden! Aber das Evangelium sagt: Gott hat uns Menschen über alle Differenzen hinweg die Hand zum Frieden entgegengestreckt in seinem Sohn Jesus Christus. Gott hat die Initiative zur Versöhnung ergriffen. Er hat sein Angebot nicht davon abhängig gemacht, ob wir darauf eingehen oder nicht. „Gott beweist seine Liebe gegen uns dadurch, dass Christus für uns gestorben ist, als wir noch Sünder waren" (V. 8).

Paulus geht davon aus, dass die Leserinnen und Leser seines Briefes Gottes Friedensangebot angenommen haben. Auch wir dürfen das Geschenk der Versöhnung im Glauben annehmen und dankbar feststellen: Ich habe Frieden mit Gott. Mag ich sonst wenig zu rühmen haben – dafür rühme ich Gott: Dass auch ich durch Jesus Christus die Versöhnung empfangen habe, und zwar jetzt, hier und heute.

Gottes Friedensangebot eröffnet mir aber eine Perspektive, die über dieses Leben hinausgeht. Am Ende kommt nicht nur der Exitus, der endgültige Ausgang und Abgang aus dem Leben. Ich darf den Tod als Übergang und Eingang in ein neues Leben erwarten, das nicht mehr von Schwachheit und Schmerzen beeinträchtigt sein wird, nie mehr überschattet von Verlusterfahrungen und Leid. Wir rühmen uns der Hoffnung auf die zukünftige Herrlichkeit Gottes (V. 2), weil Gott dann den grossen Wunsch seines Sohnes erfüllen wird: „Vater, ich will, dass, wo ich bin, auch die bei mir seien, die du mir gegeben hast, damit sie meine Herrlichkeit schauen" (Joh 17,24).

Gottes unverdientes Geschenk überwindet eine Unzahl von Verfehlungen und bringt allen den Freispruch.

Römer 5,16

Hier werden nicht Unschuldige, sondern Schuldige freigesprochen. Straffrei geht kein Mensch deshalb bei Gott aus, weil er keine Strafe verdient hat. Das hören wir alle nicht gern. Wir gehören nicht zu den Schwerverbrechern. Im Vergleich mit solchen sind wir doch nur harmlose kleine Sünder. Gott soll sich die Grossen vornehmen und die Kleinen laufen lassen.

Aber so können wir bei Gott nicht argumentieren. Er wird die grossen Sünder zur Rechenschaft ziehen, aber auch die kleinen können sich nicht selbst vor ihm rechtfertigen. Auch ganz übliche Gemeinheiten und alltägliche Lieblosigkeiten wiegen bei Gott schwer.

Doch nun gilt eben für alle die gute Nachricht vom Freispruch als Gottes unverdientes Geschenk. Sein Sohn Jesus Christus hat das möglich gemacht. Er hat den Vater nicht nur um ein mildes Urteil über uns Sünder gebeten. Er, der Unschuldige, ist an die Stelle der Schuldigen getreten. Er hat das Todesurteil über sich sprechen und es an sich vollziehen lassen am Kreuz. Unser Urteil hat er auf sich genommen, Gottes gerechtes Urteil auch über mich. Unsere Strafe hat er erlitten, die verdiente Strafe für die Unzahl auch meiner Verfehlungen.

Keiner und keine kann sich vor Gott selbst entschuldigen oder herausreden. Es kann auch kein Mensch dem andern zum Freispruch verhelfen. Wir sind eben gleichsam Komplizen, wir alle sind gleichermassen schuldig. Weil Christus es *nicht* ist, hat er die Unzahl unserer Verfehlungen auf sich nehmen können.

Wie kläglich sind alle unsere Ausreden verglichen mit seinem wunderbaren Angebot: Freispruch für alle! Das verdanken wir dem einen Gerechten, Jesus Christus. Geben auch Sie die Ausreden auf, nehmen Sie den Freispruch an und danken Sie Gott für das unverdiente Geschenk!

Ihr sollt euch als Menschen begreifen, die für die Sünde tot sind, aber für Gott leben in Jesus Christus. Römer 6,11

Paulus spricht hier Menschen an, die auf den Namen Jesu getauft worden sind und die durch den Glauben in einer lebendigen Verbindung mit ihm stehen. Wer sein Leben in der Verbundenheit mit Jesus Christus führt, ist „für die Sünde tot". Das Verbleiben in der Sünde – also in der Distanzierung von Gott und im Widerspruch zu seinem Willen – ist dann keine Möglichkeit mehr. Sünde ist nach dem Wortsinn des griechischen Ausdrucks im Neuen Testament ‚Zielverfehlung'. Also nicht nur dann und wann ein kleiner Ausrutscher, den wir durch konsequente Befolgung pingeliger Verbote vermeiden könnten. Sünde ist das Ausgerichtetsein auf die falschen Ziele, weil wir unsere Orientierung nicht bei Gott und seinem Plan für unser Leben suchen. Der Glaube ist die Neuausrichtung unseres Lebens. Sie geschieht grundsätzlich durch die Umkehr zu Gott, aber dann in der konkreten Lebensführung immer wieder, indem wir uns in der Nachfolge Jesu an ihm orientieren.

Auch dann kann es noch Rückschritte und Rückfälle geben. Sie kennen das vielleicht aus bitteren Erfahrungen. Da ist irgendwo eine schwache Stelle, von der Sie wissen: Da bin ich für die Sünde noch sehr leicht ansprechbar. Aber gerade auf solche wunden Punkte spricht uns jetzt Gottes Wort an: Ihr sollt euch trotzdem „als Menschen begreifen, die für die Sünde tot sind, aber für Gott leben in Jesus Christus". Das ist die frohe Botschaft, dass wir uns von der Sünde nicht mehr ansprechen lassen müssen. Es hat nur noch einer Anspruch auf uns: Jesus Christus.

Je mehr wir auf ihn schauen, desto weniger kann uns die Sünde noch sagen. Was zu einem Leben mit Jesus nicht passt, verliert seine verführerische Kraft. Es ist schön, uns an Jesus und seinem Lebensstil zu orientieren und für Gott zu leben wie er.

Der Geist hilft unserer Schwachheit auf. Denn wir wissen nicht, was wir beten sollen, wie sich's gebührt; aber der Geist selbst vertritt uns mit unaussprechlichem Seufzen.

Römer 8,26

Vielleicht gehören Sie zu den Menschen, die meinen, sie könnten nicht beten. Trösten Sie sich: Auch der Apostel Paulus konnte es nicht einfach. Er bekennt sein Nichtwissen und Nichtkönnen, wenn es um das rechte Beten geht. Aber in dieser Verlegenheit kommt uns Gott selbst zu Hilfe durch seinen Geist. „Der Geist hilft unserer Schwachheit auf."

Die Aufhilfe durch den Geist ist nicht nur eine kleine Nachhilfe, damit wir noch schöner, besser, fleissiger, wirksamer beten, als wir es schon können. Wir können es überhaupt nicht. Wir sind von uns aus unfähig und unwürdig, mit Gott zu kommunizieren. Es ist paradox: Nur wenn ich weiss, dass ich es nicht kann, kann ich beten, „wie sich's gebührt" – wie es sich gehört, wie es Gott gefällt.

Eine Beispielerzählung von Jesus hilft uns das verstehen. Er hat von zwei Männern erzählt, die in den Tempel gehen, um zu beten, ein Pharisäer und ein Zöllner. Der Pharisäer kommt sich beim Beten vorbildlich vor; er denkt, er kann es. Der Zöllner, der den frommen Mann gesehen und seinem Gebet zugehört hat, ist entmutigt. Er kann und wagt es nicht. Nur eine kurze Bitte bringt er über die Lippen: „Gott, sei mir Sünder gnädig!" Aber von ihm hat Jesus gesagt: Er hat recht gebetet, sein Gebet hat Gott gefallen (Lk 18,9–14).

Lassen Sie sich durch dieses Beispiel zum Beten ermutigen. Sie müssen es nicht können – und dürfen es doch wagen. Gehen Sie zum Gottesdienst in dieser Haltung. Reden Sie ganz persönlich mit Gott in kindlichem Vertrauen. Sein Geist wird Ihnen dabei helfen. Gott wird Sie hören und erhören. Vielleicht anders, als Sie es sich vorstellen. Aber so wie ein guter Vater, der weiss, was für sein Kind das Beste ist.

Gott hat seinen eigenen Sohn für uns alle dahingegeben; wie sollte er uns mit ihm nicht alles schenken? Römer 8,32

Gott hat uns mit einem Geschenk überrascht, das kein Mensch sich hätte ausdenken können: Er hat seinen Sohn für uns alle dahingegeben. Er hat uns in Jesus seinen eigenen Sohn zum Geschenk gemacht, indem er ihn als Mensch zu uns Menschen gesandt hat. „Für uns alle *dahingegeben*" hat ihn Gott. Das erinnert nicht nur an die Menschwerdung des Gottessohnes, es erinnert in den Evangelien vor allem an sein Leiden und Sterben. Jesus ist in die Hände der Menschen gegeben worden, durch seine Feinde zur Kreuzigung ausgeliefert, dahingegeben in den Tod – hingegeben für uns alle.

Warum das nötig war, erklärt Paulus an dieser Stelle nicht. Aber aus der Grösse von Gottes Geschenk – der Hingabe seines eigenen Sohnes für uns alle – leitet Paulus eine Folgerung ab: „Wie sollte Gott uns mit ihm nicht alles schenken?" *Alles* – was ist das? Alles, was zu unserer Erlösung nötig ist. Alles, was wir brauchen, um ein erfülltes Leben zu führen und einmal getrost sterben zu können. Alles, was uns in Christus verheissen ist – das alles gehört uns im Glauben schon jetzt.

Vielleicht denken Sie: Ich erwarte ja gar nicht alles von Gott. Nur *etwas* erwarte ich, etwas ganz Bestimmtes, Konkretes: Dass er mich gesund macht, dass er mein akutes Problem löst, dass er mir eine Sorge abnimmt, einen sehnlichen Wunsch erfüllt. Wenn er mir das schenkte, ja, dann wollte ich ihm von Herzen danken.

Nehmen Sie doch Gott das Geschenk seines Sohnes ab. Dieses Geschenk ist der Beweis von Gottes Sorge um Sie und von Gottes Interesse an Ihnen. Dann werden Sie die Zuversicht gewinnen: Wenn Gott mir *das* schenkt, was sollte er mir dann nicht gönnen? Nein, Gott wird Ihnen ganz gewiss nichts vorenthalten, was Sie nötig haben, damit Sie ein froher und dankbarer Mensch sein oder es werden können.

Ich bin gewiss, dass weder Tod noch Leben, weder Engel noch Mächte noch Gewalten, weder Gegenwärtiges noch Zukünftiges, weder Hohes noch Tiefes noch irgendeine andere Kreatur uns scheiden kann von der Liebe Gottes, die in Christus Jesus ist, unserem Herrn. Römer 8,38f

Unsere Lebenszeit in dieser Welt ist begrenzt. An irgendeinem mir noch unbekannten Tag wird meine Lebensuhr stillstehen. Da wird mich der Tod aus allem wegnehmen, was mir in dieser Welt lieb und wichtig gewesen ist, so wie er andere schon von mir weggenommen hat. Das ist umso schmerzlicher, je enger ich mit einem Menschen verbunden gewesen bin. Dann ist das Weggerissenwerden des anderen, wie es im Lied vom guten Kameraden heisst, „als wär's ein Stück von mir". Liebe und Treue können wir Menschen einander im allerbesten Fall versprechen, bis dass der Tod uns scheidet.

Es gibt aber eine Beziehung und eine Liebe, von der uns auch der Tod nicht scheiden kann. Das ist die Liebe Gottes zu uns und unsere Liebe zu ihm. Paulus zählt eine Reihe von Elementen auf, die dieses Liebesverhältnis zwischen Gott und uns zu stören versuchen könnten. Sie würden aus Ihrer eigenen Erfahrung vielleicht noch anderes hinzufügen: etwa eine lebensbedrohliche Krankheit, beängstigende Zeiterscheinungen wie Terrorismus, Korruption und Kriminalität. Aber selbst wenn Sie persönlich den Eindruck haben sollten, alles habe sich gegen Sie verschworen – nichts und niemand kann Sie von Gottes Liebe trennen. Nichts und niemand ist grösser als „die Macht der Liebe, die sich in Jesus offenbart".

Weil uns nichts und niemand von Gottes Liebe trennen kann, auch nicht der Tod, müssen wir den Gedanken an das Sterben nicht verdrängen. Am Lebensende wartet nicht Horror oder ein sinnloses Verlöschen auf uns. Es wartet Jesus Christus auf uns, zu dem wir schon jetzt gehören. Wie gut ist es, im Leben und einst im Sterben sein Eigentum zu sein!

Der Ältere wird dem Jüngeren dienen. Römer 9,12

Das ist die Umkehrung der üblichen Ordnung, wonach der Ältere, insbesondere der Erstgeborene, Vorrang und Vorrechte gegenüber dem Jüngeren geniesst. Paulus zitiert diesen Satz aus dem Buch Genesis (25,23). Dort wird von Rebekka und ihren Zwillingssöhnen Jakob und Esau erzählt. Die Reihenfolge Jakob und Esau drückt schon diese Umkehrung der Rangfolge aus, denn Esau wurde vor Jakob geboren.

Was Paulus mit dem Zitat und der Erinnerung an diese Geschichte aus der Frühzeit des Volkes Israel sagen will, ist dies: Gott orientiert sich in seinem Handeln mit uns Menschen nicht an Vorrechten oder Vorzügen, die wir für uns geltend machen möchten. Es gibt viele biblische Beispiele dafür, dass er menschliche Rangordnungen übergeht und sich gerade denen zuwendet, die es in keiner Weise verdient haben.

Gott hat das im Vergleich mit den Weltmächten der Antike winzige Volk Israel ausgewählt, um sich ihm in besonderer Weise zu offenbaren. Er ist in Jesus, dem Sohn einfacher Leute aus dem Volk der Juden, selbst ein Mensch geworden. Jesus hat keine Ansprüche gestellt, sondern hat die Umkehrung der Rangordnung freiwillig übernommen. „Ich bin unter euch wie ein Diener", hat er zu seinen Jüngerinnen und Jüngern gesagt (Lk 22,27). Und er hat von ihnen erwartet, dass sie seine Haltung übernehmen.

Dienen ist darum für Christen keine Degradierung und keine Zumutung mehr, sondern das Gehen in der Spur Jesu, der „nicht gekommen ist, um sich dienen zu lassen, sondern um zu dienen und sein Leben hinzugeben als Lösegeld für viele" (Mk 10,45). Der Grösste hat uns, den Geringen, mit der Hingabe seines Lebens gedient. Da bleibt kein Raum mehr für Überheblichkeit. Auch nicht für die Überheblichkeit der Christen gegenüber den Juden, des Jüngeren gegenüber dem Älteren. Denn bei Gott kann es immer wieder geschehen, dass aus Ersten Letzte werden und aus Letzten Erste (Mk 10,31).

Es ist über alle derselbe Herr, reich für alle, die ihn anrufen.

Römer 10,12

Gott ist reich, stellt Paulus fest. Aber wenn das alles wäre, wen könnte das interessieren? Davon hätten wir ja so wenig wie von den Millionen und Milliarden der Reichen in dieser Welt. Während die immer reicher werden, werden die Armen nur immer ärmer.

Wir haben aber sehr wohl etwas davon, dass Gott reich ist. Paulus sagt: Gott ist reich „für alle". Er behält seinen Reichtum nicht für sich. Er teilt ihn mit allen, die daran teilhaben möchten. Nicht nur mit einzelnen Glückspilzen, die bei Gott das grosse Los ziehen, oder mit wenigen, die er für ihre guten Taten oder für ihre Frömmigkeit belohnt. Gott ist „reich für alle".

Worin besteht denn der Reichtum Gottes? Nicht in irdischen Millionen und Milliarden. Der Reichtum Gottes – das ist seine unfassbar grosse Liebe, sein grenzenloses Erbarmen, sein unermüdliches Helfen und Retten. Durch seinen Sohn Jesus Christus hat Gott seinen ganzen Reichtum zu uns Menschen gebracht. Im 2. Korintherbrief (8,9) hat Paulus von Christus gesagt: „Um euretwillen ist er, obwohl er reich war, arm geworden, damit ihr durch seine Armut reich werdet."

Aber Gott schüttet seinen Reichtum nicht einfach über alle aus, egal ob sie das wünschen oder nicht. Zwar lässt er „seine Sonne scheinen über Böse und Gute und lässt regnen über Gerechte und Ungerechte" (Mt 5,45), aber seine Liebe drängt er uns nicht auf. Das Angebot gilt allen, aber Gott erwartet, dass wir unsere Hände nach dem Reichtum seiner Liebe ausstrecken, indem wir ihn im Namen Jesu anrufen.

Wenn Gott Ihre Hände mit seinem Reichtum hat füllen können, dann danken Sie ihm dafür. Wenn Sie dieses Glück noch nicht kennen, bitten Sie ihn doch darum. Gott ist reich – reich auch für Sie – „reich für alle, die ihn anrufen".

Hat denn Gott sein Volk verstossen? Das sei ferne! Gott hat sein Volk nicht verstossen, welches er zuvor erwählt hat.

Römer 11,1f

Paulus sagt das vom Volk Israel. Er hat dem Thema Israel drei Kapitel seines Briefes gewidmet und hat damit seine eigenen Gedanken geklärt. Paulus hat als Jude selbst dem Volk Israel angehört. Er ist aber auch Christ gewesen, weil Christus ihm an einem dramatischen Wendepunkt seines Lebens begegnet ist. Paulus hat darüber immer wieder gestaunt, und darum hat er jene drei Kapitel im Römerbrief mit einem Lobpreis abgeschlossen, dass Gott sich in Jesus Christus über *alle* Menschen erbarmt hat. Alle, Juden wie Nichtjuden, sind auf das Erbarmen Gottes angewiesen. Alle dürfen sich als von Gott Erwählte, als von Gott Geliebte verstehen.

In der christlichen Kirche und Theologie hat es immer wieder die Meinung gegeben, Gottes Erbarmen gelte dem Volk Israel nicht mehr. Gott habe sein altes Bundesvolk verstossen, weil es Jesus nicht als den Messias anerkannt habe. Die christliche Kirche sei jetzt an die Stelle Israels getreten. Wie konnte und kann man nur so über diesen Satz des Paulus im Römerbrief hinweglesen: „Gott hat sein Volk nicht verstossen, welches er zuvor erwählt hat"? Wenn Gott sich in Christus über *alle* Menschen erbarmt hat und darum der Weg zu Gott für die Menschen aus allen Völkern offen ist, wie sollte er dann dem Volk verschlossen bleiben, dem Gott schon vor der Sendung des Christus Jesus immer wieder begegnet war?

Kein Mensch muss sich von Gott verstossen glauben, auch wenn ein schwieriges persönliches Schicksal diese Vermutung nahelegen könnte. Wir dürfen aber auch keinen anderen Menschen als von Gott verstossen betrachten. Die Frage ist nicht: Wer ist vom Erbarmen Gottes ausgeschlossen? Die Frage ist: Nehme ich sein Erbarmen an? Und macht sein Erbarmen auch mich barmherzig gegen alle Menschen?

235

Von Gott kommt alles, durch Gott lebt alles, zu Gott geht alles. Ihm gehört die Herrlichkeit für immer und ewig. Amen.

Römer 11,36

Nach einem langen Denk- und Schreibprozess hat Paulus innegehalten. Er hat intensiv nachgedacht über den Weg, den Gott mit dem Volk Israel gegangen ist. Er hat mit dem schweren Rätsel gerungen, weshalb Jesus nur von so wenigen aus dem erwählten Gottesvolk als der verheissene Messias erkannt und angenommen, von der Mehrheit jedoch abgelehnt worden ist. Aber er hat auch über das Wunder gestaunt, dass Gottes Erbarmen in Jesus Christus allen Menschen gilt und dass gerade er diese frohe Botschaft zu den Heidenvölkern bringen soll.

Nicht dass ihm durch das Nachdenken schliesslich alles klar geworden und logisch erschienen wäre. Gottes tiefe Gedanken und Gottes grosse Pläne gehen über alles menschliche Begreifen hinaus. Am Schluss kann Paulus nicht stolz feststellen, dass ihm jetzt alles klar geworden sei. Aber was er davon verstanden hat, ist Grund genug, um über Gott und seine Wege mit den Menschen zu staunen. Er erkennt dankbar, dass Gott auch ihn in seine Pläne einbezogen hat. Er sieht sich und sein Leben umschlossen und getragen von dem, was Gott in Christus getan hat und tut.

Darum ist es nicht nur eine lehrmässige Aussage über Gott, sondern zugleich eine persönliche Standortbestimmung, wenn Paulus sagt: „Von Gott kommt alles, durch Gott lebt alles, zu Gott geht alles." Das heisst ja: Ich weiss, woher ich komme, wovon ich lebe und wohin ich gehe. Anfang und Ziel meines Lebens ist Gott. Das macht das Unterwegssein immer und überall sinnvoll.

Auch Sie und ich verstehen nicht alles, was Gott tut. Aber auch wir können beim Nachdenken über das, was Gott durch Christus getan hat und tut, ins Staunen kommen wie Paulus. Auch unser Standort ist bestimmt durch diese wunderbaren Koordinaten: „Von Gott kommt alles, durch Gott lebt alles, zu Gott geht alles."

Haltet euch nicht selbst für klug. Römer 12,16

Diesen Ratschlag hat Paulus auf dem Hintergrund seiner persönlichen Erfahrung mit der eigenen Klugheit geschrieben. Er war ja ein studierter Mann, ein Theologe, ein jüdischer Rabbiner. Er hatte geglaubt, sich in religiösen Fragen auszukennen, über Gott Bescheid zu wissen, Gottes Willen und Handeln zu verstehen. Aber es kam die Stunde der Wahrheit, wo ihm gezeigt wurde, wie sehr er Gott missverstanden hatte. Das war auf dem Weg von Jerusalem nach Damaskus, als ihm der auferstandene Christus begegnete und ihn fragte: „Saul, Saul, was verfolgst du mich?" (Apg 9,4).

Sein Leben lang ist Paulus dafür dankbar geblieben, dass er umlernen durfte. Dass er auf alle eigenen klugen Gedanken über Gott verzichten und verstehen lernen durfte, dass Gott sich in Jesus Christus offenbart und was er durch Christus für uns Menschen getan hat. „Weil die Welt durch ihre Weisheit Gott in seiner Weisheit nicht erkannte, gefiel es Gott, durch die Torheit der Predigt die zu retten, die glauben" – so hat Paulus seine persönliche Erfahrung dann im 1. Korintherbrief (1,21) verallgemeinert. Auch wenn er den Christen in Rom den Rat gab: „Haltet euch nicht selbst für klug", meinte er dieses demütige Offensein für die rettende Weisheit Gottes, die uns in der Botschaft vom Kreuz verkündigt wird.

Wenn wir vom hohen Ross unserer verkehrten Gedanken über Gott herunterkommen, dann werden wir auch bereit, auf Brüder und Schwestern zu hören. Wir hören auf sie und lernen von ihnen: von ihren Glaubenserfahrungen, von ihrem Erleben in der Nachfolge Jesu, von ihrer Gotteserkenntnis.

Klug ist, wer Gott erkennt, sagt die Bibel: „Die Furcht Gottes ist der Anfang der Weisheit" (Ps 111,10). Wir wollen uns doch nicht einbilden, es besser zu wissen, und uns selbst für klug halten. Werden und bleiben wir lebensklug, indem wir Gott ernst nehmen und ihm vertrauen!

Nehmt einander an, wie Christus euch angenommen hat, zur Ehre Gottes. Römer 15,7

Da denken Sie jetzt vielleicht an einen Menschen, mit dem es schwierig ist: Ich habe es ja versucht mit dem Annehmen, ich habe Geduld mit ihm gehabt, eine Engelsgeduld! Aber es hat nichts genützt.

Ja, das ist doch das Problem, auch mein Problem, bei diesem Einander-Annehmen: Wir rechnen damit, dass es etwas nützt, dass der oder die andere unsere Bemühung wahrnimmt und positiv darauf reagiert. Wir hoffen darauf, dass auch er oder sie einen Schritt tut und zur Verbesserung unserer Beziehung beiträgt.

Gewiss dürfen wir darauf hoffen. Es kann Wunder bewirken, wenn wir einem Menschen versöhnlich und hilfsbereit begegnen. Aber die Hoffnung erfüllt sich nicht immer. Wie weit reicht dann unsere Geduld? Was ist, wenn sie uns ausgeht?

Da hilft es uns nicht, wenn andere oder wir selbst uns sagen: Du müsstest doch! Da ist es hilfreicher, wenn wir uns eingestehen: Ich kann es nicht! Wir müssen das ja nicht nur uns selbst sagen. Wir dürfen es Gott sagen: Herr, ich kann es nicht. Ich schaffe es nicht, diesen schwierigen Menschen neben mir anzunehmen.

Und was sagt Gott dann dazu? Er sagt nicht: Du müsstest aber! Er sagt mir: Ich habe *dich* angenommen. Ich habe dich angenommen, obwohl dir die Geduld, die Hoffnung, die Kraft zum Lieben und zum Vergeben immer wieder viel zu früh ausgeht.

„Wie Christus euch angenommen hat" – das gilt auch und gerade dann, wenn es uns Not macht, dass wir andere nicht annehmen und ihnen nicht vergeben können. Gott kann das und er tut das. Bei Gott sind wir durch Jesus Christus angenommen: immer wieder, trotz allem. Wenn ich mich *daran* erinnere, dann kann das Annehmen auch mir gelingen – nicht immer, aber doch heute, und auch morgen wieder, vielleicht auch übermorgen. Noch nicht immer, aber immer öfter.

Das Wort vom Kreuz ist denen, die verlorengehen, nur Torheit; uns aber, die gerettet werden, ist es Gottes Kraft.

1 Korinther 1,18

Paulus hätte sich viel Ärger und Streit ersparen können, wenn er das Kreuz in seinen Predigten über Christus ausgeklammert hätte. Wenn er nur davon geredet hätte, dass Jesus ein grosser Lehrer der Menschheit gewesen sei und uns ein grossartiges Beispiel wahrer Menschlichkeit gegeben habe, dann hätte sich niemand aufgeregt. Aber Paulus hat Jesus als den von Gott gesandten Retter bezeugt, der durch seinen Tod am Kreuz die Menschen mit Gott versöhnt hat. Für die frommen Juden war das ein Skandal, für die gebildeten Heiden nur Unsinn.

Auch heute finden manche diese Botschaft geschmacklos und sinnlos: Von Gott reden – meinetwegen. Aber von Jesus, von seinem Sterben für uns, von seinem Tod am Kreuz – muss das denn sein? Die Antwort heisst: Ja, das muss sein. Denn was uns hilft, sind nicht unsere eigenen Gedanken über Gott, sondern dieses anstössige „Wort vom Kreuz": Die Botschaft, dass Jesus am Kreuz sein Leben für uns hingegeben hat. Dass Gott durch dieses Opfer die Welt mit sich versöhnt hat. Dass jeder, der durch den Glauben an Jesus diese Versöhnung für sich persönlich annimmt, die rettende und verwandelnde Kraft dieser Botschaft erfährt.

Ja, wir brauchen auch heute dieses Wort vom Kreuz. Es will uns nicht nur dazu anregen, uns unsere eigenen Gedanken über Gott und die Welt zu machen. Die klügsten Gedanken, die wir uns über Gott und die Welt machen, helfen uns nicht, wenn wir nicht wissen, was Gott sich für Gedanken über uns und die Welt macht. Wenn Gott es für nötig gehalten hat, dass Christus für uns am Kreuz sterben musste – wer bin ich, dass ich sage: Das wäre doch nicht nötig gewesen, ich brauche das nicht! O doch, ich habe es nötig. Und Sie brauchen es auch: das Wort vom Kreuz, die Gotteskraft, die alle rettet, die ihr vertrauen.

Jesus Christus ist uns von Gott zur Weisheit gemacht worden: zur Gerechtigkeit, zur Heiligung und zur Erlösung.

1 Korinther 1,30

Paulus hat diesen Satz eingerahmt durch die zweifache Mahnung: „Kein Mensch kann sich vor Gott rühmen – wer sich rühmt, der rühme sich des Herrn." Manchmal kommt es uns wirklich so vor, dass wir im Blick auf uns selbst und unsere Lebenssituation nichts zu rühmen haben. Das Lebensgefühl mancher Menschen ist von einer mittleren Unzufriedenheit geprägt. Wenn man sie fragt, wie es ihnen gehe, sagen sie: Ich kann nicht rühmen.

Doch Paulus sagt: Als Christen *können* wir rühmen. Aber wir rühmen nicht nur uns selbst und was wir erreicht haben. Wir rühmen Gott. Wir rühmen ihn für den Reichtum, den er uns geschenkt hat in seinem Sohn Jesus Christus. In Christus hat er uns einen kostbaren, unvergänglichen Schatz erschlossen: die wahre Weisheit, auf die es im Leben und im Sterben ankommt. Paulus beschreibt diese Weisheit von Gott und ihre Bedeutung für uns mit drei zentralen biblischen Begriffen: „Jesus Christus ist uns von Gott zur Weisheit gemacht worden: zur Gerechtigkeit, zur Heiligung und zur Erlösung."

Gerechtigkeit: Das ist der Freispruch von Sünde und Schuld, die Rechtfertigung der Sünder, die Begnadigung der Schuldigen. Das haben wir uns nicht selbst so ausgedacht; das hat Gott für uns in Jesus Christus *gemacht.*

Heiligung: Das ist die Verwandlung und Erneuerung, die durch die Verbundenheit mit Christus an uns geschieht. Das bilden wir uns nicht nur ein, das hat Gott für uns in Jesus Christus *gemacht.*

Erlösung: Das ist die Befreiung von der Macht des Bösen schon jetzt. Und einmal wird es durch den Tod hindurch die ewige Gemeinschaft mit Gott sein. Davon träumen wir nicht nur, das hat Gott für uns in Jesus Christus *gemacht.*

Wenn Sie heute nichts zu rühmen hätten – dann doch das, dass Sie durch Christus diese rettende Weisheit kennen.

Wir arbeiten beide an demselben Werk: der, der pflanzt, und der, der begiesst; doch wird Gott jeden nach seinem persönlichen Einsatz belohnen. 1 Korinther 3,8

Paulus will mit diesem bildhaften Vergleich sagen: Weder der, der andere Menschen zum Glauben hinführt, noch der, der andere auf dem Weg des Glaubens weiterführt, kann sich darauf etwas einbilden. Beides kann nur Gott bewirken; wo es geschieht, ist es sein Geschenk. Paulus hat das in der Gemeinde von Korinth klarstellen müssen. Nicht weil er und seine Mitarbeiter sich darüber gestritten haben, wessen Verdienst es sei, wenn Menschen zum Glauben gekommen und im Glauben gefördert worden sind. Aber unter den Gemeindegliedern hat es Leute gegeben, die Paulus und seine Mitarbeiter gegeneinander ausgespielt haben. Sie haben den einen und sein Werk hochgejubelt, den andern herabgewürdigt und geringgeschätzt.

Das ist völlig verkehrt, schreibt Paulus. Jeder von uns tut doch, wozu ihm Gott die Gaben gegeben hat und was in der konkreten Situation nötig und möglich ist: Einer pflanzt, ein anderer begiesst. Dass der Same keimt und die Pflanze wächst, das können sie beide nicht machen. Beides macht Gott, der das Gedeihen schenkt. Das soll alle, die dieses Wunder miterleben oder dabei mitwirken dürfen, demütig machen. Das Wunder des Wachstums vollbringen nicht die Gärtner, das tut der Schöpfer.

Wo trifft das uns, wie betrifft das Sie? Es ist richtig, wenn Sie mit Dankbarkeit an die Menschen denken, die Ihnen den Weg zum Glauben an Christus gezeigt haben oder Sie auf diesem Weg hilfreich begleiten. Aber Sie sollten nicht von einem Starprediger oder von einer bestimmten Seelsorgeperson abhängig werden. Rechte Verkündigung soll Sie nicht für den Prediger begeistern, sondern Ihnen den Weg zu Gott zeigen. Hilfreiche Seelsorge soll Sie nicht an einen Menschen binden, sondern Sie in Ihrer Beziehung zu Jesus Christus fördern, damit Ihr Glaube an ihn wachsen und reifen kann.

Dass ich das Evangelium predige, dessen darf ich mich nicht rühmen; denn ich muss es tun. Und wehe mir, wenn ich das Evangelium nicht predigte! 1 Korinther 9,16

Fast könnte man meinen, Paulus empfinde seinen Auftrag nur als Pflicht und Zwang. Aber der Zusammenhang macht klar: Das Verkünden der frohen Botschaft von Jesus Christus ist für ihn ein grosses Vorrecht. Dass ausgerechnet er, der Christus und seine Gemeinde einst verfolgt hat, jetzt ein Botschafter für Christus sein darf, lässt ihn immer wieder staunen. Er will sich für seinen Verkündigungsdienst auf keinen Fall bezahlen lassen. Er ist nicht Apostel und Missionar geworden, um damit seinen Lebensunterhalt zu bestreiten oder sich gar zu bereichern, sondern aus Dank und Liebe zu Christus. Wer ihn wegen der Strapazen, die er dafür auf sich nahm, hätte bedauern wollen, dem hätte Paulus gesagt: Ich kann doch nicht anders! Wenn Christus mich dieses Auftrags gewürdigt hat, dann ist mir das eine heilige Pflicht und eine hohe Ehre. „Wehe mir, wenn ich das Evangelium *nicht* predigte!"

Ich bin nicht Paulus, aber ich fühle mich ihm darin verwandt, dass auch ich die Verkündigung des Evangeliums als ein Vorrecht empfinde. Das ist noch jetzt im Ruhestand so, und ich hätte auch während meines anforderungsreichen Dienstes in der Leitung eines Diakoniewerks nie darauf verzichten wollen.

Ich verschiebe allerdings im Satz des Paulus den Akzent, indem ich die Reihenfolge von zwei Wörtern austausche: „Wehe mir, wenn ich nicht das *Evangelium* predigte!" Ich wäre ein armseliger Prediger und meine Zuhörerinnen und Zuhörer wären arme Leute, wenn ich nicht das Evangelium von Jesus Christus, sondern irgendwelche anderen Weisheiten oder Botschaften verkündigen würde. Dass ich die frohe Botschaft von Gottes rettender Liebe weitergeben darf, das Evangelium von der Gnade Gottes in Jesus Christus, das macht mir Freude. Ich bitte Gott, dass meine Freude Hörerinnen und Hörer, Leser und Leserinnen ansteckt!

Obwohl ich frei bin von jedermann, habe ich doch mich selbst jedermann zum Knecht gemacht, damit ich möglichst viele gewinne. 1 Korinther 9,19

Martin Luther hat im Anschluss an diese Worte von Paulus seine berühmten Sätze über die ‚Freiheit eines Christenmenschen' geprägt: „Ein Christenmensch ist ein freier Herr über alle Dinge und niemand untertan. Ein Christenmensch ist ein dienstbarer Knecht aller Dinge und jedermann untertan." Das ist die Freiheit, zu der uns Gottes Liebe befreit: Nicht die Freiheit, zu tun und zu lassen, was mir gefällt, sondern die Befreiung zum Lieben und Dienen, wie Gott uns in Jesus Christus geliebt und gedient hat.

Daran kann man erkennen, ob ein Mensch wirklich ein durch Jesus Christus Befreiter ist. Die Freiheit erweist sich in der Willigkeit und in der Fähigkeit zum Dienst am Nächsten. Durch die Liebe jedermanns Knecht werden – das ist nicht jenes Joch der Knechtschaft, unter dem ich mich vergeblich abmühe, auf dem Weg zu Gott durch eigene Anstrengung voranzukommen. Da komme ich vielmehr von Gott *her*, als ein von jenem Joch der Knechtschaft Befreiter, als eine durch die Liebe Jesu Beschenkte.

Ich stelle mich freiwillig neben meinen Bruder, neben meine Schwester, und trage ihre Last mit. Ich habe ja als ein von meiner Schuld Entlasteter, als eine von allem Krampf Dispensierte, die Kraft dazu. Ich mache mich zur Dienerin und zum Jochgenossen der andern – nicht weil die so gut zu mir passen, sondern weil sie mich brauchen. Die Liebe macht mich frei von Berührungsängsten, bereit zum Mitgehen auf ungewohnten Wegen, resistent gegenüber Unverständnis und Kritik.

So hat Jesus die Zöllner und Sünder zu Gott zurückgeholt. So hat Paulus die unterschiedlichsten Menschen mit dem Evangelium erreicht. So – und nur so – wird mein Christsein überzeugend und gewinnend für andere.

Wisst ihr nicht, dass die, welche in der Rennbahn laufen, zwar alle laufen, aber nur einer den Preis erlangt? Laufet so, dass ihr ihn erlangt! 1 Korinther 9,24

Das Leben im Glauben ist kein gemütlicher Spaziergang, sondern ein disziplinierter, zielorientierter Lauf. Das erfordert manchen Verzicht und vollen Einsatz. So wie die Läufer im Stadion Disziplin und Mühe auf sich nehmen, um den Siegespreis zu gewinnen, so auch die Christen. Der Preis, den es im Glaubenslauf zu gewinnen gibt, unterscheidet sich vom Siegespreis im Sport allerdings in zweifacher Weise:

Einmal dadurch, dass beim sportlichen Wettkampf nur *einer* den ersten Preis gewinnen kann. Alle andern landen bestenfalls auf den Ehrenplätzen oder unter ‚ferner liefen‘. Sieger kann nur einer sein. Beim Glaubenslauf dagegen bekommen alle, die das Ziel erreichen, den Siegespreis.

Und dieser unterscheidet sich vom Siegespreis im Sport dadurch, dass er unvergänglich ist. Ein Lorbeerkranz (jedenfalls ein echter) verwelkt, und auch ein Preisgeld ist vergänglich. Man kann es – wie alle anderen materiellen Reichtümer – nicht mit hinübernehmen in die andere Welt, wenn der irdische Lebenslauf einmal zu Ende geht. Am Ziel des Glaubenslaufs aber erwartet uns ein unvergänglicher Siegeskranz.

Der Siegeskranz ist die Gabe des ewigen Lebens. Gott hat es allen verheissen, die sich mit Jesus auf den Weg machen und in seiner Nachfolge bleiben bis ans Ziel.

Sind Sie schon im Glauben unterwegs? Sind Sie vielleicht müde geworden oder sogar in der Gefahr aufzugeben? Dann hoffe ich, dass diese Gedanken wie eine Vorschau auf das grosse Ziel sind und Sie zum Weitergehen ermutigen. Christus erwartet auch Sie zur Preisverleihung in Gottes ewiger Welt. Und er ist auf dem Weg dorthin schon bei Ihnen – heute und alle Tage, bis Sie am Ziel sind, für immer bei ihm.

aus

gnade

bin ich **was** ich bin

aus gnade

bist du **was** du bist

aus gnade

ist er **was** *er ist*

aus gnade

ist sie **was** sie ist

aus gnade

sind wir **was** wir sind

aus gnade

seid ihr **was** *ihr seid*

aus gnade

sind sie **was** *sie sind*

aus

gnade

1 Korinther 15,10

Was in die Erde gelegt wird, ist armselig und hinfällig; aber was zum neuen Leben erweckt wird, ist voll Herrlichkeit und Kraft. 1 Korinther 15,43

In der Natur folgen auf jeden Sommer der Herbst und der Winter. Die Blumen verblühen, die Bäume stehen ohne Laub da. Alles hat seine Zeit: das Blühen und das Verwelken. Auch in unserem Lebenslauf ist nicht immer Frühling und Sommer. Es kommt der Herbst und es kommt der Winter. Manche Menschen wollen das Älterwerden nicht wahrhaben. Sie benehmen oder kleiden sich jugendlich, bis es komisch wird. Sie verdrängen die Vorboten des Winters, auch wenn sie sich in der Gestalt von Krankheiten und abnehmenden Kräften unübersehbar melden.

Dass auch der Herbst des Lebens seine Schönheiten hat, ist im Blick auf den nahenden Winter, im Blick auf das Lebensende und den Tod, kein wirklicher Trost. Auch nicht die Hoffnung, dass wir das Wiedererwachen der Natur im nächsten Frühjahr vielleicht wieder und hoffentlich noch viele Male erleben dürfen. Die Bibel sagt uns, dass wir noch einem ganz anderen Frühling entgegengehen. Da gibt es dann keinen Herbst und keinen Winter mehr, kein Verblühen und kein Verwelken. Gott hat uns diesen Frühling verheissen. Jesus Christus, der von den Toten auferweckt wurde, gibt uns Anteil daran, wenn wir uns im Leben und einmal auch im Sterben ihm anvertrauen.

Man kann von diesem ewigen Frühling nur in Bildern reden. So macht es Paulus hier, wenn er unser irdisches, vergängliches Leben mit dem künftigen neuen Leben vergleicht, zu dem wir mit Christus auferweckt werden. Ganz anders wird es sein: „Was in die Erde gelegt wird, ist armselig und hinfällig; aber was zum neuen Leben erweckt wird, ist voll Herrlichkeit und Kraft."

Wer darauf hoffen darf, kann sich auch im Herbst des Lebens noch am Schönen freuen. Wir gehen ja nicht nur dem Winter entgegen, sondern dem ewigen Frühling bei Gott.

Auf Gott ruht unsere Hoffnung, dass er uns auch in Zukunft retten wird. 2 Korinther 1,10

Paulus berichtet am Anfang des 2. Korintherbriefes von schwierigen Erfahrungen, von denen er herkommt. Er hatte in einer lebensgefährlichen Situation nicht mehr damit gerechnet, dass er da noch einmal heraus und mit dem Leben davonkommen würde. Aber Gott hat ihn gerettet, und er empfindet sein Leben wie neu geschenkt. Daran knüpft sich seine Hoffnung, „dass er uns auch in Zukunft retten wird". Wahrscheinlich haben auch Sie schon solche Erfahrungen gemacht. Und wenn es auch nicht buchstäblich eine Errettung vor dem Tod war, so war es doch Durchhilfe in einer schwierigen Zeit, Befreiung aus Angst und Not. Haben Sie sich bewusstgemacht, dass es Gott gewesen ist, der Sie gerettet oder bewahrt hat? Haben Sie ihm dafür gedankt?

Wenn wir nach einer solchen Erfahrung, statt Gott zu danken, einfach zur Tagesordnung übergehen, werden wir bald nicht mehr daran denken. Das ist schade. Denn die dankbare Erinnerung ist eine entscheidende Hilfe für unseren Glauben, wenn neue Prüfungen und Gefahren kommen.

Vielleicht möchten Sie einwenden: So dramatisch wie Paulus habe ich Gottes Eingreifen noch nie erfahren. Aber auch Paulus hat seine Hoffnung nicht nur auf seine persönlichen Erfahrungen mit Gott gegründet. Im vorangehenden Satz hat er geschrieben, er setze sein Vertrauen auf „Gott, der die Toten auferweckt". Damit erinnert er uns an das, was Gott zu unserer Rettung an Karfreitag und Ostern getan hat. Er hat Jesus, der für uns gestorben ist, von den Toten auferweckt.

Jesus sagt zu allen, die ihm vertrauen: „Ich lebe, und auch ihr werdet leben" (Joh 14,19). Darauf dürfen wir unsere Hoffnung gründen – auch einmal für unsere letzte Stunde, und darum für jeden Tag, komme was mag.

Ich schrieb euch aus grosser Trübsal und Angst des Herzens unter vielen Tränen. 2 Korinther 2,4

Die Beziehung zwischen Paulus und der Gemeinde in Korinth war schwer gestört. Das lässt sich in diesem Abschnitt seines Briefes daran erkennen, wie auffällig oft die Wörter „Betrübnis, betrüben, Trübsal, traurig sein, Traurigkeit" vorkommen. Dazu, dass wir uns nur gegenseitig betrüben und traurig machen, hat Gott uns einander nicht gegeben. Darum hat Paulus sich um die Verbesserung seiner gestörten Beziehung zu der Gemeinde in Korinth bemüht. Er hat es auf verschiedene Weise versucht.

Wahrscheinlich war er zu einem weiteren kurzen Besuch in Korinth gewesen, der aber sehr unglücklich verlaufen war. Auf manche hatte Paulus offenbar wie ein rotes Tuch gewirkt – eine ernüchternde und deprimierende Erfahrung. Darauf hatte er einen sehr ernsten Brief geschrieben – „aus grosser Trübsal und Angst des Herzens unter vielen Tränen". Vielleicht ist dieser ‚Tränenbrief' in den Kapiteln 10–13 erhalten geblieben.

Wahrscheinlich hatte sein Mitarbeiter Titus den ‚Tränenbrief' nach Korinth gebracht und dort die positive Aufnahme und Wirkung erleben dürfen (7,6f). Ist es Titus gelungen, der Gemeinde die grosse Sorge des Paulus verständlicher zu machen? Hat er nach seiner Rückkehr dem Paulus geholfen, seinen vielleicht zu heftigen Schreib- und Umgangsstil zu hinterfragen?

Manchmal ahnen ja auch wir nicht, wie wir auf andere wirken und warum sie so reagieren, wie sie es tun. Da dient es uns und unserem schwierigen Gegenüber, wenn uns ein vertrauter Mensch hilft, die Vorgänge besser zu verstehen. Das setzt Demut und die Bereitschaft zur Selbstkritik voraus.

Es macht Sinn, an gestörten Beziehungen zu arbeiten, damit wir einander nicht immer neu betrüben, sondern uns an der geheilten Beziehung wieder freuen können.

Gott sei gedankt, der uns allezeit Sieg gibt in Christus.

2 Korinther 2,14

Es ist ein militärisches Bild, das Paulus hier braucht. „Dank sei Gott, der uns stets im Siegeszug Christi mitführt", heisst es in der Einheits-Übersetzung. Wer ist in diesem Triumphzug des Siegers Jesus Christus dabei? Man könnte denken: Natürlich die grossen Kämpfer für die Sache Jesu, Apostel, Missionare, Märtyrer und Märtyrerinnen, grosse Evangelisten wie Billy Graham oder auch eine Mutter Teresa. Aber so passt ja dieses Bild für Paulus nicht. Er hat gerade in Korinth keine Triumphe feiern können. Manche Gegner haben ihm sein schwaches Auftreten vorgeworfen. Er selbst gibt zu, dass er nur mit Zittern und Zagen nach Korinth gekommen sei.

Das Bild könnte jedoch umgekehrt gemeint sein, nämlich so, wie die antiken Heerführer nach der Rückkehr von einem Feldzug Kriegsgefangene im Triumphzug mitführten, sie als Besiegte vorführten und dem Spott des Publikums preisgaben. Paulus ist ja in der Tat ein von Christus Besiegter gewesen. Nur ist das für ihn keine Erniedrigung und Schande gewesen, sondern immer neu ein Wunder: dass Christus gerade ihn für seine Sache braucht, trotz seiner üblen Vergangenheit und trotz seiner Schwachheit.

Sie fühlen sich vielleicht auch nicht in einer triumphalen Stimmung, sondern angeschlagen, deprimiert, in einem Tief. Sie haben eine Enttäuschung oder eine Niederlage erlebt. Dieses Bild vom Siegeszug Christi kann Ihnen Mut machen. Jesus Christus nimmt Angeschlagene, Niedergeschlagene und Entmutigte an seine Seite, aber nicht um sie blosszustellen. Er ruft die Mühseligen und Beladenen zu sich und sagt: Ihr gehört zu mir. Für euch habe ich am Kreuz gekämpft und an Ostern gesiegt. Ich lasse euch teilhaben an meinem Sieg. Ich mache euer Leben zu einem Zeichen dafür, was ich kann: Geschlagene trösten und heilen, Gefallene aufrichten, Deprimierte ermutigen zu einem neuen Leben mit mir und aus meiner Kraft.

Nicht dass wir tüchtig sind von uns selbst aus; sondern dass wir tüchtig sind, ist von Gott, der uns auch tüchtig gemacht hat zu Dienern des neuen Bundes. 2 Korinther 3,5f

Dreimal steht hier in der Luther-Übersetzung das Wort ‚tüchtig‘ im gleichen Satz. Man könnte auch sagen: fähig, qualifiziert, tauglich. Diensttauglich für Gott sind wir, sagt Paulus ohne falsche Bescheidenheit von sich und seinen Mitarbeitern. Meinem Vater wurde bei der militärischen Aushebung ‚Untauglich‘ ins Dienstbüchlein gestempelt, obwohl seine Lungentuberkulose auskuriert war. Dieses ‚Untauglich‘ war ein Strich durch seine beruflichen Pläne und ein schwerer Schlag für sein Selbstwertgefühl.

Manchen Menschen wird so ein Strich durch die Rechnung gemacht. Ob man sich dabei als Opfer unglücklicher Umstände vorkommt oder in einer Situation tatsächlich versagt hat – sich als untauglich zu erleben ist kein schönes Gefühl. Nicht nur junge Menschen, sondern auch Betagte können darunter leiden: Ich bin zu nichts mehr zu gebrauchen, eben: untauglich, untüchtig und also in unserer leistungsorientierten Welt auch nichts mehr wert.

Wenn Paulus sich und seine Vergangenheit beurteilt hat, ist die Selbstqualifizierung vernichtend ausgefallen. Trotz seiner Gelehrsamkeit und eifrigen Frömmigkeit war er ja blind geblieben für Gott und ein Gegner Jesu und seiner Gemeinde geworden. Und trotzdem kann er jetzt sagen: „Wir sind tüchtig." Aber er fügt sogleich hinzu: „Dass wir tüchtig sind, ist von Gott."

Was kommt heraus, wenn *Gott* uns qualifiziert? Wenn Gott unsere Qualitäten und unsere Mängel gegeneinander aufrechnen würde, käme da nicht bei uns allen ein ‚Ungenügend‘ heraus: untauglich, untüchtig? Aber Gott verkündet uns nicht die vernichtend schlechte Note, die wir verdient haben. Er sagt uns durch das Evangelium: Ich liebe dich, ich vergebe dir, ich schätze dich und ich brauche dich! Dass wir tüchtig sind, diensttauglich für Gott, das kommt von ihm. Auch für mich gilt: „Aus Gnade bin ich, was ich bin" (1 Kor 15,10).

Wir alle sehen in Christus mit unverhülltem Gesicht die Herrlichkeit Gottes wie in einem Spiegel. Dabei werden wir selbst in das Spiegelbild verwandelt. 2 Korinther 3,18

Auch wenn ich nicht die Schönste oder der Schönste sein will wie die Königin im Märchen vom Schneewittchen, ich kann trotzdem Mühe haben mit dem, was mir mein Spiegelbild offenbart. Aber entscheidend ist nicht die Wahrheit, die mir der Spiegel über mich selbst offenbart. Entscheidend ist die Wahrheit, die Gott uns durch Christus über *sich* offenbart. In Christus dürfen wir Gott selbst ins Gesicht schauen und in diesem Gesicht erkennen, wie gut er uns ist und wie sehr er uns liebt.

Wenn ich mich so in den Anblick Gottes vertiefe, geschieht ein Wunder an mir: Ich werde zu einem Spiegel. Gottes Freundlichkeit und Liebe spiegeln sich in mir. Das kann ich nicht selbst in meinem Spiegelbild nachprüfen. Ich kann es weder machen noch kontrollieren. Aber die Menschen um mich herum, die werden es merken.

Vielleicht denken Sie daran, wenn Sie sich heute im Spiegel betrachten: Ob Ihnen Ihr Spiegelbild gefällt oder nicht – dieses Gesicht und alles, was sich dahinter verbirgt, diesen Menschen kennt Gott und den liebt Gott durch und durch! Ich wünsche Ihnen, dass Sie darüber froh werden und dass Ihr Leben darum etwas von der befreienden und verwandelnden Liebe Gottes widerspiegelt.

Bei der Einweihung eines kirchlichen Zentrums wurde bei einem Rundgang in jedem Raum von Gemeindegliedern ein spontanes Gebet für die künftige Nutzung gesprochen. Als wir zu den Toiletten kamen, fragte ich mich: Wird das auch hier gehen? Es ging, und es war sogar besonders eindrücklich: Jemand bat Gott darum, dass die Menschen, die sich hier im Spiegel betrachten, Freude haben können an ihrem Gesicht. Wer sich von Gott geliebt, angesehen und wertgeschätzt weiss, lernt sich selber mögen. Es gibt kein besseres Schönheitsmittel als die Freude an sich selbst.

Ich werde von allen Seiten bedrängt, aber ich werde nicht erdrückt. Ich weiss oft nicht mehr weiter, aber ich verzweifle nicht. Ich werde verfolgt, aber Gott lässt mich nicht im Stich. Ich werde niedergeworfen, aber ich komme wieder auf.

2 Korinther 4,9

Müsste ein so unermüdlicher Botschafter des Evangeliums wie Paulus nicht problemlos vorankommen und Hindernisse mit Elan überwinden? Offenbar nicht. Im 2. Korintherbrief erfahren wir, dass ein Mensch, der mit Gott unterwegs ist, nicht nur Wunder erlebt – Wunder der Bewahrung, der Führung und des Segens in seinem Dienst. Das zwar auch. Aber daneben sind Hindernisse zu überwinden und Durststrecken durchzustehen. Es gilt gegen Ermüdung und Zweifel anzukämpfen. Paulus fasst es so zusammen: „Ich werde bedrängt, ich weiss oft nicht weiter, ich werde verfolgt, ich werde niedergeworfen." Doch auf jede dieser Aussagen folgt ein Aber, und das gehört eben auch zu seinen Erfahrungen: „*Aber* ich werde nicht erdrückt, *aber* ich verzweifle nicht, *aber* Gott lässt mich nicht im Stich, *aber* ich komme wieder auf."

Auch uns kann es helfen, in schwierigen Situationen ein Aber des Glaubens zu sprechen. Wie könnte es lauten? Vielleicht so:

Ich bin zwar heute schlecht aufgewacht, aber Gottes Gnade und Treue sind auch an diesem Morgen ganz frisch und neu!

Ich erlebe einen mühsamen Tag, aber Jesus ruft ja die Mühseligen und Beladenen zu sich; er wird mich erquicken.

Ich habe mich nicht bewährt auf Gottes Weg; ich bin an Hindernissen gescheitert, bin gestolpert und gefallen; aber in Gottes Namen und mit Gottes Hilfe stehe ich jetzt wieder auf.

Nur Christus ist in jeder Versuchung standhaft geblieben. Wie gut, dass er Mitleid hat mit mir und meiner Schwachheit; er wird mir weiterhelfen.

Suchen und sprechen Sie Ihr eigenes Aber des Glaubens und halten Sie es dem Zweifel und dem Unglauben entgegen!

**Wir wissen, dass wir, wenn unsere irdische Zeltwohnung abge-
brochen sein wird, ein ewiges Zuhause in den Himmeln haben.**

2 Korinther 5,1

Unser Leben in dieser Welt ist wie ein Wohnen im Zelt, in einer provisorischen Unterkunft. Es ist kein Ort zum Bleiben. Das Wort ‚Zelt' weckt bei uns allerdings ganz andere Vorstellungen als damals bei Paulus. Wir denken an Zeltferien, an erwünschte Freiheit, an Abwechslung und Mobilität. Aber gerade das moderne Nomadentum des Camping-Tourismus mit den überfüllten Zeltplätzen und Badeständen, mit den Blechlawinen und stundenlangen Staus auf den Autobahnen beweist ja, wie wenig heimisch sich viele Menschen fühlen in der Welt und an dem Ort, an dem sie leben.

Andererseits versuchen viele, sich auf jede mögliche Weise gleichsam einzubunkern. Sie sichern sich materiell gegen alle nur denkbaren Risiken ab. Aber auch der scheinbar sicherste Bunker ist kein Ort zum Bleiben. Ob aus Bunker oder Zelt – wir müssen alle einmal aus diesem Leben auswandern, und die Frage ist dann: Wohin?

Der Glaube weiss darauf die Antwort – nicht weil einige, die von der Schwelle des Todes noch einmal zurückgekommen sind, jene andere Welt schon ausgekundschaftet haben und durch ihre Nahtoderfahrung von ‚Drüben' berichten können. Wer an Jesus Christus glaubt, hat schon jetzt eine Verbindung, die hinüberreicht in jene andere Welt. Der auferstandene Christus hat den Tod schon überwunden. Aus dem Glauben an ihn kommt unser Wissen: Der Tod wird unsere Beziehung zu ihm nicht zerstören können. Unser Weggehen aus dieser Welt wird ein Heimgehen zu ihm sein.

Wenn einmal auch Ihr Zelt abgebrochen wird und es an dieses letzte Auswandern geht, dann müssen auch Sie wissen wohin. Sie können es wissen im Glauben an Jesus Christus: Mit ihm zu Gott, in das „ewige Zuhause in den Himmeln".

Wir wandeln im Glauben und nicht im Schauen.

2 Korinther 5,7

Paulus schreibt in diesem Zusammenhang davon, wie sehr er sich wünschte, schon am Ziel seines Lebens zu sein. Er blickt auf schwierige Etappen des bisherigen Weges zurück. Noch ist er auf der Wanderschaft, noch geht es auf und ab, über Höhen und durch Tiefen. Die Hoffnung, einst für immer bei Christus zu sein, gibt ihm die Kraft zum Durchhalten und zum Weitergehen.

Vielleicht sind auch Sie schon lange auf der Wanderschaft. Wenn Sie auf Ihren bisherigen Lebensweg zurückblicken – was sehen Sie da? Wohl auch manches Auf und Ab, manches Tief und da und dort einen Höhepunkt. Wenn wir im Glauben unterwegs sind, erkennen wir im Rückblick schon jetzt die Spuren der Treue Gottes und danken ihm für manche Bewahrung. Aber der Glaube schaut nicht nur zurück. Der Glaube schaut auch schon voraus auf das Ziel und hält daran fest: Ich werde einst nicht nur Spuren, sondern das Ganze sehen. Jetzt „wandeln wir im Glauben und nicht im Schauen". Aber einst werden wir schauen, was wir jetzt glauben.

Am Ziel erst wird voll sichtbar werden, mit welcher Geduld und Güte der treue Gott uns geführt und bewahrt hat auf dem ganzen Weg. Nicht nur da, wo wir es gemerkt, verstanden und ihm dafür gedankt haben, sondern auch da, wo wir es nicht gewusst, nicht begriffen und wo wir sogar dagegen aufbegehrt haben, weil wir nicht einverstanden gewesen sind. Am Ziel werden wir sehen, wie Gott auch auf den krummen Linien in unserem Leben gerade geschrieben hat.

Dort am Ziel wird das Schauen einmal alles, was wir jetzt glauben, noch weit übertreffen, davon bin ich fest überzeugt. Ich wünsche Ihnen, dass Sie aus dieser Hoffnung heute Kraft zum Weitergehen und Durchhalten finden, und dass Sie mit wachsender Zuversicht dem Tag entgegengehen, wo unser Glauben zum Schauen wird.

Ist jemand in Christus, so ist er eine neue Kreatur; das Alte ist vergangen, siehe, Neues ist geworden. 2 Korinther 5,17

Wer wäre nicht geneigt, ein Fragezeichen hinter diese grossen Worte zu setzen? Die Erfahrungen, die wir als Christen mit uns selbst und mit anderen machen, scheinen doch eher zu bestätigen, dass keiner aus seiner Haut fahren kann. Der alte Mensch, den Paulus hier so vollständig in die Vergangenheit setzt, befindet sich doch mindestens noch in einem sehr aktiven Ruhestand. Wir erleben Siege, aber auch Niederlagen. Und selbst wenn wir meinen, dass die Siege überwiegen, so macht das doch noch lange keine neuen Kreaturen aus uns.

Aber Paulus sagt ja nicht: Ist jemand moralisch vollkommen, in der Liebe vorbildlich, im Glauben unerschütterlich, dann ist er eine neue Kreatur. Paulus sagt: „Ist jemand in Christus."

Das Neue ist nicht die Summe unserer kleinen Siege abzüglich der Niederlagen. Das Neue ist das Sein in Christus, die Zugehörigkeit zu ihm. Der neue Mensch ist nicht das Werk des alten, der sich verbessert hat. Neue Kreaturen werden wir nicht, indem wir uns gehörig anstrengen, sondern durch unsere Zugehörigkeit zu Jesus Christus.

Die Zugehörigkeit zu ihm soll unser Leben in zunehmendem Mass verändern und prägen. Aber die Kraft dazu erwächst uns nicht aus den erzielten Teilerfolgen. Wer es so versucht, wird entweder entmutigt oder eingebildet, aber keine neue Kreatur.

Niemand kann aus seiner Haut fahren. Aber dass ich mit der Haut, in der ich stecke, „in Christus" sein darf, das befreit und ermutigt mich – auch zur Arbeit an mir selbst. Oder besser gesagt: Das macht mich immer wieder bereit, Christus an mir weiterarbeiten zu lassen.

Erbringt den Beweis eurer Liebe. 2 Korinther 8,24

Paulus schreibt ausführlich über eine Geldsammlung. Er hat sie in allen von ihm gegründeten Gemeinden durchgeführt. Der Zweck war die Unterstützung der verarmten judenchristlichen Gemeinde in Jerusalem. Die Kollekte sollte ein Zeichen der Einheit sein zwischen den Christen aus dem Judentum und aus dem Heidentum; ein Beweis der Solidarität aller Glieder am Leib Christi; ein Liebesbeweis gegenüber notleidenden Menschen, die den Spendern persönlich gar nicht bekannt waren. So fordert Paulus auch die Korinther auf: Beweist, dass eure Liebe echt ist!

„Es gibt nichts Gutes, ausser man tut es" (Erich Kästner). Es genügt nicht, über das Gute zu reden, man muss es tun. Das gilt auch von der Liebe. Es genügt nicht, über die Liebe zu reden; sie muss praktisch werden in unseren Taten. Der Apostel Johannes hat es so gesagt: „Lasst uns nicht lieben mit Worten und mit der Zunge, sondern in Tat und Wahrheit!" (1 Joh 3,18). Jesus hat einmal zu Menschen, die für ihn schwärmten, nüchtern gesagt: „Was nennt ihr mich Herr, Herr, und tut nicht, was ich euch sage?" (Lk 6,46). Und was sagt Jesus, dass wir tun sollen? Gott lieben von ganzen Herzen und unseren Nächsten wie uns selbst (Lk 10,27) – das sollen wir tun, ganz praktisch, so wie unser Nächster es nötig hat. Vielleicht hat jemand konkreten Beistand nötig, wie Jesus es mit dem Gleichnis vom barmherzigen Samariter illustriert hat. Vielleicht haben irgendwo Menschen, die wir nicht kennen, unsere Solidarität nötig wie damals die verarmten Christen in Jerusalem.

„Erbringt den Beweis eurer Liebe!" – das wird nicht nur von uns gefordert. Durch die Sendung seines Sohnes hat Gott uns seine Liebe bewiesen. „Lasst uns lieben, denn er hat uns zuerst geliebt", begründet Johannes die Aufforderung zum Lieben (1 Joh 4,19). Lassen wir uns von Christus zeigen, wo und wie wir heute auf seine Liebe konkret antworten können – und damit beweisen, dass unsere Liebe echt ist.

Wer da kärglich sät, der wird auch kärglich ernten; und wer da sät im Segen, der wird auch ernten im Segen.

2 Korinther 9,6

Paulus überträgt eine Bauernregel auf das geistliche Leben der Christen: Wer ernten will, den darf der Same nicht reuen. Wer also erfahren möchte, wie reich Gott unser Leben machen kann, soll sich ganz für Gott hingeben. Der soll sich nicht schonen wollen und zuerst an sich denken, soll nicht ängstlich fragen, ob sich das auch lohnen werde und ob er dabei nicht zu kurz komme. Paulus versichert: Wenn wir uns und unser Leben für Gott verfügbar halten – unsere Zeit, unsere Kraft, unsere geistlichen und unsere materiellen Gaben, dann kommen wir bestimmt nicht zu kurz.

Paulus wusste, dass die meisten Christen in den von ihm gegründeten Gemeinden keine reichen Leute waren. Manche mussten sich vielleicht vom eigenen Mund absparen, was sie für andere Bedürftige weitergaben. Aber das Wenige, das sie geben konnten, war ein Ausdruck ihrer Liebe und Dankbarkeit gegen Gott.

Im konkreten Fall in Korinth war es auch ein Ausdruck der Liebe und Anteilnahme gegenüber den verarmten Brüdern und Schwestern im fernen Jerusalem. Von Jerusalem war einst das Evangelium ausgegangen, die frohe Botschaft von der Gnade Gottes in Jesus Christus. Die Christen in Korinth, auch die ganz Armen unter ihnen, haben sich als von Gott Beschenkte verstanden, reich gemacht durch diese „unaussprechliche Gabe" Gottes (2 Kor 9,15).

Wer sich so von Gott beschenkt weiss, versteht alles, auch die materiellen Güter, als Gabe Gottes. Als von Gott Beschenkte können darum auch wir freigebig sein. Wenn wir uns mit allem, was wir sind und haben, sei es viel oder wenig, Gott hingeben, dann werden wir bei der letzten Ernte nicht als die Dummen auf einem leeren Lebensacker stehen. Nein, dann werden wir einmal darüber staunen, wie viel Frucht durch Gottes Segen darauf gewachsen ist, auch wenn wir nur wenig säen konnten.

Ich, Paulus, ermahne euch bei der Sanftmut und Freundlichkeit Christi.
2 Korinther 10,1

Manche Bibelausleger vermuten, dass in den Kapiteln 10–13 der Brief erhalten geblieben ist, den Paulus (nach 2 Kor 2,4) „unter Tränen" geschrieben hat. Das sind immer traurige Kapitel, wenn es unter Christen zu Rivalitäten und Diffamierungen kommt wie damals in Korinth. Leider ist es nicht ungewöhnlich, dass sich Menschen im Dienst für Christus miteinander schwertun.

Paulus scheut die Auseinandersetzung nicht, er möchte sie aber im Geist Jesu führen: in Sanftmut und Freundlichkeit. Also nicht aus persönlichem Ärger heraus, nicht zur Selbstrechtfertigung und zur eigenen Ehre, sondern in Demut und Sachlichkeit.

Zur Sachlichkeit gehört, dass er Stellung nimmt zu den konkreten Vorwürfen, die einige Leute in Korinth gegen ihn erhoben haben. Sein unscheinbares Auftreten ist ihm als Schwäche und Feigheit ausgelegt worden. Man hat ihm eigennützige Absichten unterstellt und ihm vorgeworfen, er sei ‚fleischlich' gesinnt: zu wenig geistbegabt, zu wenig vollmächtig und geistlich imponierend. Man hat sogar in Frage gestellt, ob er wirklich ein Christ sei (V. 7). Paulus beweist es, indem er sich auch in dieser Situation am Vorbild der Sanftmut und Freundlichkeit Jesu orientiert.

Wie weit ihm das gelungen ist, können und müssen wir nicht beurteilen. Die Frage ist, wie weit es *uns* gelingt, uns notwendigen Auseinandersetzungen zu stellen und dabei sachlich und freundlich zu bleiben. Heute werden friedliebende Menschen von manchen als ‚harmoniebedürftig' belächelt, eine gute ‚Streitkultur' wird dagegen fast zur christlichen Kardinaltugend hochgejubelt. Und doch kaschiert man damit oft nur die Unfähigkeit, miteinander im Frieden zu leben. Im Zweifelsfall will ich mich doch lieber als ‚harmoniebedürftig' belächeln lassen, als mich selbst der Streitsucht anklagen zu müssen.

Nicht der ist tüchtig, der sich selbst empfiehlt, sondern der, den der Herr empfiehlt. 2 Korinther 10,18

Die Gegner in Korinth haben Paulus vorgeworfen, mit ihnen könne er sich nicht messen. Das will Paulus auch gar nicht. Es ist unsinnig und gefährlich, sich im Dienst für Gott mit anderen zu vergleichen. Wenn der Vergleich zu unseren Gunsten ausfällt, werden wir überheblich und lieblos. Schneiden wir dagegen nach unserer Meinung schlecht ab, entstehen Neid und Minderwertigkeitsgefühle. Wir verachten dann die Gaben, die der Herr uns anvertraut hat, und gleichen jenem Knecht im Gleichnis, der das eine Pfund vergraben hat (Lk 19,20ff).

Weiter hat man Paulus vorgeworfen, er habe seine Kompetenzen überschritten. Aber er weiss, dass er seinen Auftrag von Christus bekommen hat, und der Herr hat seine Arbeit auch in Korinth gesegnet. Die Frucht, die Gott seinem Wirken schenkt, sie ist sein ‚Kompetenz-Ausweis‘.

Paulus hofft, dass der unsinnige Streit bald beigelegt sein wird. Dann möchte er mit der Unterstützung der Christen in Korinth die Botschaft des Evangeliums weiter hinaustragen in Länder, wo die Menschen sie noch nicht gehört haben.

Paulus will aber auf dieser Ebene nicht weiter debattieren. Er will sich nicht selbst empfehlen und seine Tüchtigkeit herausstreichen. Er *und* seine Gegner unterstehen ja allein dem Urteil des Herrn. Seinem Urteil will Paulus sich vorbehaltlos unterstellen.

Da kann keiner gross von sich denken. Da kann jeder nur die Grösse der Gnade rühmen. Der Gnade Gottes allein verdanken wir unsere Erkenntnis, unseren Auftrag und alle Frucht in unserem Dienst für Gott. Darum: „Wer sich rühmen will, der rühme sich des Herrn!" (V. 17).

Nicht vor Menschen, sondern vor Gott müssen wir bestehen können. Und das kann keiner, ohne dass Gott sich seiner erbarmt.

Ich eifere um euch mit göttlichem Eifer. 2 Korinther 11,2

Obwohl Paulus die Auseinandersetzung eigentlich dumm findet und sie lieber nicht weiterführen möchte, geht er in eine weitere Runde. Er wird in diesem Kapitel ironisch, aber nicht aus Lust am Streiten. Ein göttlicher Eifer bewegt ihn: das grosse Anliegen, Menschen für Christus zu gewinnen und sie mit ihm in eine unauflösliche Verbindung zu bringen. Als Brautführer versteht er sich, der die Gemeinde wie eine Braut dem Herrn Jesus Christus als ihrem Bräutigam zuführt.

Paulus sieht die Christen in Korinth in grosser Gefahr. Sie lassen sich verführen wie die ersten Menschen im Paradies. Für die Verführer braucht er harte Worte. Sie, die sich im Vergleich mit Paulus als Superapostel aufspielen, sind in Wahrheit falsche Apostel. Denn sie predigen einen anderen Jesus, verbreiten einen anderen Geist, verkünden ein anderes Evangelium.

Seine Gegner brauchen das gleiche christliche Vokabular, aber sie meinen damit etwas anderes. Sie verkünden das Evangelium nicht mehr als das herausfordernde Wort vom Kreuz, das uns Menschen allein rettet. Sie rufen nicht zur demütigen Nachfolge Jesu auf, sondern leiten die Menschen zu einer Art von geistlichem Leben an, das der frommen Selbstdarstellung, aber nicht dem Mitmenschen dient.

Falsche Apostel setzen ein bestimmtes Vorzeichen vor ihre Theologie und übernehmen aus dem Evangelium nur das, was dazu passt. So finden sie darin zum Beispiel eine Theologie der Revolution oder ein tiefenpsychologisches Lehrbuch. Andere vermischen das Evangelium mit buddhistischem oder esoterischem Gedankengut und meinen, es damit anzureichern. Dann ist es aber nicht mehr die rettende Wahrheit. Solchen Verfälschungen gegenüber ist nicht Toleranz, sondern göttlicher Eifer am Platz. Nicht aus Rechthaberei, sondern aus Sorge um die Menschen, weil nicht Menschenweisheit uns rettet, sondern nur das Wort vom Kreuz.

Ich bin mitgekreuzigt mit Christus: Nicht mehr ich lebe, sondern Christus lebt in mir. Galater 2,19f

„Nicht mehr ich lebe", sagt Paulus, und er erklärt uns, wie er das meint: Ich bin mit Christus am Kreuz gestorben. Das bedeutet: Christus hat an meiner Stelle am Kreuz gelitten, mich hat er dort vertreten. Es ist, als ob ich dort gekreuzigt worden wäre. Ja, ich *bin* mit ihm gekreuzigt worden und gestorben, denn mein ich-bezogenes altes Leben ist dort zu seinem Ende gekommen.

Aber dieses Ende ist zugleich ein neuer Anfang: „Christus lebt in mir." Was das bedeutet, erklärt Paulus so: Das Leben, das ich jetzt noch in meinem vergänglichen Körper lebe, lebe ich im Vertrauen auf den Sohn Gottes, der mir seine Liebe erwiesen und sein Leben für mich hingegeben hat.

Auch als Glaubende bleiben wir Menschen aus Fleisch und Blut – mit allen Möglichkeiten und mit aller Not, die das in sich schliesst. Aber nicht mehr das zählt, sondern die Tatsache, dass Christus mich angenommen hat und sich mit mir identifiziert. Ich darf ein Glied an seinem Leib sein. Ich gehöre zu ihm, weil er aus Liebe zu mir sein Leben hingegeben hat. Nichts und niemand kann mich von seiner Liebe trennen.

„Nicht mehr ich lebe, sondern Christus lebt in mir." Dieses neue Leben findet nicht nur gedanklich im Kopf statt oder nur emotional in meinen Gefühlen. Christus lebt in mir, indem ich ihm Raum gebe in meinem ganzen Wesen. Ich lasse mich in meinem Denken, Reden und Handeln von ihm bestimmen, sodass er durch mich reden und handeln kann. Das gelingt noch nicht immer, sondern nur bruchstückhaft. Aber die Bruchstücke sind schon Fragmente, an denen sichtbar wird, dass Christus in mir lebt und wirkt. Einst wird er mich völlig verwandeln in sein Bild – dann, wenn ich nicht mehr in diesem vergänglichen Körper lebe, sondern ganz eins sein werde mit ihm.

Als die Zeit erfüllt war, sandte Gott seinen Sohn. Galater 4,4

Es gibt in unserem Leben Schicksalsstunden, wo Entscheidendes passiert: Eine gute Fügung gibt unserem Leben eine glückliche Wende, oder ein Schicksalsschlag trifft uns hart und verändert unsere Lebenssituation total. Auch eigene Entscheidungen, die wir bewusst getroffen haben, glückliche oder unglückliche, können sich schicksalhaft auswirken.

Der Apostel Paulus erinnert uns an die Schicksalsstunde, die für alle Menschen von entscheidender Bedeutung war und ist: „Als die Zeit erfüllt war, sandte Gott seinen Sohn." Gott hat eine folgenschwere Entscheidung getroffen. Er hat beschlossen, uns Menschen nicht uns selbst zu überlassen – unserem Schicksal, unseren oft fatalen Entscheidungen und ihren Folgen. Gott hat seinen Sohn Jesus Christus als Retter in die Welt gesandt.

Unser Schicksal steht also nicht in den Sternen. Das Evangelium verkündigt uns Jesus Christus als unseren Retter. In der Offenbarung des Johannes (22,16) bezeichnet sich Christus selbst als den „hellen Morgenstern", das Zeichen der Hoffnung für alle.

Das Schicksal steht also auch nicht in den Linien unserer Hände geschrieben. Christus hat seine Hände für uns am Kreuz durchbohren lassen. Auch nach Ihnen streckt er sie aus – Hände, die vom Opfer seiner Liebe gezeichnet sind. Lassen Sie sich von ihm berühren. Geben Sie sich selbst in seine guten Hände. Anvertrauen Sie ihm Ihr Leben. Dann schlägt auch Ihnen die rettende Stunde.

Unser Schicksal ist auch nicht durch eigene unglückliche Entscheidungen für immer festgelegt. Wir können zwar die Weichen nachträglich nicht anders stellen. Aber Gott kann auch das, was in Ihrem Leben verkehrt gelaufen ist, so in seine gute Geschichte mit Ihnen einordnen, dass Sie staunen werden. Verlassen Sie sich darauf!

Einer trage des andern Last, so werdet ihr das Gesetz Christi erfüllen. Galater 6,2

Oft haben wir keine Ahnung, was für Lasten unsere Mitmenschen zu tragen haben. Wenn ich es in einem konkreten Fall erfahre, frage ich mich manchmal: Wie hält der oder die das nur aus? Ich weiss nicht, ob ich das könnte! Aber manchmal wundere ich mich auch: Wie kann man nur aus einer solchen Kleinigkeit ein Drama machen, aus einer Mücke einen Elefanten! Doch dann versuche ich mir zu sagen: Ich weiss ja nicht, wie schwer die betreffende Person daran trägt.

Für uns alle ist es wichtig, jemanden zu haben, der oder die das Schwere mit uns trägt. Für meine Mitmenschen ist es wichtig, dass sie in mir jemanden haben, der bereit ist, Schweres mit ihnen zu tragen. „Einer trage des andern Last!" Ich bin froh, dass Paulus das in der Einzahl und nicht in der Mehrzahl geschrieben hat. Es kann ja kein Mensch die Lasten von *allen* andern tragen. Wenn wir das meinen und versuchen, überfordern wir uns hoffnungslos. Nur *einer* kann alle einladen, nur Jesus kann sagen: „Kommt her zu mir *alle,* die ihr mühselig und beladen seid; ich will euch erquicken." (Mt 11,28).

Da bin auch ich mit *meinen* Belastungen gemeint. Jesus nimmt mir jene Last ab, die ich schon für mich selbst nicht tragen kann, geschweige denn für andere: die Last meiner Sünden. Das macht mich frei zum Tragen dessen, was ich tragen und mittragen kann.

Manchmal kann es ja nur das Ertragen der Tatsache sein, dass der andere eben ein mühseliger und beladener Mensch ist. Ich erkenne meine eigene Hilflosigkeit und kann die Schwachheit des andern annehmen, weil ich weiss: Jesus trägt auch ihn mit seinen Lasten. Und ich darf erfahren, wie er uns beide mit unseren Lasten trägt – mit der eigenen Last und mit der Last des andern, die ich so mittrage, wie er mir die Kraft dazu gibt.

Gott erleuchte die Augen eures Herzens, damit ihr erkennt, zu welcher Hoffnung ihr durch ihn berufen seid. Epheser 1,18

Sie kennen sicher den viel zitierten Satz von Antoine de Saint-Exupéry: „Man sieht nur mit dem Herzen gut." Von den Augen des Herzens spricht auch Paulus. Aber dass wir mit dem Herzen gut sehen, versteht sich so wenig von selbst wie bei unsern leiblichen Augen. Wie es physische Sehbehinderungen gibt, so können auch die Augen des Herzens trüb sein oder ‚mit Blindheit geschlagen'. Und wir müssen auch unser inneres Auge auf den Gegenstand einstellen, den wir klar sehen möchten.

Das hat mir ein kleines Erlebnis an unserem Ferienort im Emmental eindrücklich gezeigt. Durch das Fenster im Schuppen hinter dem Haus kann man dort am Horizont über der Jurakette je nach Wetter wunderbare Sonnenuntergänge bewundern. Einmal war das Fenster stark verschmutzt. Wenn ich meine Augen auf den fernen Horizont einstellte, fiel mir das nicht auf. Fixierte ich aber den Blick auf das schmutzige Glas vor meinen Augen, dann sah ich nur noch den Dreck, aber keinen Sonnenuntergang mehr.

Einen weiten Blick bis zum fernen Horizont wünscht uns der Apostel Paulus. Aber weil der Horizont, den er meint, noch viel weiter weg liegt als jede Bergkette und weil so viel Unschönes um uns herum unseren Blick trüben kann, darum betet Paulus: „Gott erleuchte die Augen eures Herzens, damit ihr erkennt, zu welcher Hoffnung ihr durch ihn berufen seid."

Mögen auch Sie heute über Naheliegendes, Störendes und Unschönes hinweg den Blick auf Gott und auf den weiten Horizont seiner Verheissungen richten. Das gibt Orientierung und Hoffnung. Und wunderbarerweise werden Sie gerade dann um sich herum auch das Schöne und Gute wahrnehmen, das Gott Ihnen schenkt. Und Sie werden den Nächsten sehen, der Sie heute nötig hat.

Gott hat Christus alles unter die Füsse getan, und ihn hat er als Haupt über alles der Gemeinde gegeben. Epheser 1,22

Müssen wir uns da vor einem Despoten fürchten? Was bedeutet es, dass Gott „Christus alles unter die Füsse getan" hat? Es bedeutet: Alles, was uns Menschen in dieser Welt Angst macht und uns beherrschen will – die Macht des Bösen, der Sünde und des Todes – das alles hat Christus unter den Füssen. Darum ist bei ihm der Platz, wo auch wir vor diesen Mächten sicher und von ihrem Herrschaftsanspruch frei sind. Wo wir uns vor nichts und niemand fürchten müssen.

Gott hat Christus nicht nur alle bösen Mächte unter die Füsse getan. Er hat ihn „als Haupt über alles der Gemeinde gegeben". Ein Organismus wie die Gemeinde Jesu, den Paulus mit einem menschlichen Leib vergleicht, kann ja nicht ohne Haupt, nicht ohne Kopf sein. Wie beruhigend und tröstlich, dass diese Rolle im Leib Christi gerade keinem Menschen, sondern Christus selbst zukommt. Natürlich gibt es in der Kirche immer wieder Menschen, vor allem Männer, die so tun, als wären *sie* die Häupter und als hätte Jesus nicht gesagt: „Einer ist euer Meister, ihr aber seid alle Brüder und Schwestern" (Mt 23,8). Dass Jesus das Haupt ist, das ist die radikalste Kritik an allen menschlichen Häuptern und Häuptlingen und Rangordnungen in der Kirche.

Möge es auch Sie getrost und dankbar machen, dass dies die Stellung ist, die Gott Jesus Christus, unserem Herrn, gegeben hat: Alles, was uns ängstigt und zu Sklaven des Bösen machen will, „alles hat Gott ihm unter die Füsse getan, und ihn hat er der Gemeinde als Haupt über alles gegeben". Als Glieder an seinem Leib gehören wir zu ihm als dem Haupt. Ihm sind alle Glieder gleich lieb und wert, nicht nur die nach unserem Werturteil wichtigen, sondern auch die bescheidenen, schwachen oder kranken und behinderten Glieder. Für Jesus Christus ist jedes Glied an seinem Leib ganz wichtig und alle sind ihm herzlich lieb. Auch Sie sind ihm wichtig und herzlich lieb.

Aus Gnade seid ihr selig geworden durch den Glauben, und das nicht aus euch: Gottes Gabe ist es. Epheser 2,8

So steht der Satz in der Luther-Bibel. In der Einheits-Übersetzung heisst es an dieser Stelle: „Aus Gnade seid ihr durch den Glauben gerettet, nicht aus eigener Kraft – Gott hat es geschenkt." Aus Gnade sind wir gerettet, nicht durch unsere guten Werke. Wer verfällt denn heute noch jenem Missverständnis, das in der Zeit der Reformation als Werkgerechtigkeit so heftig bekämpft wurde? Werkgerechtigkeit ist die falsche Meinung, der Mensch könne und müsse sich durch gute Werke die Anerkennung und Belohnung bei Gott verdienen.

In einer nichtreligiösen Form ist die Werkgerechtigkeit heute aber weit verbreitet. Sie ist nicht mehr auf Gott und seine Forderungen bezogen und man nennt sie auch nicht mehr so. Sie heisst jetzt Leistungsdruck oder Qualifizierung. Es sind die Erwartungen und Anforderungen, die unsere Lebensumstände, die Arbeitswelt, die Gesellschaft an uns richten. Wir leben in der sogenannten Leistungsgesellschaft, die den Wert eines Menschen nach dem bemisst, was er hat, was er kann und was er leistet.

Aber was ist dann, wenn ich nicht mehr mithalten kann, weil ich mich verbraucht habe oder alt und krank geworden bin? Dass viele Menschen dann keinen Sinn mehr in ihrem Leben sehen, zeigt doch, wie verbreitet diese nichtreligiöse Form der Werkgerechtigkeit heute ist. Wie erlösend ist da die Erinnerung: „Aus Gnade seid ihr gerettet durch den Glauben. Nicht aus eigener Kraft – Gott hat es geschenkt."

Das ist Grund zur Freude: Ich muss mich nicht durch meine Leistungen rechtfertigen, weder vor mir selbst, noch gegenüber meiner Umgebung und erst recht nicht gegenüber Gott. Ich bin nicht nur so viel wert, wie ich leiste. Ich bin wertvoll, weil Gott mich liebt – so sehr, dass er auch für mich seinen Sohn Jesus Christus dahingegeben hat. Durch seine Gnade bin ich gerettet, „selig geworden durch den Glauben."

Wir sind ganz und gar Gottes Werk. Durch Jesus Christus hat er uns so geschaffen, dass wir nun Gutes tun können. Er hat sogar unsere guten Taten im Voraus geschaffen, damit sie nun in unserem Leben Wirklichkeit werden. Epheser 2,10

Alles, was wir Menschen sind und haben, verdanken wir Gott. Ohne sein Werk der Schöpfung wäre keine und keiner von uns da. Gott hat uns das Leben mit all unsern Gaben und Möglichkeiten geschenkt. Aber ohne sein Werk der Erlösung in Jesus Christus könnten wir nichts tun, was in Gottes Augen gut ist, auch mit unseren besten Absichten und grössten Anstrengungen nicht. Was Gott in Christus für uns getan hat, ist die Voraussetzung dafür, dass auch wir Menschen Gutes, Richtiges, Sinnvolles tun können. Dabei muss ich mich nicht krampfhaft anstrengen, gute Werke zu vollbringen, alles richtig zu machen, ein tadelloser Mensch zu sein, es allen Leuten recht zu machen und vielleicht sogar Gott. Ich bin ja „ganz und gar Gottes Werk, durch Jesus Christus so geschaffen, dass ich nun Gutes tun kann".

Ich werde immer zugeben müssen, dass ich viel Gutes, das ich hätte tun können, nicht getan habe. Ich werde auch bekennen müssen, dass ich Gottes Gaben missbraucht und Ungutes getan habe. Zum guten Werk, das Gott durch Christus für mich getan hat und tut, gehört auch die Vergebung für das, was in meinem Leben ungut und verdorben ist.

„Wir sind ganz und gar Gottes Werk." Machen auch Sie sich das bewusst: Mein Leben mit allen Gaben und Möglichkeiten kommt aus Gottes Hand. „Er hat sogar unsere guten Taten im Voraus geschaffen, damit sie in unserem Leben Wirklichkeit werden." Ich will ihn sein gutes Werk an mir tun lassen. Ich überlasse mich seiner guten Hand. Und ich will ihm gerne an die Hand gehen, indem ich heute das Gute tue, zu dem Gott mich durch Jesus Christus geschaffen, befreit, berufen und befähigt hat.

Ihr seid nicht mehr Gäste und Fremdlinge, sondern Mitbürger der Heiligen und Gottes Hausgenossen, erbaut auf den Grund der Apostel und Propheten, da Jesus Christus der Eckstein ist.

Epheser 2,19f

Wie man sich als Gast und Fremdling vorkommt, können uns die Menschen sagen, die in der Schweiz als Asylsuchende, als Flüchtlinge oder als ‚Sans Papiers' einen prekären Status haben: auf Zeit geduldet, aber auf Dauer unerwünscht.

Ähnlich wäre unser Status im Blick auf das Reich Gottes, wenn nicht die Einladung des Evangeliums an uns ergangen wäre. Aber wir sind – Gott sei Dank! – anders dran. Jesus Christus hat uns die Türe zu Gott aufgetan. Wir haben ein Heimatrecht bei Gott. Wir dürfen uns als Angehörige des Gottesvolkes verstehen, so wie sich Israel als Volk Gottes verstehen durfte und darf. Wir sind „Mitbürger mit den Heiligen und Gottes Hausgenossen". Auch für uns gilt jetzt, was Gott durch die Propheten verheissen hat, was er durch Jesus bestätigt und erfüllt hat und was uns durch die Botschaft der Apostel verkündet wird.

Zählen Sie sich zu diesen „Mitbürgern der Heiligen und Hausgenossen Gottes"? Bekennen Sie sich zur Gemeinde Jesu, indem Sie sich mit anderen Christen zum Gottesdienst treffen? Oder ist Ihnen diese Gesellschaft zu bescheiden, zu unbedeutend?

Ich nehme jeden Monat einmal am Gottesdienst im Alterszentrum Wesley-Haus in Basel teil und halte dort die Predigt. Es ist nur eine kleine Hausgemeinde, die sich jeweils einfindet, und fast alle Anwesenden sind betagt und schwach geworden. Und doch: in was für einer wunderbaren Gesellschaft sind wir da als „Heilige und Hausgenossen Gottes"! Da reden die Apostel und Propheten zu uns durch die Botschaft der Bibel. Und Jesus selbst ist mitten unter uns, wie er es verheissen hat, wenn wir uns in seinem Namen versammeln. Und wären wir auch nur zwei oder drei.

Ihr seid aufgebaut auf dem Fundament der Apostel und Propheten; der Schlussstein ist Jesus Christus selbst. Durch ihn wird der ganze Bau zusammengehalten und wächst zu einem heiligen Tempel im Herrn; durch ihn werdet auch ihr mit eingebaut in die Wohnung Gottes im Geist. Epheser 2,20ff

Manchmal beschreibt Paulus die Gemeinde als den Leib Christi, an dem wir Glieder sind und dessen Haupt Christus selbst ist. Hier skizziert er ein Haus, das Gotteshaus, zu dessen Bewohnern wir gehören dürfen. Durch die Verbindung zu Christus gehören wir zur Gottesfamilie. Wir sind nicht mehr nur Gäste und Fremdlinge; wir dürfen als „Mitbürger der Heiligen" bei Gott zu Hause sein.

Aber dann variiert Paulus das Bild vom Gotteshaus und unserer Rolle darin. Das Haus ist noch eine Baustelle. Wir werden wie Bausteine eingebaut in den Tempel Gottes, jede und jeder an ihrem und seinem Platz, mit unterschiedlichen Funktionen, aber wir alle tragen dazu bei, dass der Tempel Gottes wächst und immer grösser und schöner wird: ein würdiger Wohnort für Gott.

Wie ist das möglich – mit so unterschiedlichem und brüchigem Baumaterial, wie wir Menschen es sind? Das ist möglich, weil das Bauwerk ein solides Fundament hat: das Zeugnis der Apostel und Propheten, die Botschaft des Alten und des Neuen Testaments. Nur gegründet auf dieses Fundament können wir zu Bausteinen in Gottes grossem Bauprojekt werden. Nur so sind wir dafür brauchbar und können mittragen und mitwirken beim Bau von Gottes heiligem Tempel.

Und der Tempel hat in Jesus Christus selbst den Baustein, auf den es entscheidend ankommt. Das Wort, mit dem Paulus ihn bezeichnet, kann den Eckstein meinen, nach dem der ganze Bau ausgerichtet ist, oder auch den Schlussstein, der das Gewölbe zusammenhält. Beides trifft zu: Christus ist der Anfänger und der Vollender. Durch die Verbundenheit mit ihm ist unser Leben schon hier ein Ort, wo Gott wohnt: eine „Wohnung Gottes im Geist".

Legt die Lüge ab und redet die Wahrheit, ein jeder mit seinem Nächsten, weil wir untereinander Glieder sind. Epheser 4,25

Dass in der Welt gelogen wird, das war schon immer so und wird auch so bleiben. ‚Lügen wie gedruckt', sagte man früher, als es die elektronischen Medien noch nicht gab. Was für die Zeitungen galt und gilt, das gilt für die modernen Kommunikationsmittel erst recht: Es ist lange nicht alles wahr, was verbreitet wird. Manche Informationen sind gezielte Desinformationen, Unwahrheiten, Lügen. Dass es in der Welt so ist, können wir nicht ändern. Wir können nur wachsam und kritisch sein.

Aber unter euch, sagt Paulus, unter Christen, unter den Gliedern am Leib Christi, da ist es nicht so. Da *darf* es nicht so sein! Die Zugehörigkeit zu Christus hat Konsequenzen für den Umgang mit der Wahrheit. Die andern sollen uns beim Wort nehmen dürfen. Unter Christen haben Lügen und Unaufrichtigkeit, Misstrauen und Intrigen nichts mehr zu suchen.

Da hat auch das böswillige Sich-Missverstehen und das absichtliche Verdrehen der Wahrheit ein Ende. Wir unterstellen einander nicht mehr, der andere habe etwas sagen wollen, was er gar nicht gesagt hat. Das ist ja eine besonders perfide Form der Lüge, wenn wir einem andern sein Wort verdrehen. Als Christen, die als Glieder am Leib Christi zueinander gehören, sagen wir einander, was wir meinen, und verlassen uns darauf, dass auch der andere meint, was er sagt. Wenn wir einander vertrauen, können wir verstehen, was der andere meint, auch wenn er es ungeschickt sagt. Wenn wir aber misstrauisch sind, werden wir auch noch so sorgfältig gewählte Worte missverstehen und missdeuten.

Christen sagen die Wahrheit und ertragen, dass man ihnen die Wahrheit sagt. Oder doch nicht? Wenn es so selbstverständlich wäre, hätte Paulus das nicht schreiben müssen. Übernehmen auch Sie seine Aufforderung als Leitlinie für den Umgang mit der Wahrheit: „Legt die Lüge ab und redet die Wahrheit, ein jeder mit seinem Nächsten!"

Gott hat Christus erhöht und hat ihm den Namen gegeben, der über alle Namen ist. Philipper 2,9

Immer wieder sehen wir in den Sportsendungen des Fernsehens Bilder von Siegern und Siegerinnen. Sie steigen auf das Podest und nehmen stolz ihre Medaillen in Empfang. In dem Christuslied im Philipperbrief wird auch ein Sieger gefeiert. Er heisst Jesus Christus. Gott selbst hat ihn ausgezeichnet und „ihm den Namen gegeben, der über alle Namen ist". In welcher Disziplin ist er denn an der Spitze gewesen? Nicht der Schnellste oder Stärkste ist er gewesen, sondern der Gehorsamste. Gott gehorsam, gehorsam bis in den Tod, bis in den Tod am Kreuz.

Gehorsam: eine schwierige und unpopuläre Disziplin. Was kann man sich damit schon für Auszeichnungen holen? Bei den Menschen keine. Aber bei Gott die höchste! Gott hat den Namen Jesus zum grössten gemacht. Es gibt keinen andern Namen in der Welt, der so vielen Menschen so teuer ist wie der Name Jesus.

Wie erklärt sich das? Jesus selbst hat einmal gesagt: „Wenn ich erhöht sein werde von der Erde, werde ich alle zu mir ziehen" (Joh 12,32). Das ist das Geheimnis: dass Jesus als der von Gott Erhöhte nicht allein ganz oben auf dem Siegerpodest stehen will. Er zieht die zu sich, die den Ehrenplatz von sich aus nie erreichen könnten. Er will uns neben sich haben – *alle*, auch die, die in der schwierigen Disziplin des Gehorsams gegen Gott kläglich versagt haben. Wenn wir uns zu ihm ziehen lassen, legt er den grossen Namen, den Gott ihm gegeben hat, auch auf uns.

Die Weltmeister und Olympiasieger tragen die Namen ihrer Sponsoren auf jedem Körperteil, wo es nur geht. Wenn wir uns zu Christus haben ziehen lassen, dann tragen wir nur *einen* Namen: Seinen! Den Namen, der über alle Namen ist. Den Jesus-Namen, der uns so kostbar geworden ist wie kein anderer. Wir dürfen seinen Namen unter die Menschen tragen. Wir sollen uns zu ihm und seinem Namen bekennen, wo es nur geht!

Nicht, dass ich's schon ergriffen habe oder schon vollkommen sei; ich jage ihm aber nach, ob ich's wohl ergreifen könnte, weil ich von Christus Jesus ergriffen bin. Philipper 3,12

Paulus ist als Apostel für Christus unermüdlich kreuz und quer durch die damalige Welt gezogen. Hier sagt er, wie es dazu gekommen ist und was ihn immer neu dazu motiviert: „Weil ich von Christus Jesus ergriffen bin."

Von Christus ergriffen sein – das ist mehr als eine emotionale Ergriffenheit im Sinne einer starken Gemütsbewegung. Christus hat ganz konkret seine Hand auf das Leben des Paulus gelegt, und er will genauso seine Hand auch auf unser Leben legen.

Aber es ist nicht eine eiserne Faust, die rücksichtslos zupackt, uns in ihren Griff zwingt und gefangen hält. Es ist die starke Hand des guten Hirten, der sein verirrtes Schaf aufgreift und es auf seine Schultern hebt. Es ist zugleich eine unendlich gütige Hand, die sanft umgeht mit allem, was schwach, verletzlich und verwundet ist. Es ist eine treue Hand, die sich ihr Eigentum durch nichts und niemand wieder entreissen lässt.

Wenn uns die starke und gütige Hand Jesu ergreift, werden wir nicht vergewaltigt und nicht gehetzt. Darum ist das ‚Jagen', von dem Paulus schreibt, kein atemloses Hasten und Keuchen, schon gar nicht ein Rennen ohne Aussicht auf den Sieg. Es ist einfach das Bleiben bei Jesus und das Mitgehen an seiner starken, gütigen Hand.

Aber es bedeutet dann auch für uns: Jesus an die Hand gehen – ihm an die Hand gehen im Sinne des Mitwirkens bei dem, was er heute tun will. Darum sind auch wir beauftragt, seine Zeugen zu sein, wo immer wir heute unterwegs sind. Am Ziel sind wir noch nicht und fertig werden wir damit nie. Aber was für ein Vorrecht: In seiner Hand sein – und Jesus an die Hand gehen dürfen!

In Christus wohnt die ganze Fülle der Gottheit leibhaftig, und an dieser Fülle habt ihr teil in ihm, der das Haupt aller Mächte und Gewalten ist. Kolosser 2,9f

Der Kolosserbrief spricht religiöse und philosophische Vorstellungen an, mit denen die Christen in Kolossae konfrontiert waren. Manche liessen sich davon faszinieren, andere waren irritiert und verunsichert. Es ging um die Frage, ob es neben Christus noch andere Wege zu Gott gibt. Ob der Glaube an Christus genügt, oder ob man zum Seligwerden noch andere Erkenntnisse erwerben oder weitere Bedingungen erfüllen müsse. Die Angebote auf dem religiösen, philosophischen und esoterischen Jahrmarkt waren damals so bunt und verwirrend wie heute.

Um was für Vorstellungen es damals konkret ging, lässt sich in Kürze nicht erläutern. Aber es genügt die klare Schneise, die der Apostel an unserer Stelle durch das Dickicht schlägt. Er hält fest, dass in Christus wirklich die ganze Fülle des Göttlichen wohnt und dass wir in ihm an dieser Fülle teilhaben.

Alles, was wir über Gott und über den Weg zu Gott wissen müssen, das hat Gott uns in Christus gesagt und gezeigt, und das wird uns im Evangelium verkündigt. Wir müssen nicht darüber hinaus auf geheime Lehren hören, Rezepte befolgen oder diesem oder jenem Guru nachlaufen. In Jesus Christus ist uns das *ganze* Heil erschlossen. Durch das Evangelium wird uns die *ganze* Wahrheit offenbart.

Anteil daran bekommen wir nicht, indem wir uns das Heil durch irgendwelche Frömmigkeitsübungen mühsam verdienen oder uns die Wahrheit durch komplizierte Gedankengänge erarbeiten. Wenn wir uns durch den Glauben mit Christus verbinden lassen, haben wir „an der ganzen Fülle teil" – an allem, was Gott uns schenkt und was zu unserem Heil nötig ist. Mehr wollen hiesse: alles verlieren. An Christus festhalten – mehr brauchen wir nicht.

Morgenluft wittern

wach träumen

klar sehen

quer denken

halb lächeln

Mit Flügelhänden

suchen und zeigen

was droben ist

Ganz Ohr

das Gras wachsen

hören wie Klee

Kolosser 3,1–4

Paul Klee: Engel voller Hoffnung, 1939, 892
Bleistift auf Papier auf Karton 29,5 x 21 cm
Zentrum Paul Klee, Bern

Der Friede, den Christus schenkt, muss euer ganzes Denken und Tun bestimmen. Kolosser 3,15

Frieden haben, mit sich selbst und mit der Welt zufrieden sein, wer wünschte sich das nicht? Aber der Friede könnte ja auch ein fauler Friede sein, den wir uns nur bewahren können, indem wir uns auf uns selbst zurückziehen, nichts und niemand an uns heranlassen und Konflikte verdrängen. Wir leben aber nicht in einer friedlichen Welt.

Paulus redet nicht von einem solchen faulen Frieden, sondern vom Frieden Christi – vom Frieden, den Christus uns schenkt. „Der Friede Christi regiere in euren Herzen", heisst es an dieser Stelle in der Luther-Bibel. Der Friede Christi, das ist zunächst Gottes wunderbares Friedensangebot durch Jesus Christus. Gott lässt mir sagen, dass zwischen ihm und mir alles in Ordnung gebracht ist. Nichts trennt mich mehr von ihm, nichts wirft er mir vor, nichts trägt er mir nach. Aller Streit ist beendet, alles Ungute vergeben und vergessen.

Wenn dieser Friede mein Denken und Tun bestimmt, werde auch ich friedensfähig. Ich muss Konflikte nicht mehr leugnen oder verdrängen. Ich kann Spannungen aushalten und konstruktiv damit umgehen. Ich kann Böses, das andere mir angetan haben, vergeben. Nicht nur die Erinnerung daran verdrängen, sondern wirklich vergeben und darum vergessen. Ich muss dem, dem ich vergeben habe, nichts mehr nachtragen und keine Vorwürfe mehr machen. So fängt der Friede Christi an, in meinem Herzen zu regieren.

Es wird immer ein Anfangen bleiben, denn immer noch und immer wieder will sich ja die Eigenregie in meinem Denken und Tun breitmachen. Aber das wünsche ich mir, dass der Friede Christi immer wieder, immer neu, immer mehr in meinem Herzen regiert, bis er mein ganzes Denken und Tun bestimmt.

Alles, was ihr tut mit Worten oder mit Werken, das tut alles im Namen des Herrn Jesus und dankt Gott, dem Vater, durch ihn. Kolosser 3,17

„Alles, was ihr tut" – also nicht nur das Aussergewöhnliche, sondern auch das Alltägliche, Gewöhnliche, aus dem wahrscheinlich auch unser heutiger Tag besteht, *alles* sollen wir unter dieses Vorzeichen stellen: „im Namen Jesu".

In ausserordentlichen Situationen, etwa vor einer wichtigen Entscheidung, denken wir noch am ehesten daran, dass wir da nicht gedankenlos hineinstolpern sollten. Oder wenn wir ernsthaft erkrankt sind oder vor einer Operation mit ungewissem Ausgang stehen, macht es uns getrost, dass wir sagen dürfen: Nun denn, wenn es sein muss, in Gottes Namen!

Aber das Leben besteht ja zur Hauptsache aus dem Alltäglichen, das nicht ohne unser Dazutun einfach über uns kommt, sondern das wir *tun.* Da geht es um meine Worte: um das, was ich sage und wie ich es sage; um das, was ich vielleicht sagen *sollte,* und auch um das, was ich *nicht* hätte sagen dürfen. Und da geht es um meine Taten – um das, was ich für andere tue, was ich andern antue oder was ich zu tun versäume.

„*Alles,* was ihr tut mit Worten oder mit Werken, das tut alles im Namen Jesu!" Da werden auch Kleinigkeiten bedeutsam – nämlich als Gelegenheiten, unseren Mitmenschen etwas von der Freundlichkeit und Liebe Jesu weiterzugeben. Gelegenheiten, die wir wahrnehmen oder versäumen können.

Nehmen Sie Ihre Gelegenheiten heute wahr. Es werden viele sein. Sie dürfen ja *alles* im Namen Jesu tun. Vielleicht bekommen Sie dafür auch manches Dankeschön. Und wenn der Dank ausbleibt? Dann erinnern Sie sich daran, dass Sie das Gute nicht tun, damit man Ihnen dankt, sondern aus Dank und Liebe zu Gott.

Dann werden wir immer beim Herrn sein. Tröstet also einander mit diesen Worten! 1 Thessalonicher 4,17f

Paulus hat auf besorgte Fragen aus der Gemeinde geantwortet: Was ist mit den Brüdern und Schwestern, die sterben, bevor der Herr Jesus Christus wiederkommt? Sind sie nicht um ihre christliche Zukunftshoffnung betrogen? Paulus beruhigt und stellt klar: Was nach dem individuellen Tod kommt und was uns bei der Wiederkunft Jesu Christi erwartet, das spielt sich alles in einer anderen Dimension ab. Dort sind „tausend Jahre wie der Tag, der gestern vergangen ist" (Ps 90,4).

Es gibt dort zwar ein ‚Zu spät', aber nicht weil Verstorbene die Ankunft des Herrn verpassen, sondern weil Menschen in diesem Leben die Möglichkeit verpassen können, sich durch den Glauben mit Christus verbinden zu lassen. Diese Verbindung kann auch der Tod nicht zerreissen. Sie wird sich vollenden in jener neuen Welt – ob wir durch den Tod in sie hinübergehen oder ob sie durch die Wiederkunft Jesu für uns anbricht.

Uns bewegen im Blick auf das Sterben vielleicht andere Fragen und Sorgen. Aber wie immer unser Leben enden mag – wir gehen der Begegnung mit unserem Herrn entgegen und unsere Verbundenheit mit ihm wird sich dann vollenden. Diese Gewissheit macht getrost, nicht nur im Blick auf Verstorbene oder auf unser eigenes Sterben; es macht uns getrost schon für das Leben im Hier und Jetzt.

Meine Frau und ich haben das stark empfunden, als wir auf der Suche nach unserer Wohnung für die Zeit des Ruhestandes waren. Einmal fuhren wir zwischen zwei Besichtigungsterminen mit dem Fahrrad auf den grossen Basler Zentralfriedhof ‚Am Hörnli'. Dort wird aller Voraussicht nach einmal unsere letzte Adresse in dieser Welt sein. Das hat entspannend gewirkt auf der Suche nach der vermutlich vorletzten Adresse. Regelrecht heiter hat uns aber der Gedanke gemacht, dass wir die allerletzte Adresse schon kennen, wo wir für immer werden bleiben dürfen: „beim Herrn".

Der Fährimaa

Der Fährimaa vo änedraa
holt alli ab, s chunnt jede draa.
Ob gschiid, ob dumm, ob arm, ob rych,
für ihn sind alli Mensche glych.

Er nimmt dir alles us der Hand,
wo d nümme bruuchsch im neue Land.
Er frogt di nid, ob s dir ächt passt,
drum sig paraad und mach di gfasst.

Dänk nid: I ha no lang derzyt,
zum Heigoh isch der Wäg no wyt.
S chunnt unverhofft, dänk immer draa,
vo änedraa der Fährimaa.

Matthäus 24,44; Lukas 12,20;
1 Thessalonicher 5,2

Gott hat uns nicht für das Gericht seines Zorns bestimmt, sondern dafür, dass wir durch Jesus Christus, unseren Herrn, das Heil erlangen. 1 Thessalonicher 5,9

Gott hat eine wunderbare letztwillige Verfügung über unser Leben getroffen. Wenn ein Mensch in einem Testament seinen letzten Willen niederlegt, dann ist seine Verfügung massgebend für alle, die seinen Nachlass verwalten. Da kann es Überraschte und Enttäuschte geben. Die Erben können sich streiten und das Testament kann angefochten werden. Für den Verstorbenen ist das nicht mehr von Belang. Die Zeit, in der er über sich selbst verfügen konnte, ist vorbei. Sie wird auch für mich einmal vorbei sein. Dann kommt es nur noch darauf an, wie Gott über mich verfügt.

Gottes letzter Wille ist kein Buch mit sieben Siegeln. Sein Testament ist eröffnet und der Inhalt wird uns im Evangelium verkündet. Ansprüche können wir keine geltend machen. Einen Pflichtteil schuldet uns Gott nicht. Eigentlich müssten wir „das Gericht seines Zorns" erwarten, wie Paulus sagt, weil wir vieles von dem, was er uns schon jetzt geschenkt hat, veruntreut oder missbraucht haben. Wir müssten erwarten, dass Gott uns einst die Rechnung präsentiert für alles, was wir ihm und einander im Leben schuldig geblieben sind. Aber Gottes Verfügung lautet zu unseren Gunsten: Wir sollen „durch Jesus Christus, unseren Herrn, das Heil erlangen".

Dieses Testament kann niemand anfechten oder für ungültig erklären. Nur die Begünstigten – die könnten es ausschlagen. Und in der Tat: Viele von den potenziellen Erben verzichten. Sie nehmen das Erbe nicht an, obwohl ihnen das Testament mit Gottes wunderbarer letztwilligen Verfügung eröffnet worden ist.

Auch Ihnen ist es jetzt wieder eröffnet worden. Sie werden dieses wunderbare Erbe doch nicht ausschlagen. Nehmen Sie es dankbar an! Ich beglückwünsche Sie dazu und freue mich, dass ich mit Ihnen zu den glücklichen Erben gehören darf.

Betet ohne Unterlass!   1 Thessalonicher 5,17

Man kann auch übersetzen: „Gebt das Beten nicht auf! Hört nicht auf zu beten!" Uns geht es manchmal wie den Jüngern Jesu im Garten Gethsemane: Wir hören mit Beten auf, wenn wir es am nötigsten hätten. Jesus hat sie aufgefordert: „Wachet und betet!" Aber die Jünger haben nicht mehr beten mögen, vielleicht nicht mehr beten können. Sie sind vor Trauer und Müdigkeit eingeschlafen. Jesus hat das Beten nicht aufgegeben, gerade dort in Gethsemane nicht.

Beten ohne Unterlass, unaufhörlich, unermüdlich beten – wer ausser Jesus kann das wirklich? Und was heisst das eigentlich? Mir hilft zum Verständnis eine Anekdote, die von Gertrud Kurz überliefert ist. Gertrud Kurz hat sich während und nach dem Zweiten Weltkrieg beispielhaft und unermüdlich für Flüchtlinge eingesetzt. Als sie einmal von einer frommen Frau gefragt wurde, ob sie denn nicht viele Stunden am Tag brauche, um für die von ihr betreuten Flüchtlinge zu beten, soll sie geantwortet haben: „Was denken Sie, dazu habe ich doch keine Zeit! Aber meinen Sie, ich könnte je auf die Fremdenpolizei gehen, ohne mit der Türfalle in der Hand zu sagen: Lieber Gott, hilf, dass es gut geht!"

Ohne Unterlass beten – das ist kein Gesetz, das ist eine Erlaubnis: Du darfst dich jederzeit und überall mit allem vertrauensvoll an Gott wenden. Es ist eine Einladung gerade an solche, die zu beten aufgehört oder es noch nie ernsthaft damit versucht haben.

Jesus selbst ermutigt uns zum Wachen und Beten, auch wenn wir einwenden möchten: Es hilft ja doch nichts. Er ist im Garten Gethsemane auch nicht so erhört worden, wie er als Mensch es sich gewünscht hätte. Aber wie hätte er das Leiden und Sterben gehorsam auf sich nehmen können, wenn er nicht betend ja sagen gelernt hätte zum Willen des Vaters? Er, der auch am Kreuz nicht aufgehört hat zu beten, ermutigt uns, den Kontakt mit Gott zu suchen und im Gespräch mit ihm zu bleiben – jederzeit, „ohne Unterlass".

Dankt Gott in jeder Lebenslage! 1 Thessalonicher 5,18

Wer kann das? In jeder Lebenslage danken, das wäre etwas anderes als die Feststellung: Ich darf ja nicht klagen; es geht mir zwar nicht nach Wunsch; zufrieden bin ich eigentlich nicht, aber ich muss trotz allem dankbar sein. Das kann resigniert, sogar bitter klingen.

Paulus meint aber kein unfrohes und unehrliches Danken. Er ist überzeugt, dass wir zum fröhlichen, herzlichen Danken viel Grund haben. Wir merken es, wenn wir die beiden anderen Aufforderungen lesen, die er der Einladung zum Danken vorausgehen lässt: „Freut euch allezeit! Betet ohne Unterlass!" Es ist also keine Mahnung, sich mit dem Unabänderlichen abzufinden, auf Wünsche zu verzichten und Hoffnungen zu begraben. Im Gegenteil! Paulus lädt dazu ein, Gott im Gebet unsere Anliegen vorzutragen: Bleibt mit Gott im Gespräch! Sagt ihm, was euch bewegt. Bittet ihn um das, was euch fehlt.

Wer Gott so kennt, muss nicht resigniert sagen: Ich darf nicht klagen. Im Gegenteil: Wir dürfen in jeder Lebenslage so mit Gott reden, wie uns zumute ist. Wir dürfen aber auch jederzeit und in allem mit ihm und seiner Hilfe rechnen. Wir müssen uns nicht einfach ins Unabänderliche schicken und krampfhaft versuchen, trotzdem dankbar zu sein. Jederzeit mit ihm reden und in allem mit ihm rechnen dürfen, das macht froh. Denn das heisst ja: Die Dinge können sich ändern! Es muss nicht alles bleiben, wie es ist. Es kommt nicht einfach alles, wie es muss. Mein Leben wird nicht von einem blinden Schicksal regiert. Ich darf Gott meine Not klagen und ihm meine Sorgen anbefehlen. Ich darf um Befreiung und um Veränderungen in meinem Leben bitten. Und wenn Gott mir Schwieriges zumutet, bitte ich ihn um Kraft zum Tragen.

Zu wissen, dass Gott in allen Lebenslagen bei mir ist, macht mich dankbar. Ich danke ihm aufrichtig, nicht nur widerwillig. Ich sehe das Gute, das Gott mir schenkt, und freue mich daran.

Wir müssen Gott immerzu für euch danken, Brüder und Schwestern. Ihr seid von Jesus, dem Herrn, geliebt. Von allem Anfang an hat Gott euch dazu erwählt, dass ihr gerettet werdet. Und das werdet ihr, weil Gottes Geist euer Leben bestimmt und euch heilig macht und weil ihr der Wahrheit Gottes glaubt. 2 Thessalonicher 2,13

Schon seinen ersten Brief an die Christen in Thessalonich hatte Paulus mit einem ausführlichen Dank begonnen, und hier dankt er Gott wieder für die Brüder und Schwestern dort. Beide Briefe enthalten zwar auch Kritik und Korrektur. Aber vor und neben aller Belehrung, Ermahnung und Besorgnis gibt Paulus seinem Dank Ausdruck: Wir danken Gott für euch, ihr lieben Brüder und Schwestern; ja, „wir müssen Gott immerzu für euch danken".

Anlass zum Danken sind nicht etwa ideale Zustände in der Gemeinde, sondern das, was Gott durch das Evangelium und durch seinen heiligen Geist in ihr getan hat und tut. Paulus dankt Gott dafür, dass sein Geschenk der Liebe diesen Schwestern und Brüdern gilt und dass sie seine Liebe im Glauben angenommen haben. Nicht nur die Liebe, sondern auch der Glaube ist Gottes Geschenk. Sein Geist hat bewirkt, dass sie Gott ihr Leben übergeben haben und jetzt zulassen, dass er es immer deutlicher prägt.

Gibt es Menschen, für die Sie Gott so danken können? Dann tun sie es! Und schreiben oder sagen Sie es ihnen auch immer wieder einmal: Ich danke Gott für dich. Ich danke ihm für das, was er an dir schon bewirkt hat, und ich bete für dich, dass du offen bleibst für das, was Gott mit dir noch vorhat.

Und gibt es auch Menschen, die Gott so danken für *Sie*? Ich hoffe es. Und wenn es niemand für Sie tut, dann tun Sie es selbst! Danken Sie Gott für seine Liebe, für das Geschenk des Glaubens, für das Wirken seines Geistes. Und bitten Sie ihn, dass er sein gutes Werk weiter an Ihnen tut.

Der Herr ist treu; der wird euch stärken und bewahren vor dem Bösen.
2 Thessalonicher 3,3

Auf wen und auf was kann man sich heute noch verlassen? Wer ist unser zuverlässiger Wegbegleiter in guten und bösen Tagen? Paulus ruft ihn uns in Erinnerung: Gott ist treu, auf ihn können wir uns verlassen. Gott ist eben nicht die unberechenbare Macht des Schicksals. Bei ihm wissen wir, woran wir sind. Im griechischen Grundtext des Neuen Testamentes wird für unseren Glauben an Gott und für Gottes Treue zu uns Menschen das gleiche Wort gebraucht. Glauben bedeutet also: treu sein. Und Treue bedeutet: glaubwürdig sein. Unser Glaube ist das Vertrauen in die Glaubwürdigkeit Gottes.

Gott ist uns nicht nur in den Schönwetterphasen des Lebens treu. Wir können uns auch und gerade in Sturmzeiten, in Gefahren und Versuchungen auf ihn verlassen. Vielleicht hören Sie das heute in eine besondere Herausforderung oder Anfechtung hinein: „Der Herr ist treu; er wird euch stärken und bewahren vor dem Bösen."

Das bedeutet nicht, dass Gott Ihnen alle Stolpersteine aus dem Weg räumt, aber Sie dürfen ihm vertrauen, dass er auch auf steinigen Wegen treu an Ihrer Seite ist und dafür sorgen wird, dass Sie nicht zu Fall kommen. In Krankheits- oder Leidenszeiten will Gott Sie bewahren vor Verbitterung und Resignation. Er wird Sie auch in der Versuchung bewahren, den Kampf aufzugeben oder Ihr Leben wegzuwerfen.

Sie dürfen sich auf die Verheissung verlassen: „Er gibt dem Müden Kraft und Stärke genug dem Unvermögenden. Die auf den Herrn harren, kriegen neue Kraft, dass sie auffahren mit Flügeln wie Adler, dass sie laufen und nicht matt werden, dass sie wandeln und nicht müde werden" (Jes 40,29f).

Der Herr richte euer Herz darauf, dass ihr Gott liebt und unbeirrt auf Christus wartet. 2 Thessalonicher 3,5

Die Gemeinde in Thessalonich, dem heutigen Saloniki in Griechenland, war durch die missionarische Verkündigung des Paulus auf seiner zweiten Missionsreise entstanden. Das Aufblühen der Gemeinde provozierte bald den Widerstand ihrer Umgebung. Paulus hat sich für die jungen Christen verantwortlich gewusst und ist mit ihnen in Verbindung geblieben durch Sendboten und durch seine seelsorgerlichen Briefe. Er hat sie ermutigt und ermahnt, getröstet und belehrt. Seine Anweisungen hat er aber immer wieder unterbrochen durch Wünsche und Bitten, die er nicht an seine Leserinnen und Leser, sondern an Gott gerichtet hat.

Mit den Menschen reden ist wichtig, wenn wir sie ermutigen und im Glauben stärken möchten. Aber noch wichtiger ist es, mit Gott über sie zu reden, indem wir für sie beten. Denn den Glauben wecken und stärken, das kann keine menschliche Belehrung und Überredung. In den Herzen die Liebe zu Gott und die Hoffnung auf Christus wecken, das kann nur Gott selbst. Darum formuliert Paulus seinen Wunsch als Gebet: „Der Herr richte euer Herz darauf, dass ihr Gott liebt und unbeirrt auf Christus wartet."

Mit den Menschen reden ist wichtig; mit Gott über sie reden ist wichtiger. Ist Ihnen das bewusst, wenn Sie an die Menschen denken, für die Sie sich verantwortlich fühlen? Es ist wichtig, dass wir andern zur rechten Zeit das rechte Wort zu sagen versuchen. Aber nur Gott kann bewirken, dass die Liebe zu ihm erwacht und die Hoffnung auf Christus wächst.

Darum ist das hilfreichste Gespräch für die Menschen, um die wir uns sorgen, unser Gespräch über sie mit Gott im fürbittenden Gebet.

Gott, dem ewigen König, dem Unvergänglichen und Unsichtbaren, der allein Gott ist, sei Ehre und Preis in Ewigkeit!

1 Timotheus 1,17

Solche Lobpreisungen Gottes waren Paulus von Kindheit an vertraut gewesen. Er war als Jude fromm erzogen worden und hatte gelernt, dass es nur einen Gott gibt, dem alle Ehre gebührt – den Ewigen, der sich dem Volk Israel geoffenbart hatte. Paulus hatte ihm mit ganzem Eifer zu dienen versucht. Aber er konnte nicht verstehen, dass der ewige König in Jesus von Nazaret selbst ein Mensch geworden war, um den Menschen zu dienen, ja um die Menschen durch die Hingabe seines Lebens am Kreuz zu retten. Das verstand er erst, als ihm Jesus als der Auferstandene persönlich begegnete und ihn zu seinem Apostel machte. Da hat er den „ewigen König" ganz neu kennengelernt als den Barmherzigen. „Mir ist Barmherzigkeit widerfahren", hat er im vorangehenden Satz geschrieben. Und jetzt weiss Paulus: Wenn Gott sich über mich erbarmt hat, der ich seine Gemeinde verfolgt habe, dann ist kein Mensch zu fern von Gott oder zu schuldig vor dem ewigen König, dass sein Erbarmen für ihn nicht ausreichte. „Ihm, dem ewigen König, sei Ehre und Preis in Ewigkeit!"

Mit zwei weiteren Ausdrücken beschreibt Paulus Gott, den ewigen König: als den „Unvergänglichen und Unsichtbaren". Dass Gott *unvergänglich* ist, bedeutet nicht nur, dass er alle und alles überdauert. Wenn wir unser kurzes Leben zu jeder Stunde und einmal auch in unserer letzten Stunde ihm anvertrauen, gibt er uns Anteil an seinem ewigen Leben. Und dass Gott *unsichtbar* ist, bedeutet nicht, dass wir nicht wissen können, wer und wie Gott ist. Gott ist so, wie er sich uns Menschen in Jesus Christus gezeigt hat. Jesus hat gesagt: „Wer mich sieht, der sieht den Vater" (Joh 14,9).

Wer diesen wunderbaren König kennt und ihm dient, wird Paulus zustimmen und in den Lobpreis einstimmen: „Gott, dem ewigen König, dem Unvergänglichen und Unsichtbaren, der allein Gott ist, sei Ehre und Preis in Ewigkeit!"

Darum sollen wir desto mehr achten auf das Wort, das wir hören, damit wir nicht am Ziel vorbeitreiben. Hebräer 2,1

Der Verfasser des Hebräerbriefes will uns Jesus Christus vor die Augen stellen: Jesus als den Anfänger und Vollender unseres Glaubens; Jesus als die Mitte und den entscheidenden Orientierungspunkt, „damit wir nicht am Ziel vorbeitreiben".

Offenbar lag bei manchen unter den ersten Leserinnen und Lesern der Aufbruch im Glauben schon weit zurück. Sie sind wohl noch dabei, aber mehr aus Gewohnheit als aus Überzeugung. Sie lassen sich nur noch mittreiben. Sie sehen das Ziel nur noch verschwommen oder haben es ganz aus den Augen verloren. Ihr Leben ist ohne Perspektive, ohne Vision.

Das ist eine besondere Gefahr im Älterwerden, wenn es scheinbar keine Lebensziele mehr gibt, die wir anstreben könnten, keine Perspektiven und Visionen mehr. Die Perspektive des Glaubens ist und bleibt entscheidend – in der aktiven Lebensphase wie im Älterwerden.

Die Perspektive des Glaubens hat einen Flucht- und Zielpunkt, auf den der Hebräerbrief immer wieder hinweist: Jesus Christus. Sein Weg hat in die Erniedrigung geführt, ins Leiden, in Anfechtung und Versuchung, in den Tod. Aber Gott hat ihn auferweckt, hat ihn „mit Herrlichkeit und Ehre gekrönt" (V. 7). Er ist schon am Ziel und wartet dort auf uns. Ja, er selbst *ist* das Ziel.

Wenn wir unseren Blick auf Jesus richten, werden wir nicht am Ziel vorbeitreiben. Wenn wir uns an ihm orientieren, lassen wir uns nicht einfach durchs Leben treiben. Auch im Älterwerden langweilen wir uns nicht nur dem Himmel entgegen. Wir schauen auf Jesus, „den Anfänger und Vollender unseres Glaubens" (Hebr 12,2). Im Aufblick zu ihm bleiben wir interessiert und motiviert, wir leben hoffnungsvoll und zielorientiert, und das in jeder Lebensphase, bis zuletzt, bis wir am Ziel sind.

Worin er gelitten hat und versucht ist, kann er denen helfen, die versucht werden. Hebräer 2,18

Ist Jesus in gleicher Weise den Versuchungen zum Bösen ausgesetzt gewesen wie wir? Ist nicht manches, was für uns zum Problem wird, für ihn gar keines gewesen? Wo die Evangelien ausdrücklich von der Versuchung Jesu berichten, ist es immer um Grosses, Grundsätzliches gegangen. Da ist es in der Wüste darum gegangen, ob er Gott vertraut oder sich selbst hilft, ob er Gott allein anbetet oder auch vor dem Teufel auf die Knie geht. Später ist es darum gegangen, ob er unbeirrt den Weg ans Kreuz geht, oder ob er sich das durch wohlmeinende Freunde wie Petrus ausreden lässt. Und in Gethsemane hat er sich noch ein letztes Mal durchringen müssen zum Ja, wenn Gott ihm den bitteren Kelch des Leidens und Sterbens nicht erspart.

Hat Jesus wirklich mich und meine Versuchungen und Anfechtungen kennengelernt und kann er mir darin helfen? Sind nicht manche davon vergleichsweise unbedeutend? Von was für Kleinigkeiten lassen wir uns doch manchmal bedrücken, anfechten, verunsichern, verführen!

Oft liegt schon darin eine wesentliche Hilfe, dass uns die unterschiedliche Grössenordnung seiner und unserer Versuchungen bewusst wird. Dann wird die Tatsache umso tröstlicher, dass er seine schweren Versuchungen nicht nur für sich selbst durchgestanden hat, sondern auch für uns.

Wenn wir leiden, wenn uns die Kraft verlässt, wenn der Tod uns bedroht, wenn Schuld uns erdrücken will, dann steht Jesus Christus da und sagt: Das habe ich schon alles durchgemacht – für dich. Für dich habe ich gelitten, deine Schuld habe ich auf mich genommen, für dich bin ich am Kreuz gestorben. Verlass dich nur fest darauf, dass du in keiner Versuchung von mir verlassen bist. Ich stehe zu dir und stehe dir bei.

Werft euer Vertrauen nicht weg, welches eine grosse Belohnung hat. Hebräer 10,35

In anderen Übersetzungen heisst es anstatt Vertrauen ‚Zuversicht'. Mit Vertrauen ist hier nicht das Selbstvertrauen gemeint, mit der Zuversicht nicht einfach ein wohlgemuter Optimismus. Im griechischen Grundtext steht das Wort *parrhesía*. Es bedeutet Zuversicht im Sinn von Freimut und Unerschrockenheit.

Der Hebräerbrief ist an Christen gerichtet, die im Glauben müde geworden sind. Mit dem Appell an den Willen, mit Durchhalteparolen und mit der Ermahnung zu mehr Selbstvertrauen wäre ihnen nicht geholfen. Uns auch nicht. An allen drei Stellen, wo im Hebräerbrief das Wort *parrhesía* vorkommt, werden wir an das erinnert, was uns im Glauben an Christus geschenkt ist.

„Wir sind sein Haus, wenn wir die Zuversicht bis ans Ende festhalten" (Hebr 3,6). Die Zuversicht des Glaubens ist also wie ein *Heimatschein*, aus dem hervorgeht, dass Christus uns als seine Angehörigen und Hausgenossen betrachtet. Wir haben schon jetzt das Bürgerrecht bei ihm und werden einst Erben seines Reiches sein. Wer wollte einen so kostbaren Heimatschein wegwerfen?

„Lasst uns mit Zuversicht zum Thron der Gnade hinzutreten, damit wir Barmherzigkeit erlangen und Gnade finden zu rechtzeitiger Hilfe" (Hebr 4,16). Die Zuversicht ist hier die Gewissheit, dass wir bei Christus nicht vergeblich um Barmherzigkeit, um Gnade und Hilfe bitten. Also wie ein *Gutschein*, den wir jederzeit einlösen dürfen. Wer wollte ihn denn ungenutzt lassen?

„Werft euer Vertrauen nicht weg, welches eine grosse Belohnung hat" (Hebr 10,35). Hier legt sich der Vergleich mit dem *grossen Los* nahe, das jeder gezogen hat, der zum Glauben an Christus gekommen ist. Wer wollte denn dieses grosse Los geringschätzen und nicht Sorge dazu tragen, damit er es nicht verliert!

Diesen Heimatschein, diesen kostbaren Gutschein, das grosse Los werden doch auch Sie nicht wegwerfen. Wie könnten Sie auch!

Lasst uns laufen mit Geduld in dem Kampf, der uns bestimmt ist, und aufsehen auf Jesus, den Anfänger und Vollender des Glaubens. Hebräer 12,1f

Zum Aufsehen werden wir eingeladen. Zum Anhalten und Atemschöpfen, damit die Kräfte sich erneuern und es danach wieder geht auf dem anstrengenden Weg. Wir sollen Umschau halten und uns vergewissern, ob die Richtung noch stimmt. Aufsehen auf Jesus und uns wenn nötig neu an ihm orientieren.

Das ist befreiend und ermutigend. Wir müssen also auf dem Weg des Glaubens den Blick nicht immer nur auf uns selbst richten, etwa mit der Frage: Wie weit bin ich schon? – und dann vielleicht enttäuscht feststellen, dass wir hinter unseren eigenen Idealvorstellungen zurückgeblieben sind, und unser schlechtes Gewissen sagen hören: Du solltest doch längst weiter sein! Wir müssen auch nicht nur auf die Steine vor unseren Füssen und auf die Hindernisse auf unserem Glaubenslauf starren und uns davon verunsichern und lähmen lassen.

Wenn wir aufschauen, geht unser Blick nicht irgendwohin in die Ferne, wo weit weg ein unerreichbares Ziel vor unseren Augen verschwimmt. Aufsehen auf Jesus sollen wir. Da müssen wir unsere Augen nicht in die Ferne schweifen lassen. Wir schauen die Bilder an, die uns im Evangelium von Jesus und seinem Wirken vor die Augen gemalt sind. Wir verweilen zum Beispiel vor dem Bild des Guten Hirten. Oder wir sehen Jesus als den Arzt der Kranken. Vor allem und immer wieder schauen wir auf zu Jesus am Kreuz: Da hat er gekämpft, den Sieg errungen, das Ziel erreicht. Alles ist vollbracht – auch für uns.

Wir schauen auf zu Jesus und erinnern uns, dass wir uns nicht allein ans Ziel durchkämpfen müssen. Den Sieg in unserem Glaubenslauf verdanken wir von A bis Z ihm, dem Anfänger und Vollender unseres Glaubens.

Gastfrei zu sein vergesst nicht; denn dadurch haben einige ohne ihr Wissen Engel beherbergt. Hebräer 13,2

Wahrscheinlich spielt der Verfasser des Hebräerbriefs auf eine Geschichte von Abraham im Alten Testament an, die er bei den Lesern und Leserinnen als bekannt voraussetzt. Von Abraham wird (Genesis 18) erzählt, dass ihn drei fremde Männer besuchten und dass er ihnen grosszügige Gastfreundschaft erwies. Es stellte sich dann heraus, dass es drei Gottesboten waren. Durch sie versprach Gott dem Abraham und seiner Frau Sara die Geburt des lange ersehnten Sohnes.

Das kann auch heute geschehen, wird uns hier gesagt: dass Gott sozusagen inkognito in der Gestalt eines Menschen zu uns kommt. Wenn wir eine offene Tür, eine offene Hand, ein offenes Herz für andere haben, kann es sein, dass auch wir Engel beherbergen, ohne dass wir es wissen.

Es könnte auch Ihnen passieren, dass ein Gottesbote, ein Engel, in der Gestalt eines Menschen zu Ihnen kommt. Geben Sie darauf Acht! Sie erkennen den Engel Gottes nicht an seinen Flügeln. Vielleicht ist er einfach nur ein bedürftiger Mitmensch. Vielleicht hat er ein gutes Wort für Sie, mit dem er Ihnen Trost und Hoffnung zuspricht, Sie zum Vertrauen auf Gott einlädt oder zum Rechnen mit Gottes unbegrenzten Möglichkeiten herausfordert.

Aber auch dann, wenn Ihnen jemand einfach in Freundlichkeit und Güte begegnet – verstehen Sie es als ein Zeichen von Gottes Nähe und Gottes Freundlichkeit!

Und vergessen Sie nicht, dass die Rollen auch umgekehrt sein können. Auch Sie können für Menschen, denen Sie begegnen, ein Bote oder eine Botin von Gott sein. Ein Engel ohne Flügel, durch den andere etwas von Gottes Freundlichkeit, von seiner Geduld und von seiner Treue erfahren.

Der Herr hat gesagt: Ich will dich nicht verlassen noch versäumen. Hebräer 13,5

Der Schreiber des Hebräerbriefes zitiert eine Zusage Gottes aus dem Alten Testament. Er fügt sie ein in seine mahnenden Worte an Menschen, die Angst haben, materiell zu kurz zu kommen. Er warnt sie vor Geldgier und Geiz. Aber vor allem erinnert er sie daran, dass sie doch Gott vertrauen können. Wer Gott vertraut, kommt nicht zu kurz. Gott weiss, was wir nötig haben. Er sorgt für uns, er wird uns nicht vergessen. Er hat ja gesagt: „Ich will dich nicht verlassen noch versäumen."

Dieses alttestamentliche Zitat stammt ursprünglich aus dem Buch Josua (1,5). In jenem Zusammenhang ist das Versprechen Gottes allerdings noch viel umfassender gemeint. Es gilt dort nicht einem Menschen, der sich Sorgen macht um sein materielles Auskommen. Es gilt Josua, der nach Moses Tod die Führung des Volkes Israel auf dem Weg ins verheissene Land übernehmen soll. Josua fragt sich, ob dieser Auftrag für ihn nicht zu schwer sei, ob Gott ihn damit nicht überfordere, ob er den Belastungen standhalten oder an dieser Aufgabe scheitern werde.

Das sind naheliegende Fragen und menschlich gesehen berechtigte Sorgen. Fragen und Sorgen, wie sie auch uns bedrängen können. Es braucht nicht die Herausforderung durch einen besonderen Auftrag zu sein wie dort bei Josua. Es könnte eine materielle Sorge sein wie bei den Menschen, an die sich der Hebräerbrief gerichtet hat. Vielleicht die Angst, die Stelle zu verlieren und arbeitslos zu werden. Oder es könnte die Sorge um die Gesundheit sein, die Angst vor einer Krankheit, vor dem Abhängigwerden, vor dem Leiden.

Was immer Ihre persönliche Sorge oder Angst sein mag – Gottes Wort erinnert auch Sie jetzt daran, dass der Herr gesagt hat: „Ich will dich nicht verlassen noch versäumen!"

Wenn es jemandem unter euch an Weisheit mangelt, erbitte er sie von Gott, der jedermann gern gibt und niemanden schilt; so wird sie ihm gegeben werden.
Jakobus 1,5

Das Gebet um Weisheit erspart uns nicht die Mühe des Nachdenkens und die Arbeit des Lernens. Aber es gibt Fragen, Rätsel und Lebensprobleme, wo uns alles Nachdenken und Kopfzerbrechen nicht weiterhilft und wir mit unserer Weisheit am Ende sind. Wie oft schon bin ich dann froh gewesen, Gott das einfach sagen zu dürfen: Es mangelt mir an Weisheit. Dein Wort sagt, dass ich dich darum bitten darf. Also bitte ich dich jetzt: Hilf mir mit deiner Weisheit weiter!

Gott gibt mir dann nicht hellseherische Fähigkeiten. Aber ich werde ruhiger, kann offene Fragen offen lassen und warten. Oder ich finde den Mut, im Vertrauen auf Gottes Leitung eine unaufschiebbare Entscheidung nach bestem Wissen und Gewissen zu treffen.

Vielleicht stehen auch Sie vor einer schwierigen Entscheidung. Oder Sie können nicht verstehen, warum es Ihnen jetzt so und nicht anders geht. Oder warum Menschen, die Ihnen nahestehen, ins Leid gekommen oder lebensbedrohlich krank sind. Für solche Situationen macht Jakobus uns Mut: Sag es Gott! Sag ihm: Ich verstehe das nicht; da musst du mir helfen! Gott hat Verständnis für unsere Fragen, auch wenn wir sie ungeduldig, aufgebracht und heftig stellen. Er nimmt es uns nicht übel. „Er gibt gern und schilt nicht."

Gott wird antworten. Vielleicht nicht gleich. Vielleicht anders, als wir es wünschten. Vielleicht so, dass wir ein neues Vertrauen gewinnen, dass auch das Unverständliche nicht sinnlos ist, weil es in seinen guten Plan mit uns gehört. So können wir damit leben lernen, dass wir noch nicht alles verstehen. So können auch Sie, trotz offener Fragen und ungelöster Rätsel, Frieden finden. Den Frieden Gottes, der höher ist als alle menschliche Vernunft.

Alle gute Gabe und alle vollkommene Gabe kommt von oben herab, von dem Vater des Lichts. Jakobus 1,17

„Alles Gute!" – das sagen wir oft am Ende eines Gesprächs oder schreiben es am Schluss eines Briefes. Ein schöner Wunsch. Was meine ich, wenn ich einem anderen Menschen alles Gute wünsche und das nicht nur gedankenlos sage? Ich meine damit das, was ihm gut tut. Was er nötig hat, damit es ihm gut geht. Was ihm wohl tut – körperlich, seelisch und geistig. Ich wünsche ihm Gutes in jeder Hinsicht.

Ich verstehe den Wunsch immer so: *Gott* möge dem andern alles Gute widerfahren lassen. Denn alles, was für uns Menschen wirklich gut ist, hat seinen Ursprung bei Gott. Es kommt „von oben herab, von dem Vater des Lichts".

Gutes tun – das ist typisch für Gott. Menschen, die auf das Tun Gottes in ihrem Leben aufmerksam geworden sind, sagen zu ihm: „Du, Herr, bist gut und gnädig, von grosser Güte gegen alle, die dich anrufen" (Ps 86,5). Sie leben in der Erwartung: „Gutes und Barmherzigkeit werden mir folgen mein Leben lang" (Ps 23,6). Und sie wollen sich an das Gute auch dann erinnern, wenn es ihnen nicht so gut geht: „Vergiss nicht, was er dir Gutes getan hat" (Ps 103,2).

Wenn schon menschliche Eltern ihren Kindern nach Möglichkeit das Gute geben, um das sie bitten – „wie vielmehr wird euer Vater im Himmel denen Gutes geben, die ihn bitten", hat uns Jesus in der Bergpredigt verheissen (Mt 7,11).

Wenn ich einem andern – und jetzt auch Ihnen – alles Gute wünsche, dann meine ich es so: Mögen Sie offen sein für Gott und für alles, was von ihm kommt. Gestehen Sie ihm aber auch zu, Ihre Wünsche dann nicht zu erfüllen, wenn er etwas noch Besseres für Sie bereithält.

Alles Gute – das ist nicht zuviel gewünscht, weil ich es von Gott für Sie wünsche. Alles Gute – das ist nicht zuviel erwartet, wenn Sie es von Gott erwarten.

Seid aber Täter des Wortes und nicht Hörer allein; sonst betrügt ihr euch selbst. Jakobus 1,22

Jakobus erinnert uns daran, dass es mit dem Hören von Gottes Wort allein nicht getan ist. Dem stimmen auch solche Menschen zu, die gar nicht auf Gottes Wort hören. Für sie würde Jakobus seinen Satz vermutlich umformulieren: Werdet auch ihr Hörer und Hörerinnen des Wortes, bleibt nicht taub für das, was Gott sagt! Entschuldigt euer Desinteresse an dem, was Gott sagt, nicht damit, dass andere ja doch nicht tun, was sie gehört haben. Bleibt nicht nur selbstgerechte Kritiker der andern, die nicht tun, was sie gehört haben. Werdet *ihr* Hörer und dann auch Täter!

Zu Hörern und Hörerinnen werden wir, wenn wir Gott gegenüber auf Empfang gehen. Zwei biblische Beispiele dafür:

Im Alten Testament der Prophet Samuel, der noch ein kleiner Knabe war, als Gott mit ihm reden wollte. Er verstand Gott zuerst nicht, aber dann betete er: „Rede, Herr, denn dein Knecht hört!" (1 Sam 3,10). Im Neuen Testament der Apostel Paulus. Als ihm, dem Christenverfolger, auf dem Weg nach Damaskus klar wurde, dass er seinen Widerstand gegen Christus aufgeben musste, fragte er: „Herr, was soll ich tun?" (Apg 22,10).

Zwei schlichte Möglichkeiten, für Gottes Reden auf Empfang zu gehen: „Rede, Herr, ich höre! Herr, was soll ich tun?" Es geht um beides, um das Hören und um das Tun. Dass es mit dem Hören allein nicht getan ist, hat auch Jesus im Schlussgleichnis der Bergpredigt gesagt. Wer auf seine Worte hört, sie aber nicht tut, ist so töricht wie der Mann, der sein Haus auf den Sand baut. Wer seine Worte in die Tat umsetzt, ist klug. Er baut sein Haus auf Felsengrund.

Auf das Hören muss das Tun folgen. Aber das Gehorchen fängt mit dem Hören an. Aus dem Hören auf das, was Jesus uns sagt, ergeben sich die nötigen Korrekturen und die fälligen Schritte. So kommt der Segen Gottes in unser Leben und macht es fruchtbar und sinnvoll.

Es wird ein unbarmherziges Gericht über den ergehen, der nicht Barmherzigkeit geübt hat; Barmherzigkeit aber triumphiert über das Gericht. Jakobus 2,13

Eine ernste Warnung im Blick auf das uns allen bevorstehende Urteil Gottes über unser Leben. Aber wir sollen nicht nur den drohenden Klang heraushören. Hinter der Warnung steht die hoffnungsvolle Tatsache, dass nach Gottes Willen nicht das Prinzip der Vergeltung, sondern der Barmherzigkeit gelten soll.

Gott hat nicht nur im Sinn, uns einmal die Rechnung mit den ruinös aufgelaufenen Schulden zu präsentieren. Darum bietet er uns schon heute im Evangelium von Jesus Christus seine Barmherzigkeit an. Die Rechnung ist schon erledigt, die Schulden sind bezahlt. Du darfst dich darauf verlassen: Mir ist vergeben. Und die Vergebung wird gültig sein auch bei der letzten Abrechnung. Gott will nicht nach dem Prinzip der Vergeltung, sondern der Barmherzigkeit handeln.

Es sei denn, wir wollten es anders haben. Jakobus warnt uns vor der irrigen Meinung, dass Gott mit uns barmherzig und gütig ist, aber zulässt, dass wir unseren Mitmenschen gegenüber unbarmherzig und geizig sind. Gott ist konsequent. Bei ihm gibt es kein ‚Ansehen der Person‘, nicht zweierlei Mass. Er duldet nicht, dass wir für uns seine Güte beanspruchen, aber dem Nächsten unsere Güte verweigern.

In der Bergpredigt hat Jesus gesagt: „Mit dem Mass, mit dem ihr messt, werdet ihr gemessen werden. Selig sind die Barmherzigen, denn sie werden Barmherzigkeit erlangen" (Mt 7,2; 5,7). Diese Jesus-Worte nimmt Jakobus auf, wenn er uns auf diesen unauflösbaren Zusammenhang aufmerksam macht. Er sagt nicht unbeteiligt: Bitte, ihr könnt es halten, wie ihr wollt! Er beschwört uns: Haltet es miteinander so, wie Gott es mit euch halten will! Vergebt, wie Gott euch vergibt. Gebt, wie Gott euch gibt. Nicht weil der andere es verdient hat oder weil er es euch vergelten kann. Sondern weil er es nötig hat.

Was nützt es, wenn einer sagt, er habe Glauben, aber es fehlen die Werke? Der Glaube für sich allein ist tot, wenn er nicht Werke vorzuweisen hat. Jakobus 2,14.17

Jakobus führt ein Streitgespräch, leider ohne konkretes Gegenüber. Unter den Bibelauslegern ist um diese und ähnliche Sätze (V. 21–26) viel gestritten worden. Ich wünschte mir, Jakobus hätte das Streitgespräch direkt mit Paulus geführt, und wüsste gerne, ob sie sich hätten verständigen können. Oder ich möchte dabei sein, wenn Martin Luther und John Wesley, der Begründer der methodistischen Bewegung, darüber diskutieren. Luther hat bekanntlich den Jakobusbrief eine ‚stroherne Epistel' genannt, weil er darin die Gerechtigkeit aus dem Glauben allein in Frage gestellt sah.

In seinen „Anmerkungen zum Neuen Testament" macht John Wesley darauf aufmerksam, dass Jakobus und Paulus sich für ihre gegenteiligen Behauptungen beide auf Abraham berufen. Aber er betont, dass Jakobus nicht die Lehre des Paulus zurückweist, sondern nur den Irrtum derer, die sie missbrauchten. Jakobus und Paulus widersprechen einander nicht; die Differenz ergibt sich daraus, dass sie es mit verschiedenen Menschen und Situationen zu tun hatten. Auch Jakobus war der Meinung, den Heidenchristen sollte das jüdische Gesetz nicht auferlegt werden (Apg 15,13ff). Und auch Paulus betont, dass nur der Glaube echt ist, der „durch die Liebe tätig ist" (Gal 5,6) – ein Satz, den man bei John Wesley häufig findet.

Es gibt auch heute das Missverständnis, dass ein Mensch, der sich auf Gottes Gnade verlässt, der alte bleiben kann, weil eben alles Gnade ist. Nichts ist verkehrter als das. Wir dürfen aus der Gnade leben, aber wir sollen sie auch ausleben, ihr Raum geben in unserem Zusammenleben. Wir entdecken die Möglichkeiten und Fähigkeiten, die uns gegeben sind, als Gnadengaben und lassen sie nicht brachliegen. Wir vergraben unsere Talente nicht, sondern lassen sie fruchtbar werden für Gott und die Menschen. Lebendiger Glaube verändert uns, und durch uns verändert er die Welt.

Die Saat der Gerechtigkeit, von Gott gesät, geht nur bei denen auf, die auf Frieden aus sind, und nur bei ihnen bringt sie Frucht. Jakobus 3,18

Gott ist es, der seinen guten Samen ausstreut auf den Acker der Welt und in unser Leben hinein. Gott sät Gerechtigkeit und lässt Frieden daraus wachsen. Gott schenkt Gerechtigkeit und stiftet Frieden. Frieden haben können wir Menschen nur, wenn wir offen sind für das, was Gott in unser Leben hineinlegen will: seine Gerechtigkeit und als Frucht seinen Frieden. Frieden mit Gott, Frieden im Herzen, Frieden mit uns selbst und dann auch Frieden mit unseren Mitmenschen finden wir nur, wenn wir das Geschenk der Gerechtigkeit und des Friedens annehmen, das Gott uns in Jesus Christus anbietet: „Er, Christus, ist unser Friede", hat Paulus im Epheserbrief (2,14) geschrieben.

Der Friede wird damit nicht zu unserem unverlierbaren Besitz. Wir sollen nicht nur ‚unseren' Frieden haben wollen, sondern „auf Frieden aus sein". Also den Frieden suchen, dem Frieden dienen, Frieden stiften. Das können wir nur, wenn Gottes guter Same immer wieder bei uns selbst aufgeht und Frucht trägt. Aber die Frucht ist nicht nur für uns bestimmt, zum Behalten und zum Geniessen. Sie will wieder zum Saatgut werden in unseren Worten und Taten. Sie will sich ausbreiten, zu den Menschen vordringen, mit denen wir in Beziehung sind, und auch in ihrem Leben Wurzeln schlagen und Frucht bringen.

Fällt Gottes guter Same bei Ihnen auf zubereiteten Boden? Geht er auf, trägt er Frucht? Kann er in Ihrem Leben wieder zum Saatgut werden und sich ausbreiten? Dann gehören Sie zu den Glücklichen, von denen Jesus gesagt hat: „Selig sind die Friedensstifter, denn sie werden Gottes Kinder heissen" (Mt 5,9).

Vielleicht erinnern Sie sich an den alten Albumvers: „Denn die Freude, die wir geben, kehrt ins eigne Herz zurück." So ist es auch mit dem Frieden: „Denn der Friede, den wir stiften, kehrt ins eigne Herz zurück."

Nähert euch Gott, und er wird sich euch nähern. Reinigt eure Hände von Schuld, ihr Sünder! Gebt eure Herzen Gott hin, ihr Unentschlossenen! Jakobus 4,8

Jakobus spricht die Missstände in der Gemeinde an und redet Klartext. Er spricht die Unentschiedenen an, die keine eindeutige Glaubensentscheidung getroffen haben. Er warnt vor den Verlockungen des Reichtums. Er fordert dazu auf, nicht nur Hörer, sondern auch Täter des Wortes Gottes zu sein. Die Scharfzüngigen sollen ihre Zunge hüten, die Hochmütigen demütig werden. Denn das alles behindert die Gemeinschaft mit Gott und zerstört die Gemeinschaft untereinander.

Wie kann es anders werden? Die Wende zum Guten fängt nicht mit unserem Bemühen an, uns selbst zu verbessern. Sie fängt an mit der Hinwendung zu Gott. Darum: „Nähert euch Gott!" Wenn wir ihm näherkommen, kommt er uns entgegen. In seiner Nähe stellen wir fest, was in seine Gegenwart nicht passt: schmutzige Hände und ein zwiespältiges Herz. Unsere Hände werden nicht rein, indem wir sie in Unschuld waschen, sondern durch das Geschenk der Vergebung. Der Zwiespalt im Herzen hört nur auf, wenn ich meine Hingabe an Gott erneuere.

„Nähert euch Gott, gebt eure Herzen Gott hin, ihr Unentschlossenen!" Vielleicht ist das eine nötige Herausforderung auch für Sie, das Hin und Her zu beenden. Geben Sie das Schwanken zwischen Zurückhaltung und Hingabe an Gott auf. Geben Sie ihm Ihr Herz. Tun Sie den Schritt aus dem Zwiespalt in die Einfalt vor Gott.

Die Einfalt vor Gott ist nicht ,einfältig' im Sinn von unvernünftig und blöd. Sagen Sie sich und sagen Sie Gott: Nein, ich bin doch nicht so blöd, dass ich weiter unentschlossen im Zwiespalt bleibe. Hilf du mir einfältig und eindeutig werden und entschieden bei dir bleiben.

Ihr wisst nicht, was morgen sein wird. Was ist euer Leben? Ein Rauch seid ihr, der eine kleine Zeit bleibt und dann verschwindet. Dagegen solltet ihr sagen: Wenn der Herr will, werden wir leben und dies oder das tun. Jakobus 4,14f

Da stutzt man beim Lesen. So negativ wird doch sonst in der Bibel nicht über den Menschen geredet: „Ein Rauch seid ihr", der nach kurzer Zeit verschwindet, ein Hauch, ein Nichts, Eintagsfliegen. Mit wem redet denn der Apostel so? Nicht mit kleinen Leuten, die sowieso schon ein geringes Selbstwertgefühl haben. Er spricht zu rücksichtslosen Draufgängern und Erfolgstypen. Sie wissen ihren Vorteil wahrzunehmen, auch wenn andere dabei überfahren werden und zu kurz kommen.

Zu solchen kalten Rechnern sagt Jakobus: Ihr macht in euren Rechnungen einen ganz grossen Fehler. Ihr rechnet nicht mit Gott. Ihr tut, als wärt ihr selbst der Herrgott. Und weil Gott in euren Rechnungen nicht vorkommt, kommt auch der Nächste, der Mitmensch, darin nicht vor. Der zählt für euch nicht, nur *ihr* zählt und das, was euch nützt. Aber wer seid ihr denn? Auch ihr habt euer Leben nicht in der Hand. Ihr werdet samt eurem Reichtum vielleicht über Nacht schon nicht mehr da sein. Darum solltet ihr an Gott denken und sagen: „Wenn der Herr will, werden wir leben und dies oder das tun."

Ich kannte einen frommen Mann, bei dem fast in jedem Brief und auf jeder Grusskarte die sechs Buchstaben „s.G.w.u.w.l." vorkamen. Ich musste es mir erklären lassen. „s.G.w.u.w.l." sollte heissen: „so Gott will und wir leben". Als fromme Floskel will ich mir das nicht angewöhnen. Aber ich möchte nie vergessen, dass ich vielleicht schon morgen mit leeren Händen vor Gott stehen werde. Und dann fragt mich Gott nicht nach meinen Erfolgen, sondern nach meinem Nächsten und nach meiner Liebe.

Das Gebet des Gerechten vermag viel, wenn es ernstlich ist.

Jakobus 5,16

So lautet dieser Satz in der Luther-Bibel. Man könnte das missverstehen, als ob die Wirkung des Gebets davon abhinge, wie konzentriert und energisch wir beten. Bleibt die gewünschte Wirkung aus, dann hätte ich eben nicht „ernstlich" genug gebetet. Es ist hier aber nicht von der Energie die Rede, die ich in mein Gebet investieren muss, sondern von der Wirkung, die das Gebet haben wird. Das kommt besser zum Ausdruck, wenn man so übersetzt: „Das inständige Gebet eines Menschen, der so lebt, wie Gott es verlangt, kann viel bewirken" (Gute Nachricht Bibel).

Viel – aber nicht einfach alles. Wir dürfen Gott zwar um alles bitten, aber er weiss besser als wir, was für uns gut ist. Wir können von Gott nichts erzwingen. Aber das Gebet wird nie umsonst sein. Es bewirkt etwas, und zwar viel. Das klingt unbestimmt, aber wir können uns dieses Viel aus dem Zusammenhang erläutern lassen. In V. 13 nennt Jakobus konkrete Situationen, in denen das Gebet hilfreich wirksam werden kann.

Zum Beispiel, wenn wir schwierige Lebensumstände aushalten müssen: „Leidet jemand von euch Ungemach, der bete!" Dass ich einen Ort habe, wo ich in schweren Zeiten mein Herz ausschütten, meine Sorgen abladen, meine Ängste aussprechen darf und verstanden werde – das hilft mir.

Aber auch wenn es mir gut geht, bringt mir das Beten viel: „Ist jemand guten Mutes, der singe Psalmen." Wenn es mir gut geht, ist es wichtig, dass ich Gott dafür danke. Ich kann das mit eigenen Worten tun, mit einem Psalm aus der Bibel oder auch mit einem Lied aus dem Gesangbuch. Das wird mir eine Hilfe sein, wenn es mir einmal weniger gut gehen wird. Ich werde dann nicht nur jammern, sondern mich dankbar an das Gute in meinem Leben erinnern wie der Beter von Psalm 103: „Lobe den Herrn, meine Seele, und vergiss nicht, was er dir Gutes getan hat."

Gelobt sei Gott, der Vater unseres Herrn Jesus Christus, der uns nach seiner grossen Barmherzigkeit wiedergeboren hat zu einer lebendigen Hoffnung durch die Auferstehung Jesu Christi von den Toten! 1 Petrus 1,3

Eine lebendige Hoffnung haben – das ist kein Strohhalm, an den sich einer klammert, obwohl er weiss oder wissen könnte, dass der Strohhalm nicht hält. Eine lebendige Hoffnung ist kein blosser Wunschtraum, der sich nicht erfüllen wird. Falsche Hoffnungen sterben, man muss sie eines unschönen Tages begraben. Vielleicht wissen auch Sie, wie bitter das ist, wenn man eine Hoffnung begraben muss.

Bitter war es für die ersten Jesusjünger, als sie *den* begraben mussten, in den sie so grosse Hoffnungen gesetzt hatten: Jesus, ihren Herrn und Meister. Mit ihm waren auch alle ihre Hoffnungen gestorben und begraben. Aber dann geschah das völlig Unerwartete: Gott hat Jesus von den Toten auferweckt. Und mit ihm ist auch ihre Hoffnung auferstanden. Ihre Traurigkeit hat sich in Freude verwandelt, ihre Furcht in freudige Zuversicht. Sie haben erfahren: Gott hat nicht nur Jesus von den Toten auferweckt. Gott hat auch in unserem Leben etwas ganz Neues begonnen. Er hat uns „wiedergeboren zu einer lebendigen Hoffnung durch die Auferstehung Jesu Christi von den Toten". Diese lebendige Hoffnung macht uns zu neuen Kreaturen.

Wenn uns diese lebendige Hoffnung erfüllt, dann heisst das nicht, dass wir alle anderen – vorläufigen – Hoffnungen begraben müssen. Wir werden es als Gottes gütige Zugabe betrachten, wenn die eine oder andere davon in Erfüllung geht, und Gott dafür danken. Wir werden aber, wenn es sein muss, auch Hoffnungen begraben können und dabei nicht bitter oder verzweifelt werden. Wir müssen uns nicht an Strohhalme klammern. Gott hat uns ja „wiedergeboren zu einer lebendigen Hoffnung durch die Auferstehung Jesu Christi von den Toten".

Wie der, der euch berufen hat, heilig ist, sollt auch ihr heilig sein in eurem ganzen Wandel. 1 Petrus 1,15

Petrus bezieht sich hier auf eine Bibelstelle im Alten Testament, wo Mose den Israeliten im Auftrag Gottes sagt: „Ihr sollt heilig sein, denn ich bin heilig, der Herr, euer Gott" (Lev 19,2).

Heilig sein – was heisst das? Im Schaukasten bei einer Kirche habe ich einmal den Satz gelesen: „Heilige fallen nicht vom Himmel, sie wachsen auf der Erde." Ist ein Heiliger also das Kunstwerk, zu dem ein frommer Mensch sein Leben selber formt? So nach dem Motto: Dein Leben ist, was du daraus machst.

Aber sich selber heilig machen kann kein Mensch. Heiligkeit ist keine menschliche Eigenschaft und auch keine Kunst, die wir erlernen, in der wir uns perfektionieren und es mit dem nötigen Fleiss zur Meisterschaft bringen können. Die Bibel sagt, dass Gott allein heilig ist. Und nur er kann heilig machen. Heilig ist alles, worauf Gott seine Hand legt, was er für sich beansprucht – seien es Orte, wo er sich offenbart, seien es Menschen, die er zu seinem Eigentum macht und zu seinem Dienst beruft.

So sagt es auch Petrus an unserer Stelle: „Ihr sollt heilig sein wie der, der euch berufen hat." Gottes Berufung ist die Voraussetzung dafür, dass unser Leben heilig wird. Sein Ruf ergeht durch das Evangelium von Jesus Christus auch an Sie. Du gehörst mir, sagt Gott. „Fürchte dich nicht, denn ich habe dich erlöst; ich habe dich bei deinem Namen gerufen; du bist mein!" (Jes 43,1).

Nein, Heilige fallen nicht vom Himmel. Sie wachsen auf der Erde, wenn wir auf Gottes Ruf antworten und zulassen, dass er, der grosse Künstler, uns umgestaltet nach seinem Bild. In seiner schöpferischen Hand werden gewöhnliche Menschen wie Sie und ich zu Heiligen, zu neuen Kreaturen.

Ihr wisst, dass ihr nicht mit vergänglichem Silber oder Gold erlöst seid von eurer sinnlosen Lebensweise, sondern mit dem teuren Blut Christi als eines unschuldigen und unbefleckten Lammes. 1 Petrus 1,18f

Edles Metall, Silber oder Gold, ist immer als ein sicherer Wert betrachtet worden. Aber in der Perspektive der Ewigkeit gehören auch die dauerhaftesten Werte zum Vergänglichen, das seinen Wert verliert, wenn wir einst alles Irdische zurücklassen müssen. Und auch hier schon sind manche Dinge um alles Geld und Gold nicht zu haben. Liebe zum Beispiel kann man nicht kaufen, jedenfalls nicht die wahre Liebe. Und auch Vergebung kann man nicht kaufen. Niemand kann sich von seiner Schuld loskaufen, worin immer diese konkret gegenüber Gott und Menschen besteht.

Petrus schreibt hier aber davon, dass wir losgekauft *sind:* nicht mit Silber oder Gold, sondern durch das Blut Christi, also durch das Opfer, das Jesus Christus durch die Hingabe seines Lebens am Kreuz gebracht hat. Wenn wir es für uns gelten lassen, werden wir frei von allen Schatten, die aus der Vergangenheit in unser Leben hineinragen. Wir können neu beginnen und müssen nicht die alten Fehler ständig wiederholen. Wir lernen von Jesus Christus sein neues Lebensprogramm und üben uns darin ein.

Christus hat uns nicht nur von dem, was hinter uns ist, losgekauft; er hat uns zu einer neuen Lebensweise befreit: zu einem Leben, das frei ist von Schuld und Schuldgefühlen, frei von Hass und Unversöhnlichkeit, frei von Gier, Neid und Geiz, frei vom Hängen an Silber und Gold, an den vergänglichen Dingen im Leben.

Christus hat uns durch das Opfer seiner Liebe erlöst, damit wir wissen: Nicht durch Silber und Gold wird unser Leben reich, sondern allein durch die Liebe: durch die Liebe, die wir von Gott empfangen, und durch die Liebe, die wir weiterschenken. Die Liebe ist der sichere Wert in Zeit und Ewigkeit. Denn „die Liebe hört niemals auf" (1 Kor 13,8).

Christus hat für die Sünden der Menschen gelitten, der Gerechte für die Schuldigen, ein für alle Mal. So sollte er euch den Zugang zu Gott öffnen. 1 Petrus 3,18

Die Christen, an die der 1. Petrusbrief gerichtet ist, leben in der Diaspora. Sie werden durch ihre heidnische Umgebung in Frage gestellt und unter Druck gesetzt. Das irritiert sie. Sie können nicht verstehen, dass der Weg in der Nachfolge Jesu so in die Tiefe führen und so schwierig sein kann. Der Apostel fordert sie auf: Schaut auf den schweren Weg, den Christus für euch gegangen ist. „Christus hat für die Sünden der Menschen gelitten" – auch für eure Sünden. Er hat den Leidensweg bis ans Kreuz und bis in den Tod auf sich genommen. Sein Leiden war nicht sinnlos. Christus hat gelitten, um euch den Zugang zu Gott zu öffnen. Sein Weg in die Tiefe war keine Sackgasse. Im Gegenteil: Christus hat uns damit die Türe zu Gott aufgetan.

Was können wir daraus für unseren eigenen Weg lernen, wenn er in der Nachfolge Jesu in die Tiefe führt?

Erstens: Das Leiden trennt uns nicht von Gott. Christus hat die Tür zu Gott aufgemacht, ein für alle Mal, und wir dürfen ihn um Kraft, um Hilfe, um Rettung bitten in jeder Not.

Und zweitens: Das Leiden macht unser Leben nicht sinnlos. Es verhindert nicht unser Zeugnis und unseren Dienst für Gott. Im Gegenteil: Unser Zeugnis kann gerade dadurch glaubwürdig und fruchtbar werden. Wie wir einen schwierigen Weg gehen oder eine Leidenssituation aushalten, das kann für andere die Tür zum Glauben öffnen. „Seid immer bereit, Rede und Antwort zu stehen, wenn jemand fragt, warum ihr so von Hoffnung erfüllt seid", hat Petrus einige Zeilen vorher geschrieben (V. 15).

Christus hat durch sein Leiden die Tür zu Gott aufgemacht, ein für alle Mal. Durch die Art, wie wir Schweres ertragen, ermutigen wir andere, Gott zu suchen und durch die offene Tür zu gehen. So können andere Menschen die Hoffnung finden, aus der wir leben, und die Kraft, die uns trägt.

Alle eure Sorge werfet auf ihn, denn er sorgt für euch.

1 Petrus 5,7

Bestimmt wissen auch Sie, wie das ist, wenn man sich um andere Menschen Sorgen macht. Und wenn wir eigene Sorgen haben, sind wir froh, wenn andere sie mit uns tragen. Es ist gut, Menschen zu kennen, die Anteil nehmen und Anteil geben. Wir fühlen uns dann mit unseren eigenen Sorgen nicht allein gelassen und im Blick auf die Sorgen anderer nicht überflüssig. Ich bin sehr dankbar für alle Menschen neben mir, die so Anteil nehmen und Anteil geben.

Aber auch gemeinsam können wir dann ratlos und hilflos sein. Das Sorgen füreinander hat schmerzliche Grenzen. So oft können wir nicht helfen, manchmal nicht einmal wirklich verstehen. Es wäre vermessen zu meinen, wir könnten und müssten *alle* Sorgen, die eigenen und die der anderen, auf uns nehmen. Wenn wir das tatsächlich versuchen, richten wir nur Unheil an. Dazu sind unsere Schultern nicht breit genug, unsere Möglichkeiten zu begrenzt, unsere Ressourcen zu gering.

Wie gut, dass es für die Sorgen noch diese ganz andere Adresse gibt: Ihn! „Alle eure Sorge" – eigene wie fremde – „werfet auf ihn, denn er sorgt für euch." Nicht nur vortragen dürfen wir Gott unsere Sorgen. Wir dürfen sie bei ihm abladen, deponieren und dann dort lassen – nicht nur *vor* ihm, sondern *auf* ihm. Wir dürfen sie ihm aufladen, denn er will sie für uns tragen. Ja, er *hat* sie schon getragen. In Christus hat Gott sich selbst alle unsere Lasten aufgeladen.

„Denn er sorgt für euch" – das könnte man auch übersetzen mit: „Er kümmert sich um euch, ihm liegt an euch." Vergessen Sie das heute nicht: Gott liegt an Ihnen – und auch an den Menschen, um die Sie sich Sorgen machen.

Gott hat Geduld mit euch, weil er nicht will, dass jemand zugrunde geht.
2 Petrus 3,9

Vielleicht sind Sie ein geduldiger Mensch. Ich selbst hätte mir schon oft mehr Geduld gewünscht. Manchmal bewundere ich meine Frau für ihre Geduld und das, was sie damit erreicht. Dann leuchtet mir der Satz aus dem Buch der Sprüche ein: „Ein Geduldiger ist besser als ein Starker" (Spr 16,32). Aber es leuchtet eben nicht immer und überall ein, dass Geduld besser ist als Stärke. Geduld wird leicht als Schwäche missverstanden.

Auch die Geduld, die Gott mit uns Menschen hat, wird manchmal als Ohnmacht missdeutet. Wir können es oft nicht verstehen, dass Gott scheinbar nicht auf das Unrecht reagiert, das in der Welt geschieht oder das wir selbst erfahren. Warum lässt Gott das zu? Hier ist eine Antwort: „Gott hat Geduld mit euch, weil er nicht will, dass jemand zugrunde geht." Wir meinen: Gott lässt sich Zeit, zu viel Zeit. Die Bibel sagt: Gott lässt *uns* noch Zeit. Er lässt uns noch Zeit zum Umkehren, zum Umdenken, zur Busse. Zeit, uns retten zu lassen.

Gottes Geduld ist nicht Schwäche, sondern Langmut. Er schaut dem Weltgeschehen nicht gleichgültig zu. Gott wartet auf die Heimkehr seiner verlorenen Söhne und Töchter. Niemand weiss, wie lange Gott noch Geduld hat mit unsrer Welt. Keiner und keine weiss, wie lange Gott noch Geduld hat mit ihm oder mit ihr. Darum können wir uns mit unserer Antwort nicht einfach Zeit lassen. Es ist immer höchste Zeit für die Umkehr zu Gott.

Nein, Gottes Geduld ist nicht Schwäche. Es ist seine Liebe, die ihn warten lässt. In seiner Langmut lässt er uns noch Zeit. Er lässt allen Menschen noch Zeit zur Umkehr. Wenn wir das verstanden haben, dann werden auch wir geduldiger: Geduldiger mit uns selbst und geduldiger mit andern. Wir lernen warten und geben die Hoffnung für niemand auf. Gott schenke Ihnen und mir für den Umgang mit schwierigen Menschen und Situationen etwas von seiner göttlichen Geduld.

Dazu ist der Sohn Gottes erschienen, dass er die Werke des Teufels zerstöre. 1 Johannes 3,8

Ich rede nur ungern vom Teufel, und wenn, dann will ich immer nur so von ihm reden, wie es die Bibel tut. Der Teufel ist der grosse Lügner, auf den wir nicht hören sollen. Er ist der Versucher, dem Jesus widersprochen und den er barsch abgewiesen hat: „Weg mit dir, Satan! Denn es steht geschrieben: Du sollst Gott, deinen Herrn, anbeten und ihm allein dienen" (Mt 4,10). Der Teufel ist der, dessen Pläne der Sohn Gottes durchkreuzt und dessen Werke er zerstört hat und zerstören wird. Nur er ist dem Bösen gewachsen, aber er ist es wirklich. Dazu hat Gott ihn in die Welt gesandt: „um die Werke des Teufels zu zerstören", um Schluss zu machen mit allem Teufelswerk.

Den entscheidenden Sieg über die Macht des Bösen hat Jesus in Gethsemane und am Kreuz von Golgota errungen. Indem er gehorsam das schwere Werk vollbrachte, das ihm vom Vater aufgetragen war, hat er zugleich die Werke des Teufels zerstört. Das hat Gott durch seine Auferweckung aus dem Tod bestätigt.

Wenn ich diese Worte aus dem 1. Johannesbrief lese, erinnere ich mich immer an eine Predigt von Karl Barth, dem längst verstorbenen Basler Theologen. Ich habe sie noch auf einer alten Tonkassette. Auch Karl Barth hat nicht gern vom Teufel gesprochen, und er hat es in jener Predigt auch nur ganz kurz getan. Er hat den Worten aus dem 1. Johannesbrief zwei eigene Sätze beigefügt, knapp und barsch: „Dazu ist der Sohn Gottes erschienen, dass er die Werke des Teufels zerstöre – und nun *sind* sie zerstört, und nun wollen wir sie zerstört sein *lassen*." Er meinte damit: Nun wollen wir das glauben und damit rechnen. Wir wollen uns von ihm nicht mehr beeindrucken lassen und uns vor ihm nicht mehr fürchten. Er darf uns nicht mehr als seine Werkzeuge missbrauchen. Wie Jesus wollen auch wir Gott, unseren Herrn, anbeten und ihm allein dienen.

Dieses Gebot haben wir von ihm, dass, wer Gott liebt, auch seinen Bruder und seine Schwester lieben soll.

1 Johannes 4,21

Von der Liebe reden viele; nicht alle meinen dasselbe. Johannes betont: „Dieses Gebot haben wir von *ihm*", und er meint damit: von Jesus. Wenn Jesus mit uns von der Liebe spricht und uns zum Lieben auffordert, dann hat das ein ganz anderes Gewicht, als wenn ein Mensch das zum andern sagt. Ihm kann keiner entgegenhalten: Geh du zuerst mit dem guten Beispiel voran!

Jesus *ist* mit dem guten Beispiel vorangegangen: Er hat seinen Jüngern die Füsse gewaschen. Sein ganzes Leben ist Liebe gewesen, Liebe bis zum bitteren Ende, wo er noch für die gebetet hat, die ihn gekreuzigt haben: Vater, vergib ihnen! Sein ganzes Leben ist Liebe gewesen für alle Menschen, Liebe auch für uns, für Sie und für mich. Dadurch unterscheidet sich sein Gebot der Liebe von allen nutzlosen Appellen. Jesus schenkt uns seine Liebe, und er macht so auch unsere Liebe möglich: die Liebe zu Gott und die Liebe zum Bruder und zur Schwester.

Johannes betont in seinem Brief wiederholt, dass es keine Gottesliebe geben kann ohne die Liebe zum Nächsten. Heute würde er vielleicht ebenso betonen, dass es keine wahre Nächstenliebe geben kann ohne die Liebe zu Gott. Liebe zu den Menschen, die nicht in der Liebe zu Gott wurzelt, ist wie eine abgeschnittene Blume; man weiss nie, wie lange sie hält.

Wenn unsere Liebe nicht mehr hält, wenn wir Mühe haben, einen bestimmten Mitmenschen zu lieben – könnte es vielleicht daran liegen, dass wir *Gott* zu wenig lieben? Den Nächsten, den Bruder, die Schwester lieben – das vermögen wir nicht aus uns selbst. Das vermögen wir nur aus Dank und Liebe zu *ihm*, von dem wir dieses Gebot haben. Und eben nicht nur das Liebes*gebot*, sondern zuerst und immer wieder sein Liebes*angebot*. Denn Gott ist und bleibt der, der „uns zuerst geliebt" hat und liebt (V. 19).

Das ist es, was uns die Welt besiegen lässt: unser Glaube.

1 Johannes 5,4

Die Welt besiegen – was heisst das? Die Welt ist in der Sprache des Johannes nicht einfach unser irdischer Lebensort, unser Dasein mit seinen Freuden und Leiden, mit seinen Versuchungen und Gefahren, die wir so gut wie möglich zu bestehen haben. Unter der Welt versteht Johannes auch nicht die Natur, die gute Schöpfung Gottes. Für Johannes ist die Welt der absolute Gegensatz zum Reich Gottes – alles, was sich gegen die Herrschaft Gottes auflehnt und seinem Willen widerspricht. Für die Welt kennzeichnend sind daher die Finsternis, die Lüge, der Hass und der Tod. Die Welt besiegen heisst: Aus der Finsternis ans Licht kommen, von der Lüge zur Wahrheit durchdringen, den Hass durch Liebe überwinden, vom Tod ins Leben gehen.

Das liegt nicht in unserer Macht. Die Welt besiegen wir nicht durch unseren eigenen Kampf und Krampf, so sehr wir uns auch anstrengen. Aber Jesus hat die Welt besiegt. Er hat am Kreuz über alle Mächte der Finsternis gesiegt, und er hat durch seine Auferstehung dem Tod die Macht genommen. Wenn wir im Glauben den Schritt an seine Seite tun, dann gibt er, der Sieger, uns Anteil an seinem Sieg über die Welt.

Der Glaube an Jesus Christus, „das ist es, was uns die Welt besiegen lässt". Nicht irgendein Glaube, etwa der Glaube an den Fortschritt, an das Gute oder an uns selbst, sondern der Glaube, „dass Jesus der Sohn Gottes ist" (V. 5). Jesus ist die Tür zum Reich Gottes, die Brücke aus der Welt ins Himmelreich, der Weg vom Tod zum Leben. Mit Glauben meint Johannes nicht ein bestimmtes Mass an Gläubigkeit, sondern diesen Inhalt unseres Glaubens: Jesus, den Sohn Gottes, und seinen Sieg, an dem er uns Anteil gibt.

Bei ihm sind wir bewahrt vor allen finsteren Mächten. Er gibt uns die Kraft, schon in dieser Welt das Böse zu überwinden durch das Gute.

Sei getreu bis in den Tod, so will ich dir die Krone des Lebens geben. Offenbarung 2,10

Wie wirken diese Worte aus dem Sendschreiben an die Gemeinde von Smyrna auf uns? Als düstere Prophezeiung? Als Durchhalteparole? Als Vertröstung aufs Jenseits? Die Gemeinde in Smyrna war wohl nur klein. Die Christen waren arm und wurden wegen ihres Glaubens bedroht und verfolgt. Sie haben diese Worte von Jesus als Zuspruch und Verheissung gehört. Jesus verspricht ihnen, er werde auf ihrem schwierigen Weg bei ihnen sein und ihnen beistehen bis ans Ziel. Jesus sieht nicht nur das, was die bedrängte Gemeinde jetzt aushalten muss; er sieht sie schon als Überwinderin und als Siegerin am Ziel. Er stellt ihr ein Hoffnungsbild vor die Augen: das Bild von der Krönung mit dem Siegeskranz: „Sei getreu bis in den Tod, so will ich dir die Krone des Lebens geben."

Das ist eine Siegerehrung, wie sie sonst niemand vornehmen kann. Der Siegespreis ist keine Goldmedaille und kein Pokal, sondern „die Krone des Lebens" – das heisst: das ewige Leben, die uneingeschränkte Gemeinschaft mit Gott, das Teilhaben an seiner ewigen Zukunft.

So dürfen auch wir die Worte Jesu verstehen: Nicht als eine Voraussage besonderen Leidens, sondern als Zusage seines Beistands und als eine Einladung zum Vertrauen. Jesus kennt unsere Situation und überblickt auch den Weg, der noch vor uns liegt. Er möchte uns einst am Ziel bei der Siegerehrung dabei haben und uns die Krone des Lebens geben.

Bei dieser Siegerehrung gewinnt ja nicht nur einer den ersten Preis und die andern müssen sich mit weniger zufriedengeben. Alle, die den Weg des Glaubens gehen; alle, die vielleicht gerade auf einer schwierigen Etappe Jesus und seine Hilfe suchen – alle werden von ihm am Ziel den Siegespreis empfangen: das ewige Leben. Jesus freut sich auf uns! Lassen wir uns davon motivieren!

Ich kenne deine Werke, dass du weder kalt noch warm bist. Ach, dass du kalt oder warm wärest! Weil du aber lau bist und weder warm noch kalt, werde ich dich ausspeien aus meinem Mund.
Offenbarung 3,15

Die Sendschreiben an die sieben Gemeinden in Kleinasien sind Gemeindeanalysen und Beratungen von höchster Instanz. Christus spricht sowohl Lob wie Kritik aus. Er sagt, was er gut findet, woran es den einzelnen Gemeinden mangelt und was er ihnen empfiehlt. Nur in Laodicea findet er nichts, wofür er die Gemeinde loben könnte. „Ich kenne deine Werke, dass du weder kalt noch warm bist. Ach, dass du kalt oder warm wärest!"

Statt kalt oder warm nur lau – ist das denn so schlimm? Wäre es denn besser, wenn ein Mensch sich – statt nur halb – überhaupt nicht für das Evangelium und für den Glauben an Christus erwärmen liesse? Ja, aus missionarischer und psychologischer Perspektive könnte man das so verstehen: Es ist leichter, einen Menschen, der vom Evangelium noch nicht erreicht worden ist, zum Glauben einzuladen, als einen, der aus seinem vermeintlichen Glauben keine Konsequenzen für das Leben zieht.

Aber im Sendschreiben an Laodicea geht es nicht um solche menschlichen Überlegungen, sondern darum, wie eine laue Gemeinde auf den *Herrn* wirkt. Grob gesagt: Er findet das zum Kotzen. „Weil du lau bist und weder warm noch kalt, werde ich dich ausspeien aus meinem Mund." Völlig ungeniessbar findet er das. Wie einen Grünsalat, der zu lange in zu viel Sauce lag und schlampig geworden ist. Wie einen Kartoffelgratin mit schöner Kruste, unter der die Kartoffeln noch roh sind. Ungeniessbar, unappetitlich, eine Zumutung!

So darf und muss es nicht bleiben. Lesen Sie in diesem Sendschreiben an Laodicea nach, welche Hilfe der Herr lau gewordenen Christen anbietet. Er steht auch vor unserer Tür und klopft an. Bitten wir ihn herein, damit er in uns das Feuer des Glaubens und der Liebe neu entfacht und am Brennen hält.

Würdig ist das Lamm, das geschlachtet ist, zu empfangen Macht und Reichtum und Weisheit und Kraft und Ehre und Preis und Lob! Offenbarung 5,12

Der Seher Johannes beschreibt, wie er das Lamm vor dem Thron Gottes stehen sah und wie er den Lobpreis auf das Gotteslamm hörte. Immer von neuem wurde er angestimmt: von den Wesen um den Thron Gottes, von den himmlischen Heerscharen, von allen Geschöpfen in der ganzen Welt.

In dem kurzen Ausschnitt aus diesem Lobpreis sind sieben Ausdrücke aneinandergereiht: „Macht, Reichtum, Weisheit, Kraft Ehre, Preis und Lob." Die Siebenzahl will sagen, dass das Gotteslamm *aller* Verehrung würdig ist. Das Lamm, „das geschlachtet ist", Jesus, der sich für uns geopfert hat, der uns durch seinen Tod am Kreuz von unseren Sünden erlöst hat, er allein ist aller Ehre würdig.

Aber der Jubel im Himmel gilt nicht einem Toten, sondern dem, der dem Tod die Macht genommen hat – auch die Macht über uns. Das Lamm hat gesiegt. Wie wunderbar, dass Jesus auch als der Sieger noch immer als Lamm erscheint. Nicht wie ein Adler, nicht wie ein Löwe, nicht als ein gewalttätiger Herrscher, vor dem man sich fürchten muss. Er erscheint als Lamm, als der Heiland der Welt. Er ist und bleibt der Fürst des Friedens. Seine Herrschaft ist keine Schreckensherrschaft, sondern das Friedensreich.

Wir dürfen und sollen schon hier auf Erden dieses Loblied anstimmen und damit bezeugen, dass wir uns der Herrschaft Jesu unterstellen. Wir glauben, dass sein Reich des Friedens kommt. Seines Geistes Kinder wollen wir sein. In seinem Namen tun wir schon hier und heute, was dem Frieden dient und ihn, das Lamm Gottes, ehrt und freut.

Sie dienen ihm Tag und Nacht, und der auf dem Thron sitzt, wird über ihnen wohnen. Offenbarung 7,15

Da findet ein immerwährender Gottesdienst statt – Tag und Nacht. Wer hält das aus? Vielleicht denken Sie daran, wie lange Ihnen ein einstündiger Gottesdienst vorkommen kann oder eine langweilige Predigt, auch wenn sie nur eine Viertelstunde dauert. Und das einmal ohne Ende?

Nein, eben *nicht* das! Johannes sieht nicht gelangweilte Menschen vor Gottes Thron, die mit dem Schlaf kämpfen. Die Mühe, die Sie vielleicht heute mit dem Gottesdienst noch haben, gibt es dort nicht. Auch nicht die Mühe mit der Person des Pfarrers oder der Pfarrerin und ihrer Art der Verkündigung. Oder die Mühe mit der Konzentration, wenn Sie beim Beten mit Ihren Gedanken plötzlich ganz woanders sind. Oder das Gefühl, Gott sei weit weg. Oder die Erkenntnis, wie sehr Gottesdienst und Alltag auseinanderfallen, weil es Ihnen nicht gelingt, Beten und Arbeiten wirklich miteinander zu verbinden.

Wäre es nicht schön, ständig so im Kontakt mit Gott zu stehen wie die Erlösten, die Johannes sieht? Sie haben alle Anfechtungen des Glaubens und alle Not hinter sich, auch die Mühe mit dem Gottesdienst. Sie stehen jetzt in unmittelbarem Kontakt mit Gott, sind nicht mehr lustlos oder zerstreut, sondern fröhlich und gesammelt vor ihm. Gott ist ihre Freude und ihr Glück. Das zu feiern werden sie nie müde.

So weit sind wir noch nicht. Wir müssen ja keine Könnerinnen und Könner sein, auch die Pfarrer und Pfarrerinnen nicht. Aber wir dürfen die Nähe Gottes schon jetzt immer wieder suchen. Je näher wir Gott kommen und je öfter wir uns im Gotteslob schon jetzt üben, desto weniger stört uns das, was daran noch unvollkommen ist. „Im Himmel soll es besser werden" – ja. Aber es ist schon hier schön, Gott zu loben, so gut wir es jetzt können. Je mehr wir uns darin üben, desto besser wird es gelingen. Noch nicht immer, aber immer öfter.

Alle Völker werden kommen und anbeten vor dir, denn deine gerechten Gerichte sind offenbar geworden. Offenbarung 15,4

Zu diesen Worten gehört eigentlich eine wunderbare Musik. Sie stammen ja aus einem Lied, das der Seher Johannes im Himmel gehört hat. Aber er hat davon eben nur den Text ohne die himmlische Musik festhalten können.

Das Lied, das Johannes hört, ist ein Siegeslied. Im Himmel wird Gott schon angebet als der König über alle Völker. Da wird die Zukunft vorweggenommen. Einst wird sich niemand mehr gegen Gottes Urteil und gegen seine Herrschaft auflehnen. Gott wird zum Rechten schauen und sein Recht durchsetzen.

Jetzt geht es in der Welt noch ganz anders zu und her. Viele Menschen fragen nicht nach Gott und seinem Willen. Es geschieht himmelschreiendes Unrecht. Die Reichen werden immer reicher und die Armen immer ärmer. Die Schwachen werden von den Starken vergewaltigt und ausgenutzt. Dann und wann gelingt es zwar, auch einen Mächtigen vor einem weltlichen Gericht zur Rechenschaft zu ziehen. Aber selbst wenn er für seine Untaten verurteilt wird, ändert das nichts an den Zuständen in der Welt.

Aber Gottes neue Welt kommt. In dieser Gewissheit will uns das Lied aus dem Himmel bestärken, das Johannes schon gehört hat. Ein Lied von Otto Riethmüller, das ich gerne singe, schliesst mit den Worten: „Du wirst allein ganz Recht behalten. Herr, mach uns still und rede du."

Still werden vor Gott; ihm jetzt schon Recht geben in dem, was er mir sagt; vertrauen, dass er auch das recht macht, was ich noch nicht verstehe – das hilft mir, ruhig zu werden und hoffnungsvoll zu bleiben, bis Gottes Reich kommt.

Wie gut, dass nicht wir, sondern Gott allein ganz Recht behalten wird! Lassen wir also das Urteilen über uns selbst und über andere. Überlassen wir es Gott. Wer sich seinem Gericht unterstellt, darf mit seiner Gnade rechnen.

Ich sah die Toten vor dem Thron stehen, die Grossen und die Kleinen. Und Bücher wurden aufgeschlagen; auch das Buch des Lebens wurde aufgeschlagen. Die Toten wurden nach ihren Werken gerichtet, nach dem, was in den Büchern aufgeschrieben war. Offenbarung 20,12

Alle müssen vor dem Thron des Richters erscheinen. Es gibt keinen Ort mehr, wohin der Mensch vor dem Richter fliehen könnte. Himmel und Erde sind vergangen. Nur noch der Mensch ist da und wird vor Gottes Thron gerufen: Adam, wo bist du, und wer bist du gewesen? Eva, wo bist du, und was hast du aus deinem Leben gemacht?

Jetzt ist es nicht mehr so, dass man die Kleinen aufhängt und die Grossen laufen lässt. Keiner kann sich herausreden, keine ihre Schuld auf andere abschieben, niemand mildernde Umstände geltend machen. Grosse wie Kleine – alle stehen vor dem Grössten, der alles weiss.

Wie gut ist es doch zu wissen, dass bei Gott nichts vergessen geht: nicht das schreiende Unrecht, nicht die kleinste Gemeinheit. Aber auch das Gute wird Gott würdigen; kein Becher Wasser wird bei ihm vergessen sein (Mk 9,41).

Wenn wir einmal zu all dem stehen müssen, was zu unserer Lebensgeschichte gehört hat, wer kann da bestehen? Wir können nicht darauf hoffen, dass in Gottes Buchhaltung unsere guten Taten vielleicht die bösen überwiegen werden. Unsere Hoffnung ist das andere Buch, das Buch des Lebens.

In diesem Buch sind nicht menschliche Taten verzeichnet, sondern die Namen derer, die Christus als die „Gesegneten seines Vaters" willkommen heissen wird (Mt 25,34). Sie haben seine rettende Tat für sich gelten lassen und haben ihm mit dem Tun des Guten dafür gedankt. Aber es stehen auch Namen von Menschen darin, die Christus nicht gekannt und nicht gewusst haben, dass sie das Gute für ihn getan haben. Er weiss es, und er wird es nicht vergessen.

Gott wird bei ihnen sein. Er wird alle Tränen von ihren Augen abwischen. Der Tod wird nicht mehr sein, keine Trauer, keine Klage, keine Mühsal. Offenbarung 21,4

In Gottes neuer Welt wird niemand mehr einsam sein. Keiner und keine kommt sich mehr ausgeschlossen, missverstanden oder unverstanden vor. Gar nichts mehr wird uns von Gott und voneinander trennen.

Und in Gottes neuer Welt wird es keine Tränen mehr geben. Nicht weil wir dann nicht mehr weinen dürfen, sondern weil niemand mehr weinen muss. Weil uns nichts mehr traurig macht, nichts mehr verletzt, nichts mehr weh tut, nichts mehr fehlt. Weil es keine ungelösten Rätsel mehr gibt. Gott wird wunderbar trösten. Wenn Gott selbst bei uns ist und wir für immer bei ihm bleiben dürfen, gibt es keinen Grund mehr zum Trauern. Das ist nicht nur ein menschlicher Wunschtraum, das sagt die „Stimme vom Thron her" (V. 3). Das sagt uns Gott selbst durch sein Wort.

Hier und jetzt gibt es noch viele Gründe zum Traurigsein. Es gibt noch Menschen, die allein und verlassen sind: vernachlässigte Kinder, vergewaltigte Frauen, von Unglück und Verlust Getroffene; vergessene und vereinsamte Betagte, Sterbende, die niemand begleitet. Heute gibt es noch Tränen, da wird noch viel geweint.

Wer ist heute bei den Einsamen? Wer wischt die Tränen der Traurigen ab? Hier und jetzt dürfen wir sie nicht nur auf das Leben nach dem Tod vertrösten und es uns damit leicht machen. Gott erwartet, dass wir – wo immer es uns möglich ist – schon im Leben *vor* dem Tod auf vorläufige Weise das tun, was er einmal endgültig tun wird: Bei den Menschen sein, sie nicht allein lassen, Tränen abwischen. Oft können wir vielleicht nur „weinen mit den Weinenden" (Röm 12,15). Aber eben nicht ohne die grosse Hoffnung, dass Gott einst alle Tränen abwischen wird, wenn wir für immer bei ihm sein werden und er bei uns.

Manche Menschen empfinden es als Zumutung, wenn sie nur noch ‚Ja und Amen' sagen sollen zu Dingen, die schon entschieden sind. Andere sind froh, wenn sie nur ‚Ja und Amen' sagen können, ohne sich selbst um eine Sache kümmern zu müssen. Ist die Gemeinde Jesu eine Schar von bequemen ‚Ja und Amen'-Sagern?

Das „Amen, ja" im zweitletzten Satz der Bibel kann man nicht aus Bequemlichkeit oder gedankenlos sagen. Es ist die Antwort der Gemeinde auf die zweifache Ankündigung des Herrn: „Siehe, ich komme bald! Ja, ich komme bald!" (V. 12 und 20).

Wenn wir am Tisch beten: „Komm, Herr Jesus, sei du unser Gast!", sollten wir uns immer wieder an den Zusammenhang erinnern, aus dem diese Worte stammen. Es geht um das endgültige Kommen Jesu und seiner Herrschaft. Das Gebet „Komm, Herr Jesus!" gehört nicht nur zum Rhythmus eines christlichen Tageslaufs. Wenn wir es recht verstehen, stellen wir mit dieser Bitte unseren Tageslauf hinein in den Horizont des Reiches Gottes. Wenn wir ernsthaft beten „Komm, Herr Jesus!", kann es uns nicht nur darum gehen, wie wir den Herrn Jesus in unseren kleinen Alltag hereinbekommen. Wir erklären damit unsere Bereitschaft, uns schon hier und jetzt für Jesus und seine Herrschaft verfügbar zu halten.

Das „Amen, ja" bedeutet nicht Entmündigung und Passivität. Es ist Ausdruck einer grossen aktiven Erwartung. Wir rechnen mit dem Kommen des Herrn Jesus und seines Reiches. Die Erwartung des Herrn bestimmt unseren Umgang mit all den Gaben, die er uns schon jetzt „aus Gnaden bescheret" hat. Unser ‚Ja und Amen' ist Vorfreude auf jenen Tag, an dem wir den Herrn Jesus nicht mehr als Gast an unseren Tisch einladen werden, sondern er uns an seinen Tisch bitten wird im Reich des Vaters. Mögen wir dann unter den Vielen sein, „die kommen werden von Osten und von Westen und zu Tisch sitzen mit Abraham und Isaak und Jakob im Himmelreich" (Mt 8,11).

Josua Buchmüller

geb. 1935, Jugend- und Schulzeit in Brittnau (AG). Nach einer kaufmännischen Lehre Eintritt ins Predigtamt der Evangelisch-methodistischen Kirche. Vierjähriges Studium an der methodistischen Theologischen Hochschule in Reutlingen, anschliessend Studien- und Praxisjahr in den USA.

Von 1962 an im Diakonat Bethesda Basel tätig, zunächst als Spitalseelsorger und Pfarrer der Bethesda-Gemeinde, von 1973 bis 2000 als Gesamtleiter des Diakoniewerks und seiner Einrichtungen für Akut- und Langzeitkranke mit Spitalschulen in Basel und Küsnacht (ZH). Durch die Mitverantwortung für die Schwesterngemeinschaft lernte er ihre kommunitäre Lebensform kennen und schätzen. Die Verkündigung des Evangeliums in verschiedenen Formen war ihm stets ein vorrangiges Anliegen.

Als Autor hat er die folgenden Titel mit Erzählungen, Bild- und Textmeditationen publiziert:

Herberge zum Goldenen Hirten
Weihnachtserzählungen, 1987 (vergriffen)

Alles Gute!
Gedanken am Krankenbett, 1988 (vergriffen)

Vom Aufgang der Sonne
Besinnungen zu den Glasbildern von Hans Weidmann im Andachtsraum des Bethesda-Spitals Basel, 1995 (vergriffen)

Der Stern am Kühlschrank
Weihnachtserzählungen, 2003 (vergriffen)

Seiner Hände Werk
Meditationen über die Bilder zum biblischen Schöpfungsbericht von Kurt Pauletto im Alterszentrum Wesley-Haus Basel, 2005, ISBN 3-033-00402-4